创新·创业 101

读脉 DUMAI

# IT人在路上

王 珏　陈国湧
邓煜坤　高 博　组编

**内容提要**

信息技术是如日中天的行业，创业更是时下炙手可热的社会焦点。《IT人在路上》借鉴服务学习的框架理念，通过大学生采访者与12位创业者的访谈，试图展现这些创业者在创业过程中的心路历程，并从求学、家庭教育、业余爱好和职业发展等方面剖析一个创业者成功的奥秘。书中插入增强现实效果的访谈视频，多角度供大学生、商界人士、准备创业的人士和创业者阅读，从中感受创业的体验。

**图书在版编目(CIP)数据**

IT人在路上 / 王珏等组编. —上海：上海交通大学出版社，2016
ISBN 978-7-313-15548-1

Ⅰ.①I… Ⅱ.①王… Ⅲ.①IT产业—创业—经验—中国 Ⅳ.①F49

中国版本图书馆CIP数据核字(2016)第179122号

**IT人在路上**

组　　编：王　珏　陈国湧　邓煜坤　高　博
出版发行：上海交通大学出版社　　地　　址：上海市番禺路951号
邮政编码：200030　　电　　话：021-64071208
出 版 人：郑益慧
印　　制：常熟市文化印刷有限公司　　经　　销：全国新华书店
开　　本：710mm×1000mm　1/16　　印　　张：13.75
字　　数：201千字
版　　次：2016年10月第1版　　印　　次：2016年10月第1次印刷
书　　号：ISBN 978-7-313-15548-1/F
定　　价：88.00元

# 序

去年十月，一份关于出版记录交大人创业经历、心路历程书刊的策划草案放到了我的桌上。当然，在我看到这份文案之前，由交大校友组成的创业101基金筹委会成员已为此做了很多工作，他们为母校的奔波努力令我感动。

自清光绪二十二年（即1896年）盛公宣怀奏设南洋公学于上海以来，我们的母校于风雨缥缈中建立并始终以实业救国、实业兴邦为使命走过了120载春秋。中国传统中以六十年为一甲子，一甲子为干支历的干支纪年中的一个循环。在上海交通大学校庆之际有了这样一个著书的想法，或许因为双甲子在中国人的心目中是别有意义的，又或许是交大人借了这样一个机缘想在这个特殊的时间，不仅为母校更为成长中的青年的发展做些什么。我便满怀着乐见其成的心情一直期待着：此书满怀的期待是已在奋进中的创业人和潜在创业者们不忘爱国初心、不忘兴邦使命，并能在巨人的肩膀上站得更高、看得更远。

翻开此书，我看到的是致力于建立更加公开透明商业环境的别样红总裁黄晓凌、看到了致力于校友和慈善工作的陈亮洁、看到了连续创业者的曲折与成长……12位毕业于上海交通大学的创业者在不同的领域用自己的方式去实现自己的梦想，去改善国人的生活质量，去为中国梦贡献自己的力量。我看到了许多我甚至不曾想到过的创业者的坚持、成长、责任与情怀。这份感触，我相信每个读者自会有一个自己心目中的哈姆雷特，而最让我感动的是，他们每个人的故事里都无一例外地提到了母校、提到了祖国。曾有人戏言我们上海交通大学的校训过于简单平实，但或许至繁总能归于至简，千言万语，一句“饮水思源，爱国荣校”包含了至真至朴的情怀。

借这样的机会，我还要感谢 20 多名在校的交大学子，他们用自己的辛勤努力采访和记录下了 12 名交大创业校友的生活，其实重要的并非创业校友们是否必将功成名就，也并非言辞所达是否能成千古绝唱，重要的是我看到了交大人为这个时代所做出的努力，看到了一代代交大人与国家的兴盛同呼吸、共命运的担当精神。我想，我也应为此做出我个人的微薄之力，借作序之机记录下我自己的初始感受，为这本《IT 人在路上》呈献我的致贺之意。

上海交通大学副校长

2016 年 6 月于上海

# 目录

Contents

# 映日荷花别样红

## ——访别样红信息技术有限公司创始人 黄晓凌

### 不追风口，只找痛点

他穿着一件红底蓝格的法兰绒衬衫，一条宽松的蓝色牛仔裤，还有一双军绿色的登山鞋。这身装扮让他看上去和许多普通 IT 上班族一样，但这正是他喜欢的衣着方式，简单而舒适。此时，他正站在明净的落地窗前，身材高大而挺拔，望着远处的一幢大厦若有所思。那里，在其他人看来也许只是一幢再普通不过的办公大楼，但对于他而言，却是这一切的开始。他就是上海别样红信息技术有限公司创始人兼 CEO 黄晓凌，曾任汉庭酒店集团运营副总裁，微软全球技术中心合作伙伴咨询部经理。如今他是“软件即服务 SaaS(software as a service)＋平台即服务 PaaS(platform as a service)”酒店互联网开放平台开创者、互联网＋酒店实践者、首家微信智慧酒店提出和落地者。眼前的那幢大厦正是 2013 年公司刚成立时的办公地。

### 接天莲叶无穷碧，映日荷花别样红

利用云技术建立互联网酒店管理系统属国内首创。2013 年的一天，黄晓凌约了数位好友到茶馆小聚，不只是为了品茗叙谈，而是有一件很重要的事情要和大家商榷。近年来，在互联网浪潮的推动下，国内的在线旅游和酒店行业如雨后春笋般浮现出来。而传统的酒店业存在着由能耗高、人力重、收益增长慢等问题及传统管理方式所带来的压力。传统的 to B（to business，面向企业）企业级应用也一直没能给酒店业带来根本性变革。酒店业迫切需要利用新技术从根本上满足其诉求，提高酒店的入住率和工作效率。2013 年起，云计算开始商用，虽然云计算技术在国内尚处于起步阶段，但其蕴含的巨大潜力以及国家对其的高度重视和政策扶持，都预示着云计算将给很多产业包括酒店业带来重大变化。

“天时地利”，黄晓凌心潮暗涌。虽然十几年的打拼与磨砺让他沉淀出前所未有的成熟与稳重。但这一次触探到行业即将迎来质变的机遇，他还是按捺不住心中的激动。约来的这些人都是认识多年的朋友和行业专家，如果能得到他们的支持，那便是一股再好不过的东风了。不出所料，一席茶话之间，朋友们也纷纷表示这是一次难得的机遇。此时不搏，更待何时？之后，他和这些朋友又聚在一起开了整整三天的闭门会，会上不仅分析了国内外的产品和行情，还讨论了未来公司产品的原型及其基本功能。

对于产品方向，这群酒店行业的技术专家和业务专家，有着清晰明确的定位。曾经在软件公司为多个行业开发过大型企业级应用的黄晓凌和大家讨论后确定，基于互联网的酒店管理系统（PMS，property management system）应该构建在 PaaS 平台上，将 SaaS 与 PaaS 两个概念融合起来，同时体现快速定制和开放平台。在当时，这个想法在国内实属首创。

面对国内风起云涌的在线旅游和酒店行业，面对新技术浪潮冲击下酒店业所带来的巨大挑战和空前机遇，整个业态已处于一触即发的质变临界点上。这批人怀揣激情和理想，取意“接天莲叶无穷碧，映日荷花别样红”，成立了上海别样红信息技术有限公司（BeyondHost Technology），并准备推出最新一代互联网酒店核心管理系统——别样红云 PMS。

黄晓凌是一个说干就干的行动派。很快，他就办妥了公司的注册和资金募集。当选中眼前这幢大厦作为办公地点后，他马上着手安排办公室的装修，又和朋友置办了全套的家具、桌椅，定购电脑、电话和传真机。这些准备工作在一周之内统统办理妥当。为了节省资金，十来平方米的办公室还被隔成了上下两层。尽管它看上去有点简陋，但这里的一切对黄晓凌来说都像老朋友那样熟悉。大到一台电脑，小到一个门把手，他都清楚地知道它们的状态。在这里，他不仅是这家初具雏形的小公司的老板，也是第一个员工，同时还是保洁员、修理工。他亲自打扫卫生，和搬家公司的劳工一起布置家具。梦想再大也要从琐碎的小事开始做起。三四个月之后，这家公司终于有了二十几名员工。

在互联网时代，产品是公司存在的根本，产品工程师则扮演着重要的角色。为了尽快实现产品的原型，公司员工每周六都在紧张地加班。碰上高温酷暑的天气，空调嗡嗡地奋力转动，却还是敌不过严酷的高温。“老黄，洒点水吧！”同事一声呼唤，黄晓凌赶紧拎着桶去抬水，在空调室外机上浇水，在办公室地面上洒水，屋子里这才凉快了一些。黄晓凌心中一直很感激有这样一群志同道合的伙伴，即使在那样艰苦的条件下，大家也没有半句怨言，依然在促狭闷热的办公室里一起埋头苦干。黄晓凌相信，在这群人的帮助下，预想的产品系统一定能完成；而这群人也相信，眼前的窘迫只是暂时的，跟着老黄迟早能干出一番事业。

“别样红刚开始运营的时候，是很困难的，中间还经历了发不出员工工资的情况。”黄晓凌回忆道。2013 年公司刚成立时，黄晓凌并没有急于获取用户，而是专注于完善技术、打磨产品。这一整年公司没有接一个单，而公司的日常运营已经耗尽了其所有的资金。

别样红能渡过难关，能有今日的成功，离不开家人的理解和支持。黄晓凌与妻子于 2003 年在上海完婚。黄晓凌的妻子也毕业于上海交通大学船舶海洋与建筑工程学院。用黄晓凌的话来说，他的妻子在交大读书时是“学霸”，学习成绩始终位列学院第一。创业以来，黄晓凌对公司的大小事务都亲力亲为，常常加班到半夜才回家，无暇顾及妻子和女儿。妻子深知丈夫创业的艰辛，从未因为缺少陪伴和关怀而埋怨丈夫，一力承担起照顾家庭的重任。妻子工作十分繁忙，但每日下班后还要辅导女儿功课。黄晓凌经常在公司加班到很晚，有时会忘记向家里打电话报备，这时妻子总会主动打电话给黄晓凌，叮嘱他注意身体，早点回家休息。黄晓凌半夜到家时，总会在餐桌上看到为自己留的饭菜，总会在卧室里看到为自己留的床头灯，每每凝视着妻子疲惫的睡容，黄晓凌的豪情壮志都化作心底对妻子的爱与感激。

除了感谢家人的支持，黄晓凌还要感谢的就是他的朋友。到现在为止，最早加入别样红团队里的朋友，即使在最困难的时期，都没有一个人离开，“我非常感激这些朋友。在公司资金最困难的时候，都是朋友伸出了援手；在公司需要第一笔天使投资的时候，也是朋友给了最大的支持”。

“我们是一家 to B 公司，我们只专注于为企业级应用提供服务。”别样红专注于打造互联网化的 PMS 酒店管理系统，根据最新的技术和业务发展趋势，对业务流程进行提炼和优化，在关键的环节和系统结构上进行重新定义和架构，别样红云 PMS 将酒店各项管理模块与中心模块无缝集成在一起，并提供基于云端的自定义业务开发平台，向酒店提供更加完整、高效、智能、个性化的酒店信息化管理解决方案。

公司创立之初，别样红对自己的产品方向就有很明晰的定位。开发别样红 PMS 之初，在理念上借鉴了美国的 Salesforce 公司。Salesforce 是目前全球排名第一的云 CRM(customer relationship management，客户关系管理)软件服务提供商，其业务处于企业级软件与云计算领域的前沿。Salesforce 搭建了 PaaS(platform as a service，平台即服务，把服务器平台作为一种服务提供的商业模式)平台，可以实现快速的二次定制，并于 2014 年被甲骨文公司(Oracle，全球最大的企业级软件公司)以 440 亿美金(接近于甲骨文市值的四分之一的价值)收购。为了做好 B(business，企业)端服务，别样红没有采用基于 C/S(client/server，客户机/服务器)架构的传统且相对封闭的酒店管理系统，而是采用更加开放的基于 B/S(browser/server，浏览器/服务器)架构的系统，将 SaaS(software as a service，软件即服务，是一种通过互联网提供软件服务的商业模式)与 PaaS 两个概念融合起来，同时体现快速定制和开放平台。

在黄晓凌心中，别样红做的不仅是一个酒店的互联网开放平台，也不仅是做酒店 PMS。在他对未来产品的构想中，与酒店相关的一切软件、硬件和服务都将对接起来，以便顺应由于移动互联网的发展而“导致”酒店业底层改革的大趋势。“这与一些同行按照软件的思维来考虑，做一套 PMS 软件是很不一样的，”黄晓凌认为，“要做好酒店 PMS 这件事，有两方面：一是必须对行业有深刻的了解；二是精通互联网技术。软件公司不了解酒店业务，做不透；酒店了解业务却写不出这么灵活的代码。因此一家了解酒店业务的 to B 公司对酒店业具有重要意义。”在汉庭五年的工作经历让他对酒店行业有了深刻的了解，对做互联网技术他也有着足够的信心。他认为，做 PMS 并不难，但是要建立自己的壁垒，即技术优势与服务优势，并不容易。这也是为什么黄晓凌在别样红创立初期，面对那样大资金压力的情况下，还是坚定不移地做技术攻关的原因。事实证明，他对行业需求的洞悉和对产品的定位是明智的，为别样红规划了一条正确的道路。

面对酒店担心别样红会成为一个 OTA(online travel agent，在线旅行社)，为 C(customer)端客户提供订单，黄晓凌坦率地表示，别样红只想专注为企业级应用提供服务，并以此收取费用，作为公司的主要收入。对于别样红提供的服务，黄晓凌表示：“我们是一家 toB 公司，我一直要求团队要保证实现 99.99%的安全运营，一定要保证酒店的业务自主权与数据的独立性。”为了确保 B 端用户的数据安全，别样红组建了一个 24×7 的小分队，保证每一周每一天每一个小时都有人维护客户的数据安全与系统的管理运营。B 端酒店可以采用别样红的 PaaS 平台实现平台的二次开发，满足个性化定义的需求，并可按需不受限地扩展系统。

黄晓凌对公司的产品有明确的定位，对公司的未来也有着清晰的认识。正是凭着这份执着与坚持，无论遇到什么样的困难，都能咬着牙挺过去。

在蓄势了一年之后，2014 年 4 月，别样红获得了来自盈动投资的千万级天使投资，度过了最艰难的创业期。公司创立一年之后，老办公室已经完全无法容纳全公司员工办公，于是全公司迁移至莘庄龙之梦办公楼。新的办公地环境改善了许多，黄晓凌第一次拥有了自己的办公室，公司也终于设置了独立的会议室、财务室和茶水间。

同年，公司争取到了第一个客户——拥有 300 余家门店、20 000 多个房间，覆盖全国 90 多个城市的 99 旅馆连锁。当时，别样红为原本使用基于服务器端 PMS 的 99 旅馆连锁分析了 PMS 的几种做法：第一种是全部自己开发，但开发周期长，且可能开发失败，风险比较大；第二种是直接购买市面上成熟的软件，然后做定制化服务，但这种情况后期的维护成本比较高，最后甚至变成不可维护；第三种则是完全将服务承包出去，按月或按年缴费就好。别样红提供的正是第三种服务方式。借助云计算的商业应用，能够保证软件是快速定制且在不断升级中的。别样红公司上下勠力同心，与99旅馆组成系统迁移小组，制定全面的迁移计划。不到三个月的时间，将300余家门店从原有系统全面迁移到别样红云PMS。在这次合作中，99旅馆未投入任何软硬件，也不需自备专职的PMS开发和支持团队，实现了每家门店以零成本即时启用云服务。这次成功，让别样红在同行中崭露头角，也吸引到了投资人的关注。“在得到投资人的支持后，我们迅速用成绩证明了自己的价值。”

同样在2014年，别样红与微信支付团队和多家酒店合作，在将近8个月的时间里，完成了国内近五百家酒店的智能化改造，全年达到1 000多家。为了更好地实现微信智慧酒店，酒店改用了着力打造“云PMS”的别样红PMS系统，可以更完美地实现实时数据对接，从而为房客提供更好的产品体验，实现微信端自助化入住的产品，以及预定、支付、选房、开门等全流程入住体验。在别样红的助力下，多家智慧酒店不仅可以实现随时随地使用智慧化平台选房入住，还可以通过微信实现远程控制门锁。

投资者看到了别样红在大数据、移动及云计算这几方面的巨大优势，也看到了这家公司在未来酒店管理行业变革中的巨大潜力。2015年1月6日，别样红宣布完成来自华创资本千万级人民币A轮融资。

黄晓凌感慨道，原计划公司将在龙之梦安置两年，然而第一次搬迁的一年之后，整个办公室里已满满坐了50多名员工。公司从人力到业务都在稳步增长。如今，别样红已经完成了第三次搬迁。新的办公室更加宽敞、明亮。从前台两侧推门进去，便能看到一排排整齐的办公桌和忙碌着的工作人员，这里是公司的市场部。地上铺着厚实的地毯，几乎听不到脚步声。继续向里走，经过一条开阔的长廊，透过一侧的落地窗能俯瞰到工业园区的概貌，另一侧还空着许多备用的办公间。现在公司已经有了一百多名员工，而这个数字还会继续增加。长廊的一头摆放着一张乒乓球桌和一台跑步机，这是供员工休息健身用的。现在公司虽然刚度过初创阶段，但与当初狭小简陋的办公室已不可同日而语。穿过这条长廊，便可到达公司的核心部门——技术部。这里更加宽敞，不少办公桌上摆着两台甚至三台崭新的显示器。工程师们在电脑前忙碌着，也能看到两三个工程师聚在一起对着屏幕上的代码认真地讨论着。

成立两年半的时间里，别样红从默默无闻到被用户熟悉，团队规模也从最初的 6 人发展到 150 多人。而在这 150 多名员工中，技术人员占到多数。正是这种对产品、对服务的执着追求，对客户利益的深切关怀，让别样红在激烈的竞争中迸发出更加顽强的生命力。黄晓凌坦言道："竞争才好，能真正推动行业的发展。"现在，别样红在全国 34 个省市中都有所布局，和 3 000 多家门店达成合作，其中包含在全国具有千店规模的速 8 酒店集团。别样红用两年半时间发展了同行其他公司十年才发展的客户量。2016 年，黄晓凌希望公司所合作的酒店数量还能翻番。

黄晓凌有野心，他毫不掩饰自己要让别样红的 SaaS 服务在行业内做到最好的目标。同时他也深知，服务好 B 端客户是别样红走到今天的资本。2015 年 12 月 18 日，别样红与国内知名互联网公司美团点评（美团与大众点评合并后的新公司）达成战略合作协议，并获得了战略投资。双方将发挥在各自领域的优势，共同搭建酒店平台。

这不是终点，而是新的开始。在 2016 年别样红将争取做到行业的国内第一，之后它还要走向国际市场，在更广阔的领域开疆拓土！

## 雄关漫道真如铁，而今迈步从头越

有句话说 99%的创业者都会"死掉"，而黄晓凌成为那另外的 1%。多数创业者的创业道路都是不平坦的，对黄晓凌来讲，同样如此。在别样红之前，黄晓凌还曾经创办过一家公司，其主营业务是搭建在线机票交易平台，在航空公司与消费者之间建立互联网直销渠道。首次创业的黄晓凌在忙碌和坎坷中开始了尝试和摸索。"刚开始创业时，发现这不是一件简单的事。没想到除了要做好产品，还要考虑帮员工缴纳社保，支付房租、水电费，控制运营成本等各种琐事。”焦头烂额的黄晓凌深感自己生出三头六臂也不够用。

由于缺乏经验，首次创业的黄晓凌很快遭遇了接连打击。在创业8个月后，经历了种种挫折与打击，黄晓凌最终离开了自己首次创业的公司。这短短的8个月，对黄晓凌来说仿佛过了半辈子。初次尝试，让他体味到了创业的艰辛。经验不足和考虑不周也给了他不少教训，损失了不少钱。但细想来，黄晓凌并不觉得失败，这大概是创业人的必经之路吧。“法院给的传票，可比读个EMBA‘有用’多了。”黄晓凌对这次不算成功的创业看得很开。

美国作家Jacob Riis曾写道：“当一切看起来无可挽回之时，我跑去看石匠重复锤击他面前的岩石一百次，而那块石头连一个裂缝都没有露出。接下来的第一百零一次锤击之时此石一分为二。这不是因为这一次锤击，而是因为你的不懈努力和始终如一。”这段话被黄晓凌分享到微信朋友圈中以作鞭策。

现实磨掉了他很多棱角，但内心的坚持黄晓凌一直保留着。初次创业受挫的黄晓凌并没有打算放弃，选择创业这条路就像开启了一次没有终点的航行，前面还有许多未知的挑战和更美的风景。他带着一如既往的坚毅与执着韬光养晦，静静等候发现下一次机遇。果然，皇天不负有心人，黄晓凌终于等到了别样红。从创业初期的荆棘满地，到如今的闲庭信步，靠着专注与坚持，黄晓凌熬过了那段失意的岁月。

## 纸上得来终觉浅，绝知此事要躬行

黄晓凌出生于云南一个风景秀丽的小村庄，各个少数民族共同生活在这片红土地上，世代繁衍生息，保留着独特的语言文字、历史文化、宗教信仰和风俗习惯。丰富多彩的少数民族风情为黄晓凌的成长增添了独特的乐趣。然而，想见识外面的世界，想改变贫穷的生活条件的迫切心情盘踞在少年的黄晓凌心中，敦促他不断探寻着改变命运的道路，这条道路就是努力学习、通过高考、到外地求学。

从小学至高中，黄晓凌始终笃信好学，焚膏继晷、宵衣旰食。凭借着优异的高考成绩，黄晓凌在同学中脱颖而出，顺利考入上海交通大学。那一年，云南省仅有13人考入上海交通大学。在同乡人或称赞、或羡慕、或祝福的目光中，黄晓凌坐上了开往上海的列车。他意气风发、神采飞扬，既为自己是同龄人中的佼佼者而充满骄傲，也对知识改变的命运满怀希望。

这样明媚的心情在黄晓凌进入上海交通大学的校园以后，逐渐黯淡了下来。来自五湖四海的优秀学子聚集在这里，让黄晓凌感到了前所未有的差距和压力。在云南省名列前茅的他，在26个同班同学中竟然排名倒数第六，一直让他引以为傲的学习成绩，在同学中简直是不值一提。而历来让交大学子闻风丧胆的英语课程也给了黄晓凌一个重重的下马威。云南省的教育比较落后，与其他省市的学生相比，黄晓凌的英语功底薄弱得可怜。每次英语课，黄晓凌总是惶恐而战战兢兢地听着老师口中陌生的语句和知识点。一连串的打击，让黄晓凌多年的骄傲和自信轰然崩塌，长期以来自以为是的优秀到头来只是坐井观天。伴随着学业压力而来的，还有让黄晓凌更难承受的经济压力。收入微薄的父母供他念完高中已是倾其所有，再让二老背负高昂的大学学费和生活费，黄晓凌于心不忍。

人生第一次的困境和坎坷，并未让黄晓凌消沉。其实，每个人走出自己的“舒适区”，总会产生害怕、焦虑和自我怀疑等缺乏安全感的负面情绪。离开原有的“舒适区”，设定新的、具有挑战性的目标，就必须挑战原有的能力结构、资源范围、智力水平和知识水平。在这个过程中，对于变革秉持热情态度的人、思维具有弹性的人、心理承受能力强的人，会随着改变自我、发展自我和超越自我而扩大“舒适区”，获得更好的工作表现和工作技巧。而对变化秉持戒备态度的人、思想僵化的人、心理承受能力差的人，则无法突破“舒适区”的限制，不思进取、故步自封。彼时的黄晓凌，自然还未接触到“舒适区”理论，他只是懵懵懂懂地想着，他只能依靠自己，也只能相信自己！

改变是痛苦的，成长是艰难的，但真正的勇士，敢于直面惨淡的人生，敢于正视淋漓的鲜血。黄晓凌将害怕、焦虑和怀疑狠狠地压制在内心深处，顶着学业和经济压力，迎难而上，向着自己的弱项猛攻。他主动向老师和同学请教疑难问题，交流学习方法，全情投入到学习中。为了缴纳学费，黄晓凌向学校申请了助学贷款。和黄晓凌一样家境贫困的同学还有很多，学校为贫困生提供了丰富的勤工助学岗位。在繁忙的学习之余，黄晓凌在成人教育学院兼职讲课，在周末做家教辅导中学生功课，收入一部分偿还助学贷款，另一部分供日常开销。大学毕业时，黄晓凌的学习成绩从班级倒数第六上升到正数第五，而且在还清助学贷款的同时，攒下了两万元的存款。在上海交通大学的四年，黄晓凌完成了一次彻底的自我蜕变，从一个天真懵懂的少年成长为一个坚韧不拔的男人。上海交通大学是一个优秀的起点，但绝不是终点。走出校门的他，不再惧怕未知，不再惧怕改变，勇敢迎向新世纪发展的滚滚洪流。

黄晓凌人生中每一次重要的决定、每一个重大的转折，都来源于他对世界、对自我更加全面而深刻的认识。1994 年，黄晓凌首次走出云南省，来到上海交通大学，结识了来自全国各地的有志青年。黄晓凌常常与同学相约在大草坪上，不是谈恋爱、谈八卦，而是谈人生、谈理想。那时候，很多同学都意识到，从事自己所学的专业并不是毕业后的唯一出路，未来的人生还有很多的可能性亟待发现和尝试。在同学们的启发下，黄晓凌在参加工作时并未将眼光局限于自己的专业领域，而是投身于蓬勃发展的信息技术行业。

1998 年，毕业后的黄晓凌到北京南天电子信息股份有限公司工作，2003 年回到上海加入微软工作，2007 年加入汉庭酒店集团工作，2013 年开始创业。18 年一路走来，他对自己有了更深刻的认识。

在微软公司，黄晓凌做过讲师，高级工程师，部门经理。做讲师的那段经历对他而言特别难忘，期间黄晓凌成为了第一位来自中国的金牌讲师。微软当时的全球副总裁陈永正先生和国家发改委一起为黄晓凌颁发了金牌讲师的证书，与陈先生的合影，被黄晓凌珍藏至今。在黄晓凌一年半的讲师生涯中，每堂课都有 200～300 名微软员工参与。这些员工在各自的领域精益求精，有着挑剔的品位。为了获得他们的认可和满意，黄晓凌在授课内容和授课方式上都绞尽脑汁、花样百出，其授课实力从 100%的讲课满意率中可见一斑。

在做工程师和经理的时候，微软为员工提供各式各样的线上/线下培训课程，并辅以一套完整的员工培训体系，依据员工的职位、部门、年限，确定培训的内容和深度。培训内容不仅仅局限于公司内部的产品，还包括英文、销售技巧、管理等各方面培训。在微软工作的五年中，黄晓凌参与了数十次培训，其中让他印象最深刻的是“高潜质员工”项目（high potential program）。该项目每年选择微软全球前4%的高潜质员工(所谓的高潜质员工是指他在接下来的三到五年之内可能有多级别提升的潜力的员工)，把这些员工放到一个人才项目中，让他们与其他部门的人一起工作，从而有更多机会了解其他部门，接触其他同事。此外，微软会定期请公司的高级管理层去帮助他们做项目管理培训，选择微软各个部门的业务挑战分享给高潜质员工进行思考。例如，如果你是管理者，如果遇到这些问题，这些问题你会怎么应对，让他们来分享自己的想法。管理者会在最后指出哪些思路是对的，哪些思路可能存在什么样的问题，帮助他们去做更好的判断。这些培训让黄晓凌掌握了大量日常工作生活中接触不到的知识和技能，开拓了眼界和见识。

微软的职业经历和文化，对黄晓凌的影响几乎渗透到他工作生活的每一个细节。微软公司无论大小事务几乎都靠邮件来通知、同步和记录，每天邮箱里都会积累上百封邮件。微软的邮件文化造就了公司的扁平化结构，即便是底层员工，也可以通过发邮件将自己的想法和创意共享给同事、领导或其他部门。学会收发邮件，是每个微软员工必须掌握的技能。在微软的五年里，黄晓凌养成了随时随地查收邮件的习惯，并且掌握了应对各种场合的邮件撰写方法。微软公司倡导的“独立之意志、自由之精神”今天成为了别样红所倡导的企业价值观，也在黄晓凌的穿衣品位上得到了淋漓尽致的发挥。他最爱穿牛仔裤，若非场合需要，绝不愿把自己拘束在西装革履下。

2003年，黄晓凌首次走出国门，探访位于美国西雅图的微软总部。十几个小时的长途飞行中，黄晓凌一直在脑中试图勾勒着美国——这个占据着互联网技术制高点的国家的轮廓。当飞机终于降落在旧金山机场，黄晓凌首先见到的就是世界闻名的金门大桥。金门大桥是桥梁建筑学上的一个创举，与其他桥梁不同，金门大桥只有两根支柱，设计者没有采用桥墩支撑桥身的思路，而是利用桥两侧的弧形吊带产生的巨大拉力，把沉重的桥身高高吊起。黄晓凌曾多次透过照片和文字了解这座大桥，为设计者超凡的想象力和智慧所折服。终于在这一天，黄晓凌能够亲眼看到这座横卧在碧海白浪上的凌空巨龙，感受那宏伟朴素的造型下，迸发出的智慧的光芒。在这个科技日新月异的年代，新技术的开发应用为全人类带来了便捷和舒适，黄晓凌作为一名科技工作者，能够参与到这个惠及全人类的事业，内心充满了喜悦和自豪。

走进位于西雅图的微软总部，黄晓凌领略了微软为人类生活带来的变化。在这里，人类想象和探索的步伐从未停歇。微软总部探访之旅的重要一站是比尔·盖茨的办公室，它是许多微软员工的灵感之源。当年，比尔·盖茨的创业热情和由此迸发的创新精神成就了微软。员工在大公司工作久了，难免产生惯性思维，黄晓凌也不例外。但通过参观比尔·盖茨的办公室，黄晓凌感受到比尔·盖茨当年创业的工作方式和工作状态，久违的创新热情重新被激发出来。为了招待来自全世界的微软人，微软大手笔地包下了整个海湾，举办微软全球大会。当主持人宣布比尔登场时，喧闹的会场立刻安静下来，所有人都将目光投向会场中心，掌声雷鸣，有的人甚至激动得热泪盈眶。黄晓凌望着这位传奇人物、微软的精神领袖，心中澎湃不已。这一刻，他顿感自己的人生也要活得精彩！

从微软离职加入汉庭酒店之后，黄晓凌沿袭了在微软的工作方式。他每日六点起床，七点半到达公司，处理前一晚收到的邮件。九点员工正式上班后，黄晓凌开始辗转于一个又一个的会议，直至下午六点员工下班。黄晓凌并不与员工们一起下班，他还要留在办公室里，处理当天收到的邮件，晚上八点左右才能回家。在工作中，黄晓凌发现员工们的工作热情、工作习惯和工作方式，与微软的同事相比存在着很大的不同。于是，他仿效微软高级技术培训中心的讲座形式，在汉庭组织了“星期五论坛”。一开始主讲人只有他一个，他会和大家分享如何写邮件、如何进行项目管理等。后来感兴趣的人越来越多，其他员工也开始分享自己的经验和特长，不论是技术知识还是生活乐趣。就这样，这个论坛在黄晓凌的引导下，从微软走进汉庭，成为汉庭每周五的固定活动，在员工中颇受欢迎。

从云南到上海，从微软到汉庭，黄晓凌的人生观和价值观在这十几年中发生了巨大的转变。在交大，黄晓凌认识了来自五湖四海的优秀学子，从他们身上看到了交大人更为广阔的成长空间，完成了自我蜕变和自我超越。在微软，黄晓凌参与了很多跨国的项目，结识了来自各个国家的工作伙伴，也去过很多国家出差游玩。文化的熏陶，思维的碰撞，改变了他的思维方式和工作方法。在汉庭，黄晓凌对自己的领导能力有了更清晰的认识，也确立了创业的人生目标。这些经历，是黄晓凌认识世界、定位自我的重要工具。可以说，黄晓凌人生中每一次重要的决定、每一个重大的转折，都来源于他对世界、对自我更加全面而深刻的认识。因此，黄晓凌鼓励年轻人通过旅游、交流、留学等方式，走出家乡，走出国门，认识世界，增长见识，开阔视野，培养全球化的眼光，拥有前瞻性的思维，树立更远大的理想。

## 人生结交在始终，莫为升沉中路分

在母亲生病的日子里，黄晓凌发现，原来照顾家庭是一件比创业更辛苦的事业。

2012年春节，身在云南老家的母亲给黄晓凌打了一个电话。一直十分健康的母亲在电话中说，连着几日感到身体不适，到医院就诊时发现患有糖尿病。这个电话让黄晓凌开始反省自己对家庭疏于照料。自己作为儿子，都没有尽到责任，创业繁忙不能再作为逃避的借口。因此，黄晓凌将手中的工作托付给合伙人，专心陪伴母亲治病。进一步的检查发现，母亲体内有一颗恶性肿瘤。黄晓凌白天四处为母亲求医问药，晚上在病床前为母亲陪夜。身体的奔波劳苦，比不上心里对母亲日渐恶化的病情的焦虑忧愁。没有对父母多加关心和照料的悔恨感，让黄晓凌内心备受煎熬。妻子这么多年以来一边认真工作，一边贤惠顾家，其中的辛酸苦楚，黄晓凌终于得窥一二。

老人的离世，让黄晓凌开始重新审视家庭关系和亲缘关系。但从那之后，黄晓凌逢年过节都会亲自为自己的至亲们挑选礼物。他们衣服和鞋的尺码，对食物的喜好，对哪些东西用着顺手，黄晓凌都清楚地记在心里。对待他们，黄晓凌用足了心意。

在同学心中，黄晓凌一直是有情有义的代名词。班级竞选班委时，黄晓凌参选了团支书一职。在班级里，黄晓凌并不是学习成绩最好的同学，也不常参与打牌、踢足球等集体娱乐活动。对于竞选，他心中没有很大把握。黄晓凌的同桌看到黄晓凌不自信的模样，便把黄晓凌的选票纸抢过来，在团支书一栏里写下了黄晓凌的名字，开玩笑地说："你投自己一票，选上的可能性就更大了!"黄晓凌万万没想到，唱票的时候，每一张选票都投给了自己。班级一共 26 名同学，唱到第 25 票时，黄晓凌忐忑地想着下一张票千万不要有自己。当班主任在第 26 票中念出黄晓凌的名字时，全班哄堂大笑。班主任笑着打趣道："黄晓凌，难道你自己也给自己投了一票吗?"26 个同学，26 张投票，黄晓凌以真正意义上的全票通过当选班级团支书，事实上，同学们都对他十分敬佩，他当选团支书是众望所归。

毕业至今，黄晓凌在同学间的影响力和号召力依然不减当年。在公司，黄晓凌是运筹帷幄的老板；在家里，黄晓凌是坚强可靠的家主。只有在同学面前，黄晓凌能够放下责任与压力，畅谈畅饮到泪流满面。"人生成功与否，并不是看职位做到了多高或者钱赚了多少。虽然当领导或者赚很多钱能做很多事情、解决很多问题，但更重要的还是身边有这些同学。"黄晓凌说，"与这些同学的感情，是我最看重的。"

## 业无高卑志当坚，男儿有求安得闲

创业至今，已过四载寒暑。如今的黄晓凌与四年前的他已大不相同。曾经，他会因为失误而叹息，因为背叛而愤怒，因为前景不明而愁闷。现在，这些情绪很难再扰乱他的思绪。不仅是因为公司已渡过最艰难的初创阶段进入快速增长期，更因为经历了那么多风风雨雨之后，黄晓凌已经把很多事情看透了。他知道在每天的奔波忙碌背后自己最想做的是什么，他也知道在这纷繁百态的世间自己最珍惜的是什么。所以，当同事因意见不合冲他拍桌子时，当年轻的员工在背后埋怨他时，他一点也不生气。他理解这些人的想法，也能发自内心地包容他们的想法。他明白，只有把这群人团结起来朝着同一个目标奋进，公司才能有更好的发展。随着员工数量的增加，要想让这么多人齐心协力是一件越来越难，甚至不可能的事情。但他相信未来会找到好的解决办法。

黄晓凌经常教导公司员工：人只活一次，为了让仅有一次的生命更为精彩，要用200%的努力对待自己。同时在企业文化方面，他提倡热爱和奉献，希望员工能够以积极和正能量的热情对待工作和生活。

既然是技术出身，必然善于计算。历练让黄晓凌总结出一套公式：$1.01^{365}=37.8$，$0.99^{365}=0.03$，即每天多做0.01和少做0.01在365天之后产生的差距。也正因为带着“每天多做一点”的想法，黄晓凌让创业成为了一件停不下来的事。黄晓凌清晰地明白创业不能虚掷光阴，获得新一轮融资后，他将更加忙碌了。对黄晓凌及其他正在创业或即将创业的人来说，这是一个充满挑战与机遇的大好时代，还有很多的可能性等待着他们去发掘，去实现。

**采访人：**

上海交通大学　电子信息与电气工程学院2014级硕士研究生　李雯文

上海交通大学　电子信息与电气工程学院2014级硕士研究生　徐心怡

IOW　　001

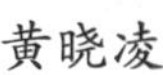

黄晓凌

# 用自己的姿势奔跑，永不停步

## ——访百姓网 CEO 王建硕

### 十年路上不忘初心，一路奔跑方得始终

2016 年 3 月 14 日和 15 日两天，各大门户网站的 IT 频道和财经频道都发布了一条重要新闻《百姓网新三板挂牌上市　去年营收近九千万元》，该消息称："上海百姓网客齐集股份有限公司（证券简称：百姓网　证券代码：836012）的挂牌申请获得批准，于今日公开转让。2014 年度，公司实现营业收入 8 981.49 万元，较 2013 年度同比增长 78.92%。其中，推广服务收入为 3 191.17 万元，较 2013 年度同比增长 238.41%。"

百姓网成立于 2005 年 3 月。2015 年 6 月，百姓网快速拆除了 VIE 结构，获得 22 亿元融资。新三板研究院资料显示，百姓网作为国内分类信息网站之一，为大众用户提供本地化生活需求解决方案的信息服务平台。其主营业务是经营百姓网（www.baixing.com）分类信息网站。百姓网业务覆盖全国 367 个城市，信息内容涵盖二手闲置、交友、招聘、车辆、房产、生活服务等多个方面。目前，公司的业务包括：增值功能服务、VIP 会员服务、信息推广服务以及流量分发服务。百姓网主要的运营平台包括百姓网网站、百姓网移动平台、聚车商移动平台。百姓网本次挂牌上市的主办券商为中信证券，法律顾问为北京环球律师事务所，财务审计为德勤华永会计师事务所（特殊普通合伙）。

2016年，是百姓网成立的第十一个年头。去年，百姓网见证了分类信息网站中另外两家巨头——赶集网和58同城——的合并，而作为只有158人的轻量级公司，自己却依然自信而故我地走着发展、完善的道路，完胜了人数几倍于他们的竞争者才能做到的事情。也许在外人看来，百姓网在过去与58同城、赶集网分道扬镳的五年发展之中，累积了巨大的优势，如果不借着这股势头继续扩张似乎是有些“不思进取”的——它远离恶性竞争，安于上海交通大学徐汇校区的一幢建筑里安静办公；远离“烧钱”的运营模式，固守着自我的一方净土。

有人说，百姓网是沪上最具硅谷风范的一家公司，与那些被金钱烧昏头脑而无以为继的网站是完全不同的存在。这一切都要归功于百姓网的CEO——王建硕的个性和气质。他笑称自己只是公司里的一位布道者，一遍遍地告诉大家百姓网的目标，并贯彻到底，用自己的姿势带领大家，一路奔跑，永不停步，迈向更好的未来。

不忘初心，方得始终。

十年过去，百姓网，始终在路上。

## 在编程少年心中种下的一粒种子

王建硕回忆起自己与计算机的结缘差不多是在1988—1989年的事情。刚刚小学五年级的他，在哥哥的熏陶下，第一次接触到了编程，随后便一发不可收拾地爱上了。后来，王建硕进入当地最好的一所中学——洛阳第一高级中学念书，成绩优异，并以河南省状元的名次顺利考入上海交通大学。当时王建硕的高考成绩比清华的分数线还高出六十余分，但因为一种机缘，他进入了上海交通大学。王建硕一家都与上海交通大学颇有缘分：父亲毕业于交通大学，太太也是上海交通大学毕业。

虽然身在自动化专业，但王建硕却一心扑在了计算机上。他几乎疯狂地泡在机房里，当时的交大只有包玉刚图书馆内的机房对学生开放，在那里可以每天使用电脑，因而他就天天都往图书馆跑，对于编程的狂热就从那时开始。王建硕的IT之路从交大正式展开了新的画卷。

当被问到“既然如此热爱编程，为何不在选择专业的时候就专门选择计算机系，而是选择了交大的自动化系”时，王建硕笑了，他说，正是因为深知自己十分热爱计算机，所以自己很有把握地坚信，即使不进入计算机系，也会在大学期间对其进行钻研，因而才觉得自己需要一门更像是“专业”的专业。诚然如他所说，计算机是一门相对基础的技术，就像数学这门学科，是作为一个工具而被大家使用的，若是选择了它作为专业，则欠缺了一些综合的视野。而王建硕也坦言，如果选择爱好作为专业，说不定也有可能会被一些和想象中完全不同的、有些枯燥但是必须完成的专业课程磨灭了这份爱好，使得学习变得机械化。因为这种原因而放弃自己心爱的事物，无疑是十分痛苦的。

“那是1995年10月，我入学才一个月的时候，凑巧在与我很有缘分的包玉刚图书馆里听了一个演讲。正好有个教授在讲互联网、雅虎、Netscape，还有很多关于硅谷的故事。你知道雅虎上市是1995年8月份的事情，两个月之后就有教授来讲了，真的非常有即时性。关于互联网的一切，对于刚入学的我来说非常震撼。从此在我心中种下了一颗种子。”被问及与互联网的缘分时，王建硕如是说。

那次演讲的确是一颗将会发芽的种子，一点即将燎原的火星，是正在升腾的希望。从那以后，王建硕一直找机会探索更多关于硅谷、关于互联网的知识，他开始研究风险投资VC(venture capital)，并学习苹果、微软公司的历史。这期间，他当然没有放弃自己挚爱的计算机，读大学的时候，他已经能够独立开发简单的聊天和黑客程序。可以说，在当时那个时代，能够熟练运用计算机并且和互联网有着如此深厚联系的人并不多见。而这也许正是他进入微软的敲门砖，1998年，在上海交通大学攻读大四的王建硕拿到了微软公司的聘用书，他激动地骑着他的自行车从微软公司回学校，他急于想把这个好消息告诉他的女朋友和室友，但是因为过于急切，“居然迷路了”。

这是他事业的起点，当时的微软公司如日中天，Windows系统一经推出便广受好评，炙手可热，Windows98也呼之欲出，大家都翘首企盼，这使得微软也成了几乎每个IT人都向往的高科技企业。王建硕回忆，当时一起去笔试的有千人之多，而经过层层筛选之后，他脱颖而出，成功地进入了微软公司。能去微软这家当时全世界最好的软件公司工作让王建硕兴奋不已，他甚至为此抛弃了和别人合作的第一个创业项目“hotsales. net”——一个在网上卖电脑配件的 B2C 网站。

尽管王建硕自谦说也许只是人家看他顺眼，是运气好罢了，但“运乃强者谦辞”，无可否认的是他对计算机的热爱让他收获了回报，让他站在了微软这个如此之高的起点之上，开始了自己的 IT 路。

## 果子成熟了，摘下来却没有想象这么疼

在微软工作了 6 年多，加上实习一共 7 年，王建硕换了 7 个部门，从支持部，到电子商务部，再到亚洲社区，微软几乎所有有关技术的职位他都待过一遍，心态也随着工作的调动渐渐发生变化。微软严格的管理制度和前沿的技术条件，锻炼了他的职业素养，培养了他的职业习惯，也使得他对前沿科技和未来的发展有了灵敏的“嗅觉”。这七年的工作经历对他的帮助非常大，“我了解了整个公司是如何运作的，掌握了一些基本常识，包括企业文化、管理等等”，王建硕说。

然而，“做到最后，产生了一种很尴尬的感觉。”王建硕说，“首先，从技术挪向商业，我已经知道自己在技术这条线上并不是最顶尖的。然后，很长时间不动代码，你的技术生命凋谢了，很伤感。其次，从业务上来说，基本上所有能做的事情都做过了，就会想要探索一些新的东西。”

在微软的时候，王建硕曾认为这是他工作的第一家也是最后一家公司，对于那时的他来说，想不到哪里会比微软更好。但是最后，在微软几乎所有的岗位转过一圈后，他选择离开。

离开微软的时候，王建硕给他的朋友们发了一封邮件：“果子成熟了，摘下来却没有想象这么疼。”谈到为什么会离开微软，他说，“自己到了该离开的时候就自然而然地离开了。微软是一家很好的公司，直到离开了依然认为微软十分的优秀。就像每个人在高中时期也许都曾向往一所大学，就好

比我的母校交通大学，从以前憧憬着入学，到 4 年之后，再美好也是要离开的。”

而离开校园来到职场的这段时间，被同为校友的王建硕夫人称为“后成长时代”。在一篇文章中，她写道：“忍下去的人变成了中庸，忍不下去的人或者成功，或者成为烈士。从大学毕业到工作 5 年或者是更长一段时间内，我把这段时间称作为‘后成长时代’。”这描述了一种被迫的变化：从学校出来进入社会工作，会发现很多事情和想象的不一样，这种变化是被迫需要接受的，尽管痛苦，却是一些正确的事情。“对于漫长的人生来说，不同的结果都没有错，因为春风得意的未必家庭幸福；庸碌无为的未必不高朋满座；不同的人，在这个社会上总归要占据那么一个位置，谁也抢不走。”

**人生有三境界，创业者亦然。古之成大事业、大学问者，必经过三种之境界：“昨夜西风凋碧树。独上高楼，望尽天涯路。”此第一境也。此境界，乃是对人生的迷茫，孤独而不知前路几何。在微软，王建硕一待就是 6 年，他显然有些迷茫了，当年在编程少年心中埋下的那颗种子，也开始渐渐萌芽，他想要做一点新的东西。**

## 客齐集：一个新的开始

从当年那个狂热的编程少年成长到进入微软工作，再到后来选择离开微软，十年已经过去。在下一个十年，等待王建硕的是又一个互联网高潮的来临。离开微软之后，eBay 的猎头找到王建硕，邀请他来负责其中的一个创业项目——客齐集（eBay 的全资子公司，也是一个早期的分类信息网站）。这对王建硕来说是一个很大的诱惑，他大学时就喜欢搞老乡会、英语角，工作后迷上了写英语博客，为许多生活在上海的老外提供了基本生活信息。eBay 的猎头所说的这种“技术＋社区”的创业方向的分类信息，更是非常对他的胃口，王建硕当然不会错过这个机会。

“2005 年是最好的一个时机，我的很多朋友不是在建 VC 就是在建 VC 的路上，这是一个互联网的热门时代。”在微软中逐渐迷茫的他果断地选择了跳槽进入 eBay 公司，这是他微软生涯的结束，却是一段新事业的开始。他不再是为别人打工，而是自己当了老板。“选择客齐集，因为我比较喜欢 eBay，喜欢 eBay 的员工。从上到下，所有的人都在想怎么能够帮助别人，而且是发自内心。”eBay 的这种文化显然打动了王建硕，王建硕甚至在签保密协议之前，都不知道他要做的项目是什么。

当初在做商业计划时，客齐集里只有王建硕一个人，另外在复旦学生中招了一名实习生。现在的团队越做越大，与 eBay 形成一种互相补充的关系。“就像微软做 Windows 以后，还要做 Office 一样。eBay 发现如果不要在网上拍来拍去，而是直接把自己的信息往网上贴，然后有人来看，这会是一个比较好的商业模式。”王建硕显然对这种商业模式信心满满，“它与 eBay 是两种不同的商业模式，一个核心是拍卖，一个核心是商业。”他对客齐集做出必胜的打算，“客齐集一定要成功，启动资金非常巨大，我不计成本也要让它成功”。王建硕认为，网站有两种，其中一种是碰运气型的，这个不在乎时间，如果需要迅速长大，就要在线营销，新浪的旗帜广告是七分钱，百度是两到三毛钱，谷歌是三毛钱，如果按访问量一百万每天计算的话，就是每天可能要花掉二十万。

2005 年 3 月，客齐集正式上线，第一天上线时，全站仅有 7 则帖子，其中 5 个是王建硕自己发的；而现在，百姓网月活跃用户数过亿，月新增信息量超过 5 000 万条，覆盖全国 367 个城市(截至 2015 年 2 月)。

## 浪潮褪去，才知道谁在裸泳

那时的中国市场对于这种模式和行业都是极其陌生的，即使 Craigslist 已经在美国获得了巨大的成功。这样新生的事物吸引了一批互联网巨头的倾情投入，一时间风起云涌，大量分类信息网站如雨后春笋般冒出。

然而出人意料的是，分类信息网站的大规模崛起并没有让这个行业在一夜间被国人所接受，而是对市场造成了相当严重的失败后果，大量的同类公司在烧完了最初的融资之后无以为继，或撤或死，2008 年和 2009 年连续两年残忍的互联网之冬扼杀了超过90%以上的竞争者。这些年来，新浪、搜狐、网易、QQ、微软、谷歌都曾推出自己的分类频道，到了2006年12月的巅峰期，中国做分类信息的网站达到了历史最高的2 000家，目前仍在运营的分类信息网站，估计不到20家，第一梯队只剩下3家。

2008年中，eBay的全资子公司中国客齐集更名为“百姓网”，这不仅仅是一次简单的更名，百姓网的发展经历了更多，在它的内部更是进行了一次彻底的换血，原客齐集管理层和硅谷的两大创投——金沙江和标杆资本——先后接受了eBay原本持有的股份，百姓网终于在中国本土落地生根，成为了一个地道的中国创业公司，也成为eBay全球首个本土化品牌。

## 百姓网来了，二手交易将成为生活方式的主流

王建硕希望能把很多同与不同的人连接起来，“我们的使命是满足所有的生活需求，我们让人和人连接起来，连接起来了才会有很多神奇的事情发生。”

二手交易成为生活方式的主流，这是王建硕的个人信念。

可能和童年的经历有关。王建硕小时候在研究院长大，对人与人之间的连接、物与物之间的交换印象深刻，这一切使他对C2C产生了与生俱来的迷恋。

“未来，分类信息网站会给百姓生活带来巨大的变化，个人方方面面的需求都可以被满足。比如闲置物品的交易，这一把椅子不要了，可以低价卖给更需要的人，这是一件非常划算的事情。另外，像工作、房产、服务和交友这些领域，都能够连接个人和个人。从长远来看，这是十几亿对十几亿人数的排列组合的巨大市场。”王建硕如是说。

王建硕曾多次在公开场合提到，在线分类广告是一个纯C2C业务模式，我们的关键字应是“个人对个人”及“见面交易”，所以从产品设计到内容审核，我们都会围绕这一理念，包括对商业用户信息的严格把关和删除，而这也是我们坚决排斥团购业务的原因，因为后者实际上是B2C，涉及大量企业

资源管理。我们非常看好未来5年分类信息产业的发展，并有信心在这一领域继续深耕细作，在产品上不断创新，为用户提供更好的服务。

可在当时，客齐集本身其实做得并不那么成功，一方面是受到当时中国大环境所限；另一方面，eBay这样的美国公司在中国有些“水土不服”。

但是分拆之后，百姓网终于迎来了属于它的春天。

第一桶金来自百度——百度与百姓网达成了战略合作，百度在搜索栏的右侧添加了百姓网的链接，这样，当人们在搜索一个词语时，左侧是百度的搜索结果，右侧则会显示百姓网的本地化搜索结果。这为百姓网带来了巨大的流量，使早期的它飞速发展。这是百姓网为推广自己迈出的重要一步，时至今日，来自百度推广服务的收入依然占到百姓网同期营收的三分之一以上。

2008年12月，百姓网被红鲱鱼杂志评为亚洲100强，中国10强。红鲱鱼杂志(Red Herring)是最知名的互联网投资、技术杂志之一，其亚洲百强评选活动旨在评选出在亚洲高科技领域最具前瞻性的100名私营公司，并把他们推向世界舞台，每年评选一次，是全球最具影响力的私营技术公司排名。在往届Red Herring百强企业中，已成长出许多全球知名企业，谷歌也曾榜上有名。百姓网能够得到该杂志的如此盛赞，可以说是一项十分了不起的成就。况且，不仅是红鲱鱼杂志看好其前景，王建硕还透露，他们年盈利是千万元级别，说明这在衡量企业重要指标之一“利润”上，百姓网与58同城相差无几，而后者则在不久前刚刚以664%市场增长率挤入“2010德勤高科技、高成长中国50强”创新排名第20位。能够与如此强劲的对手在利润上打平，又不设任何销售部门，运营团队仅为28人，并坚决排斥团购等新兴业务模式，百姓网颇有誓死捍卫美国分类广告网站鼻祖Craigslist之风，简直堪称业界的奇迹。

2010年3月，百姓网推出自主收费竞价系统。2010年6月，标杆资本合伙人，原LinkedIn总经理，Facebook工程副总裁Matt Cohler加入百姓网董事会，百姓网更是如虎添翼，于2011年4月，百姓网推出iPhone客户端“拍了卖”。截至2011年7月，百姓网用户发布的累计信息量突破一亿条。

2014年3月，百姓网免费开放API(application programming interface,

应用程序编程接口)获第三方网站青睐。

2014年5月,百姓网顺应大势,宣布联手国内知名网络整合营销公司八百里人,共同推出免费在线CRM(客户关系管理)服务,支持服务业占比多数的中小型企业或小微商家更健康发展。

百姓网最近推出了闲置平台“乐空空”,“乐空空”不是一个闲置出售平台,而是赠送平台。“乐空空”是此前百姓网“闲置真心送”频道的升级,从百姓网的一个板块,变成一个独立APP。用户发布赠送信息后,根据申请理由选择合适的申请者送出即可。

相对“闲置出售”“闲置赠送”的好处在于,一方面出清速度更快,方便用户“断舍离”;另一方面,能够避免“代购党”横行,影响用户体验和平台设立的初衷。并且,赠予这种方式在心理上,能满足用户的自我价值认同。

艾瑞报告显示,2015年二手闲置物市场规模高达4 000亿,这仅是2015年网购总额的10%。

“乐空空”被认为是百姓网C2C战略的延续。据了解,除了微信登录,后续“乐空空”APP将开通以社交平台为主的多种登录形式,希望以真实的个人信息和社交关系为基础打造一个闲置分享平台,为用户提供更真实、更靠谱、更快速高效的闲置解决方案。

作为国内最大的蓝领招聘信息平台之一,百姓网在蓝领招聘领域不断探索创新。据百姓网蓝领招聘负责人透露,近期,为了给蓝领筛选更优质的企业,百姓网还对平台的招聘板块进行了优化升级,专门开设了特色招聘“名企直招专区”,开启了高薪蓝领招聘的先河。

据了解,百姓网“名企直招专区”提供的职位平均月薪超过5 000元,其中包括了奥克斯空调、比亚迪(002594)汽车等近400家知名企业。同时,专区还涵盖了工人技工、客服、销售等热门职位,以满足蓝领多样化选择。

业内人士指出,百姓网开高薪蓝领招聘先河的做法,是对蓝领招聘领域趋势的正确把脉。“开辟高薪蓝领求职专区,为蓝领提供更优质的求职服务,只是百姓网为培育蓝领中产阶层努力的一部分。”百姓网相关负责人表示,未来百姓网将以更优质的蓝领招聘服务,迎接“蓝领高薪时代”的到来。

回首百姓网成立至今的历程,王建硕不无感慨,他说:“我个人经历中最

宝贵的经验，就是2005年开始在eBay里面做创业项目客齐集。大约在项目2个月的时候，我就意识到，自己只有两个下场：第一种是一切都按照大公司的方式做，业务最终失败，我被开除掉。第二种是按照我认为可行的方式做，在公司里面蹦跶得太凶，违反了太多的规定，被开除掉。除此之外，没有第三条路。如果只有两种不同的被开除的方法，而结果都是一样的话，我宁肯选择一条轰轰烈烈地大干一场的方式。所以之后才有了大公司里面如此特立独行的小团队，居然走着走着有了第三条路，就是把业务分拆，成为现在的百姓网。”

百姓网之所以能走到今天，离不开全球化的经验分享，每年来自全球各个国家的ECG成员齐聚一堂，共同探讨在过去一年的发展中所遇到的困难和悟得的经验教训，这之中不乏很多已经运营超过十年的在其所在国家最大的分类信息网站，这些成功也好、失败也罢，都帮助百姓网少走了很多的弯路。王建硕还说，不可否认一支高效率的精英团队在运作中起着举足轻重的作用，尽管只有二十多人，却以少胜多，完成了几倍于他人的工作。当然，雄厚的资金背景依然是支撑他们不断前行的条件之一。

## “断舍离”之道

王建硕说，早期他们曾走着“小清新”的模式，拼命想把界面弄的好看些，再漂亮些。可是接入了百度的流量之后，他突然发现互联网的现状其实并不是比美的过程，老百姓每天都要焦头烂额的解决无数的问题，界面好看并不能成为他们选择百姓网的理由。于是他自省，风花雪月固然浪漫，可生活毕竟还是柴米油盐，只有满足百姓的基础生活需求，百姓网才有活路，因此百姓网走向一条质朴却基础的道路。

道路的选择和理念的确立与王建硕本人的性格和思想是密不可分的。王建硕在近期的一篇博客里提到了每个人都需要心中的“断舍离”。所谓断舍离，是日本杂物管理咨询师山下英子提出的一种生活概念，“断”是指不买、不收取不需要的东西，“舍”是指处理掉堆放在家里没用的东西，“离”则指舍弃对物质的迷恋，让自己处于宽敞舒适，自由自在的空间。

王建硕对这个理念有自己的理解，“一个简单的测试，就是把自己拥有的所有的东西都像准备搬家一样打包，之后的生活只从纸箱子里面取出需要用的东西，比如牙膏、毛巾、电脑什么的。没有用到的就留在箱子里。我相信一年之后，超过80%的东西依然躺在箱子里面。其中一定有读过的或没有读过的书，有已经不愿意穿的T恤，有别人送的装饰性的礼物，有买错了的不合心的东西，有不再用的游戏机等各式各样的东西。这些东西在生命中唯一做的事情，就是待在那里。你不动它，它也不动你。就在那里安静的待着，很多年。”他认为，对一些其实根本无用的物质的迷恋会过分地牵扯人们的注意力，就好比买的过多的纪念品，买回家后几乎不会再花时间去欣赏它，但看到它们就像看到自己对物质迷恋的罪证，不断地后悔自己做过的事情，让我们觉得压力，觉得应该怎样却总也不能怎样，觉得不甘心却无可奈何。

王建硕希望能够通过创造这样一款软件，让更多的人参与到“断舍离”的行列之中，把不用的东西转赠或低价转卖给更需要它们的人，一个人不用的东西对另一个人来说可能是唯一的一个。这些东西如果能够流动起来，不仅使为被赠予者解决燃眉之急，也能让赠予者被自己真正喜欢和必需的东西包围，寻求内心的平静。这也是百姓网被创造的初衷，也是百姓网的灵魂所在，它不仅仅是一个产品，而更是以此为载体的理念，是一场“断舍离”的运动。

百姓网的很多员工都是看过了王建硕的博客，为其理想所触动而毅然加入了百姓网的团队，他们都评价王建硕是个真真实实而普普通通的人。百姓网曾有一位实习生写告别信时特意提起他心中的CEO形象：来百姓网实习第一天，我看到一个男人穿着普通的T恤、大花裤衩，在电梯里吃着冰棍儿，从1楼到18楼。后来才知道那是我的顶头上司，王建硕。他在公司里没有自己独立的办公室，也从不发火，对身边的事情仿佛都是“尽力就好”，态度随和。

王建硕说，成功的标准是多种多样的，他不认为只有商业上的成功才叫做成功，只要每个人都付出了、收获了，创造了不一样的东西并且合理地获

得了回报，即使这件事情在他人眼中不那么成功，那也是一件值得鼓励和欣赏的事情。因而百姓网不鼓励加班，员工都按照时间上下班，他们有自己独立的私人时间和空间，不被无穷无尽的工作所占领。

王建硕不否认自己的百姓网和其他互联网公司不同，他认为这里聚集了许多和他相似的人，构成了一个温暖的小王国。

**“衣带渐宽终不悔，为伊消得人憔悴。”此即王国维所述人生三境之第二境。投影至人生，第二境界中的人有了目标，在追逐的道路上，孜孜以求，为之形容消瘦而却继续追逐无怨无悔。王建硕，不仅在对二手交易这件事的坚持上是如此，对远离恶性竞争坚持走自己的路来说，更是如此。**

## 坚持自己的路，远离恶性竞争

众所周知，赶集网和58同城是百姓网最重要的竞争对手。

和百姓网一样，这两家公司成立于2005年。这十年来，三家公司始终处在激烈竞争、互不相让的境地之中。2011年，出现了一个当时大家也许都没有意识到那么重要的分界点：58同城和赶集网开始走人力密集度高、资本密集度高、负债率高的“三高模式”。起因是那年春节的时候，58同城和赶集网正式打响了一轮飞速烧钱的战争，赶集网请来了当时如日中天的姚晨拍摄了一则骑驴的广告投放，一时间在全国各地的电视、地铁、公交等媒体上风头无量，人们仿佛一夜之间被有关姚晨代言的赶集网铺天盖地的广告淹没，从而对分类信息这个行业投入了大量的关注。这的确是一则成功的广告，是赶集网一次成功的大刀阔斧的营销成果，58同城不甘其后，很快请来了当时身价也已不菲的杨幂为其代言，“这是一个神奇的网站。不用中介租房子；不花钱招人才；一折吃喝玩乐；闲置物品能换钱；一个神奇的网站！”最后配上她拖长声调大喊的一声“58同城——”至今仍在一些媒体上播放，令人印象十分深刻。然而，赶集网和58同城如此飞速地出现在人们的视野中，让人们熟知它们，也是付出了代价的：每年，两家在广告费上就要投入上亿元，这是一笔非常大的开支，也是两家“烧钱”的开始。

它们虽然以此为代价快速地攫取了市场中很大的份额，但是受到分类信息产品的深度不足和当时中国信息化、系统化程度不够等多重原因条件所限，它们的实际收入并没有预期的高，而广告费却又成了一笔硬支出。于是这两家公司被迫走向了2B模式（即用户群面向供应商的商务模式）。这直接导致了目前两家的分类列表里主要客户都是商家，而个人用户基本上难以从它们那里获得免费推广的机会。这样的网站环境对于大量的个人用户来说，无疑是十分不友好的。

王建硕坦言，当时的自己十分犹豫是否应该加入这场战争，他先是在上海和广州等一线城市做了一些尝试，很快发现广告战并非可持续的模式。面对58同城和赶集网来势汹汹的挑战，百姓网最后却坚定的选择远离广告战，他说，“一旦发动广告战，就必须发动人海战、销售战，否则收入会跟不上。一旦进入销售战，对商户的依赖性就会越来越大，公司的担子越来越重。”因而百姓网与58同城和赶集网走了不同的发展道路，从市场占有份额上来说，百姓网是落后于这两家公司的，但是百姓网却能够一直保持着盈利的状态，这主要是因为它走的是Craigslist的C2C式经典分类信息模式——通过网站系统引导个人用户自主发布和投放信息，不经过销售人员，这是一种极轻的发展模式。它与58同城和赶集网有着本质上的不同，因而这个只有158人的轻量级公司能够自信而故我地走着发展和完善自身的道路，并且不可思议地完成了人数几倍于他们的竞争者才能做得的事情。

58同城和赶集网的广告大战越演越烈。王建硕却坚持不参战。这场广告战让58同城和赶集网走上了“重”模式，这种商业模式需要非常庞大的人力与资本投入，姚劲波曾公开讲过2011年的那一轮广告花费了4.2亿，6 400万美金。两家公司在合并之前，员工都在千人以上。

从创立开始，百姓网就一直坚持着小而美的运营模式，与同行业的58同城和赶集网相较，百姓网的模式十分小清新。

2013年10月，58同城在纽交所挂牌上市；2015年4月，58同城与赶集网正式宣布战略合并。在外界看来，作为分类信息网的巨头之一，百姓网似乎失去了竞争力；甚至有人把百姓网视为失败的商业案例。但事实上，在王建硕看来，合并并非是强强联手，而是很自然的事情，“从整个行业来看这

是必然的。当两家体量都很大但是都是巨额亏损，亏损到两家都完全无法融资，合并是生存下去的唯一一条道路，如果不合并公司就只能关闭，那么合并就是自然而然发生的。”而百姓网，一家158人的公司，创造了40多亿的市值，每年都是盈利的。

“百姓网应该一直会保持现在这种模式。首先我们是盈利的，极轻的模式来做上万人在用的一个产品，我们整体的竞争优势还是非常明显的。经济学上说就是谁能以更低的成本做相同的事情，我们用不能更低的成本做到了最多的事情，本身就是一种胜利，在未来百姓网会持续保持这种竞争力。”王建硕选择用自己的方式带领整个团队奔跑，让百姓网坚持了“轻”模式的发展。

回顾整个创业历程，王建硕觉得最难的是对一件事情的贯彻与坚持。创业不易，每天都在发生各种各样困难的事情，也不会一一记住，曾经以为是最好的事情，过几天就会发现错了。困难的层度一次次被刷新，也是创业路上一步步坚强的印记。2005年，他开始做闲置物品的交换，经过了整整十年，直到2015年的时候才迎来了爆发。

二手将成为主流的生活方式，对于这件事情，王建硕一直抱着坚定的信心：“我觉得这件事情是应该做的，能做成的，所以我坚持了十年，直到迎来它的春天。”

成功有各种衡量标志，在王建硕眼中，“自己认为自己是成功就是OK的。当所有人都相信一件事情的时候，一个人独自相信另一件事情是十分孤独的，但是很多时候站在理性的一面来反思问题，会使自己更加坚定。比如说我们‘远离喧嚣’，没有砸钱做广告，这是我们选择的一条道路，而且我为之感到自豪。”

但最重要的是，每个人都要有自己的风格。“无论自己的风格是什么，坚持自己，就是一件不错的事情，不要随波逐流，不要活在别人的期待和别人的评价里，也不需要迎合大家对于成功的定义，不然容易翻到阴沟里去。”

**“众里寻他千百度。蓦然回首，那人却在灯火阑珊处。”此为创业者历经的第三境。此一境界表明当一番立志追逐后，风格确立，积累足够，不经意间会发现“那人”自己早已追逐到了。经历过分类信息领域的风起云涌，群**

**雄逐鹿，王建硕越来越清楚公司该坚守的是哪一条路，越来越懂得对自己来说什么才是真正的成功。选择，基于对未来的把握。于是，在2015年，王建硕做出了一个重要的决定。**

## “独角兽”归来

2015年6月11号，天津宏连、上海德明按1 142.6∶1合共认购9万元出资，总投资金额为1.03亿。

2015年6月25日，28位新、旧股东按1 720∶1合共认购135.1万出资，总投资金额达23.24亿。

2015年6月26日，VIE架构中的各方共同签署了《终止协议书》。

2015年7月15日，上海客齐集整体变更为股份有限公司，总股本为3.5亿。

就在2015年上半年，百姓网融资24亿，又在20天内以闪电速度拆除VIE，用时之短，令市场咋舌。

独角兽其实是古代神话传说中的一种虚构生物，极其珍贵，可遇而不可求。“独角兽企业”原本是风投界的术语，在维基百科上，它是这样被定义的：独角兽(Unicorn)是投资行业，尤其是风险投资业的术语。它指的是那些估值超过10亿美元的创业公司。而对于创业公司来说，实现10亿美元估值的难度很大，所以非常难得。

王建硕的百姓网正是这样一家公司，2015年，王建硕做了一个重要的决定：拆除VIE结构，回归国内市场。10月30日，百姓网宣布正式挂牌新三板。“独角兽”回来了。

在被媒体采访时，王建硕曾多次谈到了这次选择回归的原因。正如公开转股说明书中提到的那样，“百姓网的实际业务及主要客户基本在境内，境内市场对于业务更为熟悉，境内投资者也更容易了解公司业务”。近年来，国内很多互联网公司都会选择架构VIE模式，来达到海外上市的目的，从而获取外国资本的投资。虽然企业所获的融资额十分可观，但由于境外投资者对中国互联网企业理解的偏差，在海外，很多中国互联网公司很大程度上都被低估了。相反，国内的资本市场却日趋完善，在注册制、新三板、战略新兴板等各类改革创新的频频推动下，中国互联网公司还有很多小微企业的融资变得更加容易了，有了自己的融资渠道和平台。所以很多中概股也纷纷选择在这个时间私有化，回归国内市场。百姓网也是如此，可以说这个选择是具有战略性意义的。

其实，不仅仅如此。王建硕还提到："优质的互联网公司还是稀缺资源，还是能获得合理的估值。国内资本市场风云变幻，我们选择不等，先回来。百姓网未来的目标肯定是走向流动性更好的资本市场，主板在计划内。如果未来有转板政策出台，会积极争取。即使没有，百姓网也会按照主板要求去努力。对于百姓网最重要的还是做好自己，看哪个市场更符合百姓网发展的利益，符合百姓网用户，员工和股东的利益，然后制定未来的计划。"

在行业的上升期，巨头们会用火拼的方式来争取市场份额。但有没有想过，一旦资本市场冷静下来，不那么疯狂的时候，会怎么样。不仅仅是在分类信息领域，在很多领域都是这样。大众点评迫于资本的压力不得不与美团网合并，在早些时候滴滴打车和快的打车也宣布合并。一些行业的巨头们会疯狂地烧钱来抢占市场份额，而往往资本退潮之时，只会剩下"一地鸡毛"。到最后，很多创业公司失控，完全背离了创始人的初衷。

一家优秀的公司，无论在哪个市场都会得到资本的热捧。这头刚刚回归的"独角兽"也是如此。百姓网新一轮融资的过程极为顺利，用王建硕自己的话讲："一周之内确定的投资额就已经远超过几倍于我们所需的融资规模。""所有的投资方都是'特事特办'——在一两天之内做出决策，以最快速度做完审核，甚至有些在外出差的审核人员直接坐火车、飞机赶到上海要求签字……最后，在我们给定的几乎不可能完成的时间点里，完成了打款。"王建硕回忆道。

对于王建硕来说，他不贪婪，他对资本没有欲望。他十分明白自己和百姓网该以怎样的方式继续发展下去。他们有目标，也有策略。"日拱一卒，不期而成"，百姓网仍然会延续此前的发展路径，拒绝跟风，坚持做纯粹的

C2C 交易。

不管怎样，这将都将是百姓网创立以来一个重要的里程碑。

## 家庭是事业的一部分

“家庭意味着生活”，谈到家庭的时候，王建硕算了一笔有意思的账，“如果将一生的时间划分开，三分之一在睡觉，三分之一在工作，而剩下的三分之一则用来体悟生活。这样算下来，一生有三分之二的时间都在家，所以家庭可以说是事业的一部分”。

前段时间，王建硕和夫人刚刚庆祝了他们的“生命中点纪念日”。“所谓生命中点纪念日，就是说，过了这一天，我们俩这辈子在一起的时间就超过了不在一起的时间。”谈到夫人，王建硕的脸上洋溢出幸福的笑容。“我们在一起很久了，到明年就已经整整 20 年了。相比轰轰烈烈的感情，20 年来我们平淡而又安稳地在一起，这 20 年平淡日子带来的感动，早已超过了太多太多。”

“人生没有太多的 20 年可以在一起。”王建硕说。

王建硕和妻子 19 岁时相识，同为上海交通大学校友，他们在上海交通大学共同度过了美好的学生时代，而后一起在微软工作，共同创立百姓网，他们走过了几乎一样的生命轨迹。

当年，王建硕和妻子范文峰分别是河南省状元和探花。那时南方航空公司为考上上海交通大学的前三名同学提供免费飞往上海的机票。“很多传闻都说我们是飞机上认识的，但实质上并不是，我那时有事在路上耽搁了，错过了几小时就错过了一年的相识。不过我一直是知道她的。”直到大二初组织的一场迎新晚会，才让他们第一次相遇。“就是这个晚会把我们凑到了一起，我是男主持，她是女主持，就是在上院草坪，我们对彼此留下了深刻的印象。”在越来越多的接触中，王建硕和妻子逐渐加深了对彼此的认识。他们的相恋，普通而又自然，大二一开始他们就一起自习，交大的上院 109 是他们的秘密基地。

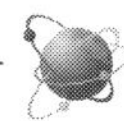

谈起相恋时的一件事，一向腼腆的王建硕爽朗又得意地笑了："那时我们和计算机系共用一个机房，也就是当时的386、486机房，所有的计算机都是DOS系统，互相之间没有通信。我就写了一个类似QQ一样的程序，使得几台计算机之间可以通过一个聊天室交流。最后这个程序被计算机系拿去上机玩，这肯定是我太太传播过去的，她应该也是觉得挺得意的。"

与妻子在一起之后，王建硕觉得自己从她身上学到了很多东西，"我所知道的很多东西都是太太教给我的；她涉猎广泛，而我精心钻研。"一旦对一些新生事物产生兴趣，范文峰就会把王建硕一起带入"坑"。"在进微软之前，ASP(一款网络仿真工具平台)就是她教给我的，还告诉我说'用这个就对了'。可以说，包括我进微软，甚至创立百姓网，很多事情都受到了她很大的影响。"

对于王建硕来说，经营家庭和经营事业一样，两者本质是一回事，不会安排好工作的人也不太会生活，而不会合理享受生活的也不太会安排好工作。王建硕说道："很多事业成功的人也会有很多爱好，甚至更加浓郁和强烈，比如我会去健身，也会陪孩子出去玩，旅游也是我的一项爱好。你会看到很多事业成功的人士都把家庭作为事业的一部分，两者的平衡做得非常好。"

## 回归自己的小天地

博客，是王建硕自己的小天地。他有一个英文博客，一个中文博客。

在他英文博客的首页，有这样一段介绍："I am a blog. I blogged since September 2002, and wrote one article per day since then until my 10 year anniversary of blogging."

从2002年开始，王建硕开始写博客，一写就是十多年。他对一件事情的坚持从公司延续到博客，从创业延续到生活。看似平常的事，坚持了十几年，也就成了不平凡。

2000年，王健硕是微软的工程师。当时，互联网上鲜见关于上海的英文介绍，可能是一种机缘巧合，王建硕模仿KB(知识库)文章的格式和写法，写下了一篇关于浦东机场的介绍。结果在谷歌搜索“Pudong Airport”时，这篇文章竟意外地成为了第一条搜索结果。所以，2002年，当王建硕开始用Movable Type建博客的时候，他想把“上海生活指南”继续下去。正如他在博客中提到的那样，“第一个网页开始的时候，一念之差，就有了个简单的想法：老外(不止美国)对中国的了解远远少于中国对美国(并不包括其他国家)的了解，又估计了一下，在有生之年，所有外国人都学中文的日子估计是等不到了，所以英文看来还是个不错的选择。同时，有感于上海这么大个城市，甚至没有一个像样的浦东机场的网站，一不小心，写了一点关于Pudong Airport的网页，倒也牢牢地钉在谷歌关于Pudong Airport结果的第一名了。于是乎接着写吧，谁让我开始上了‘贼船’了呢。总之经过一年多时间，还算是帮助了众多迷失方向的老外找到从机场到市区的道路，同时让上海变得对外更友好些。”

现在，“wangjianshuo.com”这个域名仍然保留着。十年来，上百篇博客，帮助了很多身在中国的老外。不仅如此，如果外国人需要帮忙，也可以给他留言。王建硕基本上是有求必应。

在其他的访谈中，王建硕曾经谈及了两件很有趣的事情。

有一次，一个老外想将硬币换成纸币，到了银行之后，却遭到了拒绝。一时没有办法，他找到了王建硕的博客，留言寻求帮助。王建硕立即答应帮他询问。他先是打电话询问工行的服务人员，但是询问无果，服务人员竟也不知道。屡屡碰壁，几番周折，才找到了答案：将硬币换成纸币需要依据硬币数量支付一定的手续费。

为了让网友更方便地找到自己，王建硕曾在博客上公布了自己的手机号。可万万不曾想到，上海旅游事业管理委员会也在去年拨通了他的电话，他们决定授予王建硕为委员会代表并享有独立为老外服务的特权——如果外国人遇到什么困难，王建硕也解决不了的话，他就可以随时找委员会的官员咨询。

在他的英文博客中，王建硕记录的可能只是一些在本地人看来鸡毛蒜皮的小事，但是这一切对于一个初到上海的老外来说却是不可多得的

信息。

2004 年，王建硕的中文博客也开张了。英文博客，每日发布，为在上海的老外提供日常生活必需的信息，是一本地地道道的“上海生活指南”；而中文博客，则更多的关于 IT、关于生活、关于思考。在中文博客中，他的身份是一个 IT 评论员，我们能够读到一名创业者对创业、对公司、对生活的思考。

从客齐集到百姓网，王建硕道来自己一路走来的心路历程；“自己动手＋好奇心＋反叛”，王建硕对黑客精神有着自己独到的思考；而对于如何做好一个 CEO，王建硕也有着自己的建议：“日程不能安排太满；洞察用户；走动管理；保持人性化；聘请信任的人，放手让他们干活。”在王建硕的中文博客里，有百姓网，有聚会，有艺术，有旅行；关于代码，关于公司，关于人生，关于快乐；他把自己在生活中的点滴思考都在博客上记录。

王建硕说，写文章让他有一种沉浸在文字王国中的乐趣，会给内心带来成就感。起初，博客只是为老外提供一些本地生活指南，直到 2003 年开通中文博客，博客变成了他记录生活点滴、各种想法的公开邮件和日记。在谈到博客对于自己的意义，王建硕说道：“文字本身就会带来收获，比如说，可以促进自己每天的思考。很多东西曾以为自己想明白了，但是如果不能够清楚而有条理地在脑海中整理思路，再通过写作的方式演绎表达出来，也许永远不会想得通透。文章写作是一个认知的提升和思考的过程，见证着自己心路的成长变化。”

2013 年，Linkedin 全球约写手，在全球范围内挑选能为它贡献原创内容的精英。同年 5 月，Linkedin 的这一盛大邀约漂洋过海到了中国，王建硕受邀。中国区有两人收到邀约，除他之外，另一个是李开复。作为 Linkedin Influencer Program 的一员，王建硕的英文文章《为什么 eBay 在中国会失败》被放在他们的头版头条上。

2014 年，王建硕曾发表一篇《Blog is Dead —— Let's Move On》，不再更新博客。但是最近，他又准备为自己恢复这一块小小的天地。

在 2015 年 12 月的一篇文章《重启博客，继续开始个人的旅行》里，他写道：“毕竟这是自己给自己留的地方。虽然公开可见，但我依然是每一篇文章最主要的读者。若是有一两个其他的人觉得有用，那也很好，但那不是目标。公司也是这样。”

苏轼曾言：古之立大事者，不惟有超世之才，亦必有坚韧不拔之志。王建硕的坚韧亦然，事无大小，从博客到公司，他选择了一条道路，就选择了坚持。他始终坚守在自己的小王国里，带领着他的团队、他的公司，拥抱着分类信息网络事业的未来。

百姓网公司办公室坐落在上海徐家汇的上海交通大学老校区，整个办公环境都布置得十分温馨。右面整整一面墙都是五彩斑斓的手印，在彩色手印的映衬下有几个红色的大字："狂奔吧"。这是王建硕的王国，是他自己的小天地。

十年来，王建硕带领着自己的团队一路奔跑。2005 年，团队在中国成立，命名为客齐集。2007 年，在中国独立开发的网站上线。2008 年，正式改名为百姓网。2009 年，百姓网被红鲱鱼杂志评为亚洲 100 强，中国 10 强。2010 年，百姓网与百度达成战略合作协议；标杆资本合伙人，原 Facebook CTO Matt Cohler 加入百姓网董事会。2015 年，百姓网拆除 VIE 结构，挂牌新三板。从中国第一家分类信息网站开始，王建硕带领着他的团队经历了分类信息网站风起云涌时的大浪淘沙；经历了与赶集网、58 同城三足鼎立时白热化的竞争；到现今，王建硕和他的百姓网始终用自己的姿势奔跑着，坚持着分类信息的原旨，崇尚着 C2C 的交易，不会跟风，不去烧钱，永远不会被资本市场牵着走。

世人大概永远不会忘记美国短跑名将——"飞人"迈克尔·约翰逊的跑姿，挺胸、撅臀、梗着脖子，有点与众不同。正如百姓网，在数千家分类信息网站跟风涌现之时，在另两家巨头急剧扩大规模，大举进行广告战之时，百姓网依然固守着自己的"姿势"——一个仅有百人的精英化小团队，一种小而美的运作模式，一种对分类信息业务的专注。"飞人"迈克尔·约翰逊说过："有梦想很重要，永远要相信自己，我的跑姿是最适合自己的，所以我不需要太在意他人的目光。"迈克尔正是坚持自己那独一无二的姿势奔跑，参加了 3 次奥运会，共夺得 5 枚金牌及 9 枚世界田径锦标赛金牌。当所有人都相信一件事情的时候，一个人独自相信另一件事情可能是十分孤独的，但是

很多时候站在理性的一面来反思问题却会使自己站的更加坚定。用自己的姿势奔跑，是一种基于自我了解的自信；用自己的姿势奔跑，是一种对于梦想之巅的渴望；用自己的姿势奔跑，是一种懂得坚守的智慧。成功之路各有不同，用自己的姿势奔跑，即使不成功，也会跑出属于自己的迷人轨迹；更何况这个人不仅成功了，还干得不错。

“永不停步，是我们的学习发展态度；较真，是我们的做事态度和方式；有话直说，是我们的沟通方式。”

这是一个158人精英团队坚守的文化。

在自己的小王国里，王建硕总是穿着普普通通的运动衣，有点不修边幅，甚至有点过分普通，但却也十分的亲切和真实。从2005年至今已经10多年过去，他始终如一地坚持着一件事。未来王建硕还将带领着他的百姓网一起，一路狂奔，永不停步。

**采访人：**

上海交通大学　凯原法学院2014级本科生　张　悦

上海交通大学　凯原法学院2014级本科生　赵子歆

王建硕

# 大悟无言

## ——访途虎养车网首席运营官 胡晓东

20 世纪 70 年代初的一个普通秋日的午后，在东北一个普通小城的一个普通知识分子家庭里，降生了一个普通的小男孩，幸福的父亲给他取了一个普通的名字叫“晓东”。可能就是因为普通，从童年起，他就对世界怀着一颗好奇而敬畏之心，对神秘的物理世界倾注了浓厚的兴趣。不说他的父母，即便他自己也没想到，当年那个少言寡语，动辄脸红的少年，日后会放弃稳定的工作，开始艰苦的创业历程，并成为中国首家养车类、中国最大汽车后市场 B2C 电商平台“途虎养车网”的创始人和首席运营官。从公司开始的那一天，公司上下都一直亲切地称他为“晓东”，他似乎总是做的比说的多，用一种简单、自然、安静的方式开创和支撑起了新事业的一片天。

### 随心 · 一花一世界

**乘着中国汽车产业快速发展的东风，晓东的第一次创业由此起航。**

“三十而立”，对于孔夫子这句话后人有很多种不同的解释，其中比较被认同的是“30 岁人应该能依靠自己的本领独立承担自己应承受的责任，并已经确定自己的人生目标与发展方向”。晓东在他“三十而立”的年纪，一个偶然的机会，“创业”闯进了他的生活。从此，他便走上了一条与过去不同的道路。

改革开放后，中国经济发展水平急剧增长、中国的汽车行业也迎来了一个快速发展的“黄金时代”，到 1995 年时，中国的汽车产量就已经突破了 100 万辆。按照成熟的国际汽车市场惯例，汽车的销售利润仅占整个汽车业利润的 20%，而有大概 60%的利润是存在于汽车服务领域当中。随着人均收入的不断增加，人民的消费水平也在不断增加，中国的汽车市场终于在 2002 年左右开始爆发，从那开始，大家开始疯狂买车，中国的汽车销售量保持着逐年倍增的趋势。在这一大趋势的影响下，一个巨大的商机也慢慢地进入到很多创业者的眼中，那就是汽车服务业。在 2005 年前后，以汽车服务为主要业务的新型公司开始大量出现，主要业务为汽车保险、汽车售后、汽车零部件等。

2006 年，受到曾一起在微软工作的同事的创业精神所感染，晓东放弃了在 SAP 的稳定工作，加入了一个以车险为主营业务的创业团队，开始涉足当年红极一时的电话车险领域——建立一家以信息技术为支持的汽车保险销售和服务机构，打造一个贯穿整个车险产业链、与各主体深层次合作的新型汽车保险平台，通过对金融保险和汽车后市场的不断整合，建立起高效的保险经纪业务系统、车险直销平台及全国维修救援网络，成为一个真正与保险公司、汽车服务提供商、车主共赢的创新经营体系。团队中的核心成员们大都具备国际化与本土的复合经验，并曾经工作于 IT 行业、保险行业、汽车行业的全球顶尖企业，如微软、中国太平洋保险、固特异轮胎等，且大部分具备硕士以上学历。尽管第一次的创业有一个美好的蓝图、有一个人才济济的团队，但晓东辞职创业的决定难免还是令人惊讶的，因为他当时所在的公司是 SAP。

SAP 公司成立于 1972 年，是全球最大的企业管理和协同化商务解决方案供应商，世界第三大的独立软件供应商，全球第二大云公司，总部位于德国沃尔多夫市。2001 年，在同事的介绍下晓东来到了 SAP。当时的手持设备有一个普遍的特点，那就是大而笨重且运行速度慢，而晓东在 SAP 做的恰巧是手持设备的相关研发工作。在 SAP 的 5 年，晓东一直从事研发，工作涉及许多不同的产品线，包括面向小企业的 B1、面向中型企业的 A1 整体解决方案等,他在SAP公司的老板曾给他这样一个评价:晓东虽然在别人眼中没有多么突出或特别的长处,但他的优势在于比较擅长综合,学习能力强,可以协调并带领团队工作,也能够独当一面地独立完成任务,对于从未接触过的任务也具备快速的适应力。在一个受到高层器重的大公司,从一般意义上讲,晓东的工作环境满足了发展前景好、公司待遇优越等大部分职场工作人员对一个理想工作的美好愿望。尽管公司领导挽留,晓东还是选择了创业,选择过一种不一样的生活。

“现在想起来,当时选择出来创业其实没有充分考虑到各方面的因素。往往这样的决定也没有办法真正能够考虑周全,这个决定到底是对是错也没有办法判断,就是在一种热情和冲动下就决定了。SAP,大公司,很人性化,对员工的待遇也很好,工作节奏相对也比较闲适,但毕竟是德国的企业,它的总部在德国。很多时候我们没办法参与决策,更多只是参与执行。所以我选择出来创业,不只是想过一种不一样的生活,可能更多的是希望自己做些什么、能够影响些什么、决定些什么”。

**准确的市场选择为晓东所在的创业团队带来第一桶金,但很快,来自市场的各类变化和竞争以及转型问题接踵而至。**

在汽车服务业中选择保险,从当时的汽车发展和保险业务的发展两方面看无疑是一个明智的选择。汽车维修保养虽然是公认最肥的一块市场,但也是汽车服务市场原有势力盘踞最深的一块市场。在中国,汽车厂家支持4S店在城市内5 km半径、城市间100 km半径内建立网点,这样车主在100～200 km范围内总能找到自己驾驶车辆品牌的4S店,而4S店大部分都提供救援和维修保养服务,因此没有任何厂商资源背景的初创公司很难在这一市场分到“蛋糕”。

在当时的市场环境中,各类保险公司在中国各地筹办业务的途径主要是通过业务员联系个人买家,通过这种单向联系来完成交易。车险行业也是这样,当时汽车在国内越来越普及,但车险还未成为保险公司重视的业务领域,而另一方面保险办理方式是单向的、相对不公开不透明的,这都为创业者提供了一个机遇。车险公司的业务运作方式相对简单,技术层面要求很低,用户只需通过电话向公司表达保险购买意愿,车险公司根据用户要求到保险公司领取保单；用户完成保单及相关业务手续并付款后再由车险公司将保单和相关费用交给保险公司——在如今看来，他们这个公司发挥的作用相当于车险中介。他们这一公司将众多保险公司的车险产品整合在一起，放在一个网络平台上，然后通过电话和网络等形式向其会员车主推荐销售，简单地说，车险公司就相当于一个“车险超市”，车主有了更多的选择权。除此之外，通过这一渠道购买车险的车主还能享受到价格优惠，这也是吸引顾客的一个重要方面。

晓东所在的公司是最早进驻车险市场的公司之一，其主要的竞争对手是联合汽车俱乐部和上海从众汽车联盟。公司刚起步时，因为潜在市场巨大且竞争对手数量相对较少，因此业务情况非常良好，前景一片光明。曾陆续获得包括华登国际、德同投资等数家风险投资的数千万美元的融资，并先后在上海、杭州、成都等多个城市设立分公司，进而谋划登陆纽交所上市，一时风光无限，成为国内车险中介的领头羊。

但是业务办理流程简单必然会带来一个“同质化”的问题，越来越多人也开始加入到这个行业，竞争对手也就越来越多，利润率也越来越小。后来，保险公司就车险领域出台了新政策，要求用户在领取保单的同时递交购买的经费，这就意味着车险公司如果还要继续进行此类业务必须在领取保单时先垫付保险费，这对于公司现金流的周转率也提出了巨大的挑战。

**没有能够在持续变化的市场中做出积极和及时的转型也许就意味着不可避免的失败**。

当时做汽车服务业主要有两种运作模式。一种是携程模式：后端将救援网点、4S店等汽车后服务实体的资源整合起来，前端发展大量会员，收会员费，其盈利来自会员通过联合汽车俱乐部订购相关服务以获取的不菲佣金收入。另一种是互联网模式：在步入21世纪之后，互联网的迅猛发展也让很多人开始考虑是否可以通过互联网方式来推动汽车服务业的发展。一大批创业者开始以互联网媒体模式切入汽车产业链，被统称为“汽车.com”，这些公司的主营收入基本都来自汽车厂家和4S店提供的广告和活动推广费用等。有的网站通过全新三级两线营销整合战略，整合自身优势资源，以营销管理及应用后台、广告营销系统、线下行销手段以及网站编辑运营系统四大系统作为营销手段，为汽车厂商、厂商大区、经销商三级商家提出一系列整合营销方案，并通过厂商联动及区域营销的两条营销主线达成汽车厂商、厂商大区、经销商在品牌及销售方面的营销诉求，最终成为汽车厂商和区域经销商整合营销解决方案的提供商。

晓东所在创业团队的主要竞争对手——联合汽车俱乐部，在这次变革浪潮中积极寻求转型和改变，终于成为了后来的神州租车。神州租车的董事、联想投资董事总经理曾说过，中国的车险销售需要牌照，很多车险中介低价倾销甚至赔本销售，依靠保险公司的补贴过日子。加上车主考虑到维修定损的方便，一般愿意在4S店上车险，新车的车险70%～80%在4S店购买。后来保险公司为了提高收益，加大了电话销售车险的力度。这意味着车险行业已经变成了一个“不赚钱”的业务，根本无法获得收益。到2007年，保险公司出台新政策，必须先交钱再出保单，保险中介机构更没有存在的价值了。

受到保险政策等外部环境影响，代理市场日渐萎靡。一些车险公司因经营不善和盲目扩张规模造成资金链断裂，再加上企业内部的管理和服务不够成熟，盲目向客户承诺条件又无法达到，造成部分车主积怨很深，也对电话车险整个行业造成了一定的冲击。再加上直销渠道的价格和服务优势强烈冲击着代理市场，在内外力量的夹击下，车险公司没能寻找到解决的出口，无可避免地退出了历史舞台。在这些多重因素的影响下，晓东参与的这一创业公司很快就出现了运转问题，失败的命运也在所难免。

**有人在失败中看到结束，有人在失败中看到商机。**

男孩儿小时候喜爱的玩具可能大多大同小异，比如船模、航模等，而晓东从小有一个与众不同的玩具叫做“爸爸的工具箱”。他的父亲是北邮早期的毕业生，当时电力企业通信专业的一名工程师，家里常年有一个装满了各类电阻、电容等元件和万用表等设备的工具箱。也许出于一种特别的兴趣爱好，或者只是出于好奇，有的孩子可能会淘气地用电阻拼成自己喜欢的形状，有的孩子会在一阵儿新鲜劲过去后就再不问津，有的孩子可能会把工具箱翻得乱七八糟然后撒手去玩其他的游戏，可他却在很小的时候就能够根据电阻器上不同的色环读出电阻的阻抗值，还能在父亲工作时给他打下手，拿来他需要的零件或设备——不仅仅是因为对元件的理解，还因为工具箱里的设备一直都是他童年时代趣味无穷的玩具，以至于有时连父母都记不清工具箱里物品的摆放位置，而他心里却是清清楚楚、明明白白。“用过的东西放回原处”，做事井井有条也是他从小就养成的习惯。那时拥有电脑的工程师家庭的氛围或许也在不知不觉中对他未来的职业选择和发展起到了潜移默化的影响。也或许就是从电阻开始，晓东养成了乐于动手、善于发现的能力。

第一次创业的失败，第一次参与一个创业公司的运营，给晓东留下了深刻的印象。尽管在这次创业中，他只是一名参与者、一名技术人员，但他还是通过这次的创业经历看到了汽车服务业巨大的商机，并认为还可以在这一领域有所作为。所以，2007 年 11 月，晓东和其他三位合伙人又重新起步开始做自己的新公司。这一次，他不再只是一个雇员，而是作为发起者之一参与到创业这个环节当中。

初次创业项目是当时国内领先的汽车售后服务平台之一，也是国内第一家提供在线汽车售后服务的网络平台，主要提供三滤保养、轮胎更换、刹车产品更换、汽车用品等汽车售后服务。考虑到自己相对传统内向的特点和较强的技术背景，晓东清晰地将自己在整个创业团队中担当的角色定位为技术人员，主要负责技术领域的工作，例如内部网站建设、资源管理等。在时代的浪潮中，晓东在第一次的创业失败后完成了自己从参与到实际意义上第一次创业的转型，在追寻自己梦想的道路上又前进了一步。

**《朱子语类》卷九，《论知行》篇中说：“不可去名上理会。须求其所以然。”**

佛说“随心”，“心”乃心中所求。有人说“一花一世界”（出自唐蜗寄题庐山东林寺三笑庭联：桥跨虎溪，三教三源流，三人三笑语；莲开僧舍，一花一世界，一叶一如来。也有人说“一砂一世界，一花一天堂”语出《佛典》，指昔时佛祖拈花，惟迦叶微笑，既而步往极乐）。也许我们不能从一朵花中便能悟出整个世界、得升天堂，但至少我们可以做到不让自己缺少一双发现美和发现美在哪里、美在何处的眼睛。

诚然，学会读电阻值是小事，只是当一个电阻放在面前时，有人或许会不闻不问，有人可能略感好奇，有人在知道了使用规则后便不再问津，有多少人能够静下来去研究和了解色圈及其排列组合？做好简单事、平凡事并且一直做下去或许本身就是一件不容易的事。在第一次失败的汽车保险创业经历中，晓东是一名技术人员，更是一名尽管不怎么参与决策但一直在用心体会、用心感受、用心呵护着最初那份出来创业时的热情和冲动的创业初尝者。他说自己并没有带着一份极强的企图心在创业，但他一定带着一颗忠于自己的内心，所以才能透过现象看到成功与失败、看到成功与失败的原因、看到那失败背后微弱地闪烁着的可能成功的光芒。

## 随缘・无心插柳柳成荫

**上海是晓东创业的起点，而他从东北来到上海的原因，不能说是因为爱情，但确是因为初中时同桌的女孩。**

初三时，一个上海女孩成为了晓东的同桌。女孩的父母是知青，为了支持东北电力建设来到了他的家乡。女孩从小是被上海的外婆抚养长大的，等孩子长大些，出于对孩子教育和发展的考虑还是送来了父母身边。在晓东的印象里，这个上海女孩浑身散发着和东北女孩不一样的气质：长相甜美、清瘦，举止优雅，衣服永远干干净净，东西永远都收拾得整整齐齐，不仅学习好，人缘也非常好。“当时她是我心目中的女神。”当然，什么都没有发生。多年后再次相遇时，当年的女神也已经嫁人。所以这个故事的结尾，是他在电力公司工作几年后的1997年，选择来到上海交通大学的信息工程系继续读研深造。

**软件、计算机编程是晓东创业的根本。他对软件的浓厚兴趣是源自他的高中时期与计算机偶然的相遇，而在上海交通大学的求学生涯是他走向计算机软件工程师之路的重要转折点。**

当晓东在沈阳的回民中学念高中时，他在电力企业从事通信领域工作的父亲从公司里带回来一个286笔记本电脑（80286，官方名成为iAPX286，是英特尔公司的一款X86系列CPU，最初发布于1982年2月21日）。与现在的笔记本截然不同的是：那台电脑不仅厚重庞大，而且屏幕是黑白的，硬盘容量只有几兆，用的也是最早期、最原始的 DOS 系统。后来，晓东在学校里用过麦金塔(Macintosh，简称 Mac，苹果公司最早的计算机产品之一)，感受过最早的 Windows3.2 系统，也经历过所有的安装均由软盘操作完成的时期。当时的计算机远没有如今这么友善的用户界面、这么好的用户体验，但就是从那个时候开始，他对软件产生了浓厚的兴趣和深深的热爱。

1989 年，他进入保定华北电力大学学习通信工程专业，他的毕业设计是用 C 语言独立完成的——在当年那个计算机刚进入"个人电脑"领域发展的时代，C 语言、编程等技术对于大学的教授们也是一个完全陌生的课题和领域。1993 年本科毕业后，他"子承父业"地进入了电力企业的通信部门工作。当时的主要工作和运维相关，因为是值班制，"上一天休两天"的工作时间给了他很多自由的个人时间。在每三天两天的休息时间里，他自学了计算机编程和英语。他坚持骑 40 分钟自行车上下班，由此锻炼出的一身强健的体魄支撑着他坚持不断地努力工作和学习。他的业余时间基本都贡献给了家里那台自己组装的 486，从高中时期第一次接触计算机，他从没停下对软件越来越深的求知。

考进上海交通大学攻读硕士以后，除了有些课程需要去上海交通大学法华镇路校区修读，晓东主要住在上海交通大学的徐汇校区，校门口恰好有一家软件公司，受个人兴趣驱使，在整个读研期间，他一直在这家公司实习并做到了研发经理的职位。在他交大读书的第二年，也就是 1999 年时，微软亚洲技术中心在上海初创，因为其快速的发展需要而面向高校招人。抱着试试看的心态，他去参加了 1999 年微软公司的招聘笔试。他不是计算机或软件专业学生，在本科和研究生期间所修读的全部课程领域也和通信相关，能谈得上的"基础"就是在电力企业工作时自习的软件编程等相关知识。

微软的笔试题是相当有名的，除了专业相关知识外，所涉及的考试题目涉及各个领域、方方面面，比如"马路的井盖为什么是圆的而不是方的""假设地球是圆的，问在某个区域内有多少个加油站是合适的?""显示器的比例为什么是 4∶3"等——笔试题目考察的是应试者在面对一个问题时的思考方式。当天笔试结束后晓东自我感觉并不好，考卷中还有很多软件相关的知识，自己毕竟不是“科班出身”，所以并没有抱太多的期望。却未曾想到收到了面试通知书。整整一天，轮转一个又一个的房间，参加了一轮又一轮的面试，从早到晚，直到最后一轮唐骏面试。在被面试的过程中，晓东无意间瞥见了自己的考试卷，上面赫然写着的评语是“Excellent”。

**在那个通信领域最红火的年代，意料之外的微软的聘用书让晓东想要涉足软件行业的理想成为现实。他放弃了金饭碗的专业从微软起步，也非常幸运地在那里认识了很多后来的创业伙伴。**

很早以前，能够进微软工作就是晓东的梦想，哪怕是在电力公司工作和在工作期间自学编程和英语期间，在他的内心深处还是涌动着想去微软工作的渴望，想象着如果有一天能够进入微软一定要有所作为，想象着当别人用 Windows 系列产品时，他可以很骄傲地说哪个功能或者哪个界面是他设计的……如果这些可以成真，那将让他觉得无比自豪。

1999 年，晓东收到微软亚洲技术支持中心的聘用书，而整个部门只有几十个人。当时正是中兴、华为等迅速崛起、通信行业快速发展的时期，也是通信工作者特别挣钱的一段时期。众所周知，微软是由比尔·盖茨与保罗·艾伦创办的世界 PC 机(personal computer，个人计算机)软件开发的先导，以研发、制造、授权和提供广泛的电脑软件服务业务为主，最为著名和畅销的产品为 Microsoft Windows 操作系统和 Microsoft Office 系列软件，是全球最大的电脑软件提供商。好在微软是一个国际知名的大公司，职工的待遇也十分不错，才让晓东能够在那个计算机行业还未蓬勃发展的年代得到了父母家人的支持和理解，进入了梦寐以求的计算机领域，真正开始从事软件行业的工作。

在微软两年的时间里，晓东和微软的同事们一起经历了 2000 年的元旦，虽然大家根本不知道倘若“2000 年问题”果真的出现该如何解决[Year 2000 Problem，简称 Y2K，中国台湾称千禧虫危机，中国香港则常称为千年虫问题，指由于计算机程序设计的一些问题，使得计算机在处理 2000 年 1 月 1 日以后的日期和时间时候，可能会出现不正确的操作，从而可能导致一些敏感的工业部门(比如电力、能源)和银行、政府等部门在 2000 年 1 月 1 日零点工作停顿甚至是发生灾难性的结果],但所有人都不眠不休地在公司加班,以防出现任何问题,这次经历给晓东留下了深刻的印象。

正如人们常说的那样:梦想和现实总是有差距的。晓东在微软主要从事的是技术支持和咨询类的工作,做的是服务器端的产品比如 Web 服务器等,虽然总体来说相对偏技术,但是为了让客户满意,真实的工作状态基本是 60%的技术工作和 40%的人际交流工作,这与他想做研发的“个人定位”还是存在一定的差距。所以在 2001 年他由同在微软工作的同事引荐去了 SAP,后来又与同在微软工作过的伙伴一起投入到了汽车保险的创业中——一个偶然的决定,一次看似偶然的工作经历,竟让晓东的生活从此以后因为它变得那么不一样。

**首次创业过程并不顺利**。

晓东的第一次创业过程并不顺利。经过两年的不断探索、尝试,创业虽然没有成功,但是他从失败中得到的经验,却是任何一所学校都学习不到的东西——除了不断尝试积累的经验,更重要的是如何选择你的创业伙伴。

如果合伙人之间的世界观、人生观、价值观不同,那就是不合适,并不是大家想不想团结的问题,也并不是谁错了的问题。2013 年有一部很火的电影叫做《中国合伙人》,关于梦想、关于创业、关于团结、关于伙伴,也许恰是这段不断试错的经历让晓东意识到合适的合伙人是创业成功的基础。

首次创业失败后,晓东又做回了一个“打工仔”,到一家美国软件公司驻上海的研发中心继续做自己擅长的技术工作,又因工作需要去美国待了半年。但晓东放弃创业了吗?也许曾经有过一点这样的想法,但在一天天的累积中一个越来越强烈的声音在问他:伙伴们一起努力了这么久,怎么好像一点儿成果都没有。在那个创业远没有现在普及和盛行的时代,或许一种更包容、更宽容的时代节奏让晓东不急于成功、不急于寻找下一个方向继续创业,而是给自己一段时间可以仔细而平静地反观自己一路走来的成长与收获,取其精华,去其糟粕。

是的,晓东真正意义上属于自己的第一次创业还是失败了。但幸运的是,晓东在这次的创业过程中找到了最适合自己的合伙人,就是后来途虎养车网的首席执行官陈敏。

**网购时代的到来和中国汽车市场的快速发展，成就了最初的途虎养车，一鸣惊人**。

途虎养车网的起步也略带有一些偶然、巧合的奇妙色彩。2003 年前，淘宝的出现打破了 eBay 在国内 C2C 市场上的垄断局势，两家网站开始了旷日持久的交战，直到 2006 年 eBay 关闭了在中国的网站，这场战役最终以淘宝的胜利而告终。也恰是这场战役的胜利，中国人民网上购物的习惯被渐渐地养成，这也为途虎养车网的成功奠定了必要的基础。

晓东进入汽车领域创业最早是从汽车保险开始的，当时的创业方向主要是金融领域，结果以失败告终，但也恰是那时，晓东和他的伙伴们看到了潜在的巨大汽车售后市场：中国汽车行业的发展是非常快速的，始终保持着15％～20％的年增长率。根据西方，例如美国这样的发达国家的统计数据，汽车的前装和销售在整个汽车产业这块大蛋糕里其实是很小的一部分，售后市场才是利润的主要来源。车主在购买汽车后的很多年内都需要不断地进行消费，每年的汽车售后大约可以达到 7 000～8 000 亿元。正是基于这一点考虑，晓东和陈敏决定在汽车售后领域进行创业，同时通过他们对市场的分析决定从轮胎开始做起，最初创业的时候，整个公司就只有几个人，最早的工作地点也只是在一套三室一厅的民宅里，除了客厅被用来当作接电话打电话处理订单的地方，剩下的房间都堆满了轮胎。虽然条件艰苦，但公司推出的产品意外收到了良好的市场反响。

2011 年 10 月，途虎养车网官方商城正式上线。从 2011 年到 2015 年，汽车机油、滤清器、保养、刹车片、汽车美容产品、“5 分养车”“抗霾产品”、汽车用品、贴膜等陆续在商城上线；2015 年 5 月份，途虎养车网推出中国首家轮胎保障服务；2015 年 6 月份，途虎养车网完成近一亿美元 C 轮融资。

经历过创业失败，又经历过重新回到软件行业工作的时间，晓东坦言“一个人一旦开始创业之后就很难再回去了。不是说这个事情难，而是自己放不下。心里总想着自己还能做点事情。很多人连续创业连续失败，但是依然在创业，因为自己已经很难适应那种朝九晚五，在某一固定组织做固定事情似的工作，也因为心中总有一种想把未完的事业做下去的期待，哪怕失败了心里也会默默地鼓励自己下次一定会成功。”或许是出于一种不甘心的期待，或许是出于一种不想放弃的拼搏，又或许只是出于命运的机缘巧合，2011年，晓东和陈敏又再次聚到了一起，开始了途虎养车网的创业历程。

有趣的是，在前一个创业团队中，晓东给自己的定位只是技术人员，未想过要挑起管理公司经营的担子。经过几年在创业团队中的磨砺和见闻，经历过“专业人士”指导和带领下创业的失败和创业市场的错误选择，也感受过、了解了大公司的运作方式，晓东逐渐建立起了个人在创业市场敏锐度方面的自信，他说：“之前把自己定位在一个做技术的人的角色上，很多事情会不太愿意多想，觉得自己想的东西肯定不对，但这个想法本身就是不对的。这些年的摸爬滚打，说实话自己对业务还是有感觉的。做创业，就不能放弃对市场的感觉。也许是在大公司工作时传承下来的习惯，我本来是挺迷信‘专业’的人。当然现在也还是很尊重专业，但是在我们尝试做新的东西的时候，其实没有任何一个‘专业’能够给一个完全确定的方案，很多东西也需要自己去摸索和尝试。”

最初的分工是晓东主要负责公司内部业务，包括ERP系统[企业资源计划(enterprise resource planning)的简称，指建立在信息技术基础上，以系统化的管理思想，为企业决策层和员工提供决策运行手段的管理平台、订单物流仓储财务管理等内部业务的统筹]等，而陈敏负责外部网站系统、销售推广以及供应商的沟通交涉等。两人都发挥了自己在软件编程方面的特长，而分工定位也和他们的个人性格及教育背景相关：金融的知识背景给予陈敏较高的业务敏感度，而工科背景的晓东基于自身较强的逻辑思维能力进行整个公司的资源管理。随着公司逐渐步入正轨，晓东也从最初创业团队中的骨干成员逐渐成为了如今的首席运营官，随着陈敏负责的业务更加对外，例如新业务、市场、销售、融资合作等，晓东则也渐渐接管了所有公司内部的业务运作管理。

历史总是惊人的相似，而生活有时就像一个圈，从微软走出来创业的理由是怀着潜心研发的梦想，而如今，当途虎养车网也逐渐做强做大的今天，晓东的工作竟也延续了在微软60%的研发和40%的与人沟通的模式。无巧不成书，也许晓东并不张扬的个性让他看似并不是一个创业型的人，但生活冥冥中也许就存在许许多多的巧合。有人把这些巧合称为机遇，有人称为灵感，有人称为机会，也有人称为幸运，但重要的是，在每个巧合的时间点，晓东都准备好了也都抓住了这些稍纵即逝的瞬间，也让所有的偶然成为了历史长河中的真实存在。

**《论语·学而篇(2)》中说："君子务本，本立而道生。"**

哪怕到如今成为公司的首席运营官，在晓东的内心深处还是一以贯之地保持对自己非创业型、传统型技术人才的定位。他说最自豪的事情是一个人编写了公司的内部管理系统——从2011年7月准备开始，到10月系统上线，之后逐步完善，一直到13年，都只有他一个人在写这个系统。这套系统考虑了订单、客户管理、询价、仓储物流、财务等所有公司所需信息模块。以财务模块为例，一般刚起步的小公司都会买一个简单的财务系统如常见的"管家婆"等现有的财务管理软件把钱管起来。但在晓东编写的这套系统里每一笔单独的账都在里面，进、销、存都在里面，任何一个点都知道库存多少、欠多少钱、赚多少钱、利润率多少，反应非常快。普通公司要到月底才知道，但是他们每卖出一单都能看到，在他们A轮融资时，这套财务管理系统甚至让前来审核的财务专家惊讶不已。

从高中第一次接触计算机开始，从第一次捧起软件学习的书籍自学开始，从进入上海交通大学后在软件公司的实习开始，从微软、SAP、车盟再到途虎养车，他都没有停下敲击自己的键盘，终于这份对软件的情有独钟和突出的软件编程能力使他成为了创业公司的技术支撑。在学校学习、在公司工作和在创业公司打拼的这些年，他磨砺和提升了个人的技术水平，也增加了对创业、对业务、对管理、对一个公司方方面面的了解和认识。也许有的人会在需要的时候才去翻开书籍、才去求人问道，"书到用时方恨少"。但是晓东，随着经验的累积，条件反射地从一开始就知道正在做的这件事一定要具备的东西，比如从刚开始做内部管理系统就能考虑到整个系统的连通性、看到系统的构造，把曾经积累下来的见地和经验放到自己的工作中去。一路以来的顺利也好、挫折也罢，他从未停止过学习、从未放弃过他始终坚持和热爱的软件和计算机，他的成长、成功源自生命体验给予他的感悟和收获，或许也源自对自我、对本真、对他内心热爱的坚持。从书本中来的知识带领他跨进了大门，而实践中增长的经验和智慧让他在工作中有条不紊，建设和支撑起属于自己的一片天。

## 随性·宁静方能致远

**经历是宝贵的人生财富，生活这本书可以让自己越来越清晰地认识自己、越来越好地接纳自己，也越来越知道该如何正确地处理越来越多的状况和越来越多的事情。**

小时候的晓东或许不是通常意义上讲的具备“愿意承担更多的风险、工作比较自我、不愿意受到约束、有比较强的想法和非常想完成某件事情的意愿”等创业性格的人。相比外向开朗，他似乎更喜欢独处；相比善于与人交际，他也似乎更享受工程应用给自我带来的乐趣。大约因为从小学一直到高中都生活在父母身边，他的生活圈子很小，交际面很窄，与人交流的热情和机会也比较少。等到了上大学的年纪，父母为了培养他独立的性格鼓励他出去看看。离开了父母的呵护和照顾，加之大学里参加社团活动，他改变了很多，也开始和人交往、交到了许多朋友。大学是他生命中学会团队合作、重塑性格的重要一环。从一名纯粹的技术人员到具有市场眼光的创业者，其中的改变，其实并不是角色的转变这么简单。

从微软、SAP等大公司出来创业，除了带来了工作经历和能力，也带来了凡事追求完美的“大公司病”。在途虎养车网最初的创业时光里，他曾是一个严厉的管理者——不管对自己还是对他人都有着相当严苛的要求。当晓东还在电话车险公司任研发总监期间，曾经有一次整个开放的楼层都特别地安静，只能听到他指责公司成员的声音。被指责的成员不回答，他就接连不断地持续问，直到他被逼得没办法了回答“我不是”晓东才继续点评他工作中“不负责任”的地方。

“现在看当时其实是有点太过分了。那时公司里还有一些员工曾经目睹过这件事，包括他们在内的许多以前的同事都说我现在和以前有很多不同了。这种改变有一半是被‘逼’出来的。当年微软、SAP和创业者团队中都是比较优秀的人，基本上做事也都能做得很出色、很认真，如果一件事做不好就会很努力地改正。来到小的创业公司，首先招人就不那么容易，学历、能力、责任心都有很大的差距。这时还用原来的标准去要求是不可能的，所以要改变自己的心态才行。”从批评者转变为一个教导者，变成老师、兄长和朋友，带着公司团队的成员们一起工作，帮助他们提高。晓东希望途虎养车网的每个人都能够在途虎做得长久，但他也希望他们不论是在途虎，还是其他任何一个公司都能做得好。如今晓东做事还是追求完美，比如现在做应用的APP，还是会反复雕琢许多地方。但是随着公司越来越大，人越来越多，作为公司的COO，不可能也不应该再去仔细地看每一个细节，而应该把工作的重点转到去找合适的人，建立更好的工作流程和工作架构。他也始终坚持公平、公正和开放的公司氛围。给每个人自己的空间，保证整个环境的公正，让每个人都发挥出自己的能动性。

晓东依旧是一个传统、性格相对淡然的人，经过了大学的培养、经过大公司的历练、经过创业的失败也经过了自我的再发现和改变后，虽然他可能依旧觉得自己并不是一个非常适合创业的人，但他已不再单纯迷信专业。在经过那么多的失败后，他也开始相信自己的创业眼光。在积累了创业公司的管理经验后，他也在工作中找到了个人角色的平衡点。每一段经历都让他更清楚地认识自己、了解自己，也是他在每一天的生活中去成为更好的自己。

**走上充满风险的创业道路，是尊重心中那一点拼搏的冲动，也是源于传统自我的心安**。

正因为掌握着过硬的软件技术，他走上了创业的道路，这当然有追求理想的冲动，但因为他有一技之长，就算创业失败了也可以回来凭着自己的技术在一个软件公司或者通信公司谋求一个还不错的工作。所以哪怕是在最初的冲动里，他依然保持着自己的理性和清醒，做着一个传统而低风险的规划。

2014年9月的夏季达沃斯论坛上，李克强总理发出“大众创业、万众创新”的号召。他提出，要在960万平方千米土地上掀起“大众创业”“草根创业”的新浪潮，形成“万众创新”“人人创新”的新态势。在这个从传统行业发展向创新型方向发展的过渡时期，当今社会对创业者的态度是很微妙的——当越来越多人开始鼓励青年人创新创业时，随着年龄的增大，创业者面临的压力也会越大，买房压力、婚育压力等往往成为了创业者们在创业途中的拦路虎。晓东从2006年开始创业，到2008年创业不成功，又经历过在创业公司和传统行业工作的兜兜转转，到2011年，也就是晓东40岁的时候，终于开始了途虎养车网的创业历程，而在这段历程开始前，他心里就已经打定了主意：这，是我的最后一次创业。

2014年有一部很火的电影叫做《后会无期》，其中一句很火的话叫做“喜欢是放肆，而爱是克制”。所谓创业，也许不过是开始一个新的传统行业，回归本真，也许就是顺应时代发展为了满足新的社会需求而诞生的新行业——无所谓新旧、创新和传统，重要的不仅是为了理想的冲动，也是每一份工作中需要的理性和思考。晓东不是一个为了创业放弃一切的人，从本质上来说，他还是一个传统的中国男儿：在开始自己的创业前、在开始一段不确定的充满风险的人生旅途前，他已经买好了房并还清了房贷、买了车。“齐家，治国，平天下”，在中国人传统的理念里，在传承了中国人许多传统美德的晓东心目中，那份作为一名华人内心对家庭安定的坚守、对简单生活的追求也帮助他能够在大风大浪里还能气定神闲地不慌也不必害怕一败涂地，这也许真的就应了那一句叫做“不忘初心”，方能“不负光阴”。

**是金子总会发光，但需耐得住寂寞，用心去打磨自身的亮光**。

如今创业团队越来越多，对软件编程人员的需求量也是越来越大。同是上海交通大学的学生，许多同学都在面临着这样的问题：当一个创业团队来招聘，我该不该去呢？当这个团队只是招我作为工作人员而不是创业合伙人，我还是否要去尝试一下呢？

事实上，虽然说汽车保险那次的创业是晓东的第一段创业经历，但他认为当时自己就是一个程序员，是去打工的。首先对于如果只是作为打工者而不能马上成为合伙人的这个问题，可能就和市场上买东西是一样的。“你值什么别人就会把你当成什么，认为你有多大的价值，所以从个人角度并不用多想。我相信只要知道自己能做什么，然后发挥主观能动性、发挥自己最大的力量，那么你自然就会被当做应该被当成的角色去对待。可能刚进公司的时候别人不了解你，可能就当你是一个普通职员，但是如果你真的有那个能量、真的有那么‘亮’，别人总会看到你的。”

“大众创业、万众创新”，也许并不意味着大学刚毕业，甚至大学还未毕业就要开始自己的创业历程。毕业后进入公司工作，对于晓东来说不只是听从领导的安排干活、付出劳动，也是在实践中训练自己、提高自己。随着在公司岗位的不断提高，晓东逐渐能够看到公司不同管理层思考问题的领域、思考问题的方式和如何运作公司的方方面面，也恰是在这个过程中能够学到很多在学校、在书本上学不到的知识。年轻人当然有拼劲，但不可否认的是他们或许还无法看到创业中可能遇到的很多问题。年轻人在公司的职位通常不是很高，所以在公司只能看到自己眼前的这一片天地，公司从上到下的整体情况是不了解的，或许也就是因为这样，许多创业团队在初创、也就是只有几个人的时候，可以做得红红火火不会有什么问题，但是当人员增多后，公司运营就会出现问题——这恐怕就是因为初次创业者缺少一些管理大公司的经历，所以随着公司规模的扩大不知该如何去管理。所以太年轻的创业公司可能会比较缺乏后劲。同时人脉、经验、知识的积累不足也可能导致许多问题难以解决。

“当然这只是我个人比较保守的想法。就像我一直说的我是一个比较传统的人。”如今的别样红总裁黄晓凌、百姓网首席运营官王建硕等都曾和晓东一起在微软的一个团队里工作过。“我觉得微软是有创业基因的公司，从微软团队中离开创业的人比较多。所以如果青年人去有创业基因的公司多看看也许会对他们的创业有帮助。当然，这也要看个人，包括个人的心态和机遇。”

**努力并不是成功的代名词，越“通”的人或许越能获得成功的“幸运”**。

当人们谈到“机会”“机遇”，常常都会和一个词联系在一起，那就是“幸运”。当然，晓东也是这样认为的，从被加入创业团队到这一路走来成功创办途虎养车网，他也一直都认为自己是一个非常幸运的人。“心灵鸡汤”告诉我们越努力越幸运，而晓东却认为努力和幸运并不具备必然的联系。

如果幸运并不和努力成正比，那么到底怎么样的人或许会比较幸运呢？晓东说了一个字：“通”。通不是说聪明，而是“智慧”，具备想通想透的智慧。比如老师讲课的时候讲一个公式，如果只是学会了记下来了然后止于此，当然题目也能做得出，但事实上却并没有真正理解这个公示背后真正的含义，也就无法触类旁通地应用到更多的领域中、甚至生活里、创业里。不管是某一特定的方面，还是在人、管理等各个领域的“通”，能够具有比较透彻的看法，或许比努力干活更重要。

为了寻找创业灵感，有很多人都会选择去海外镀金学习或者工作。晓东也去过欧美国家工作，而对于他而言，虽然说在外国的经历对他的创业本身并没有太多直接的影响，但是出去看看还是能够开阔一些眼界。比如他发现国外发达国家的汽车保养产业和国内完全不同，并看到他们是如何经营汽车保养服务的，也是因为这些经历，使他在创业过程中能够去预想十年后的中国养车也可能会往哪个方向发展。如果要出去看看，就不只需要关注商业的东西，还应包括不同地方的人文、思想、文化，这对整个的人都有很大的影响。

诚然，创业的偶然性会非常大，晓东相信运气，相信不确定的东西，相信运气是完全偶然的产物，但也相信运气和自己本身是什么样的人有关系。俗话说“性格决定命运”。一个人是什么样的人就会对周围人有怎样的感染力，比如一个有吸引力的、有能力的人或许就更能够找到一个好的团队，能够把握好一个公司，能够在和别人谈话的时候能说服别人，一切都和这个人本身有关系。

晓东的这些观点，也恰在不知不觉中流露出了他心目中的“通”。从学业到工作，从确定的过去到不确定的未来，从人到思想人文，从他本身到对世间万事万物的看法。他的专业是通信，他的工作是软件工程师，他的创业领域是养车，他的工作职责是首席运营官。在越来越强调跨专业、跨领域发展的当下，这份“通”，不知是否还能够给更多的人一点点的体会和一点点的启示。

**途虎养车还在成长的路上。不论何时，内心的安稳与宁静，永远是最初和最终的依靠，是可以让心走得很远也不必担忧、不必害怕的港湾。**

晓东在微软工作时，所有微软的员工都是拼了命地工作，工作压力大是一方面，在微软公司整体快速、高压力的工作环境下，加班熬夜更是家常便饭。公司里单独开辟了两个房间，一间茶点室，常备有各类食物和饮品；另一件事休息室，放置了一些供大家休息的床铺。工作时他和大家一起地努力干活，但到了晚上，在大家纷纷选择继续在公司上班、困了累了抢床休息时，他还是坚持不管每天加班到多晚还是要回家。

创业，看似一帆风顺，它背后所付出的努力、时间和精力是不可度量的。他的伴侣并没有和他一起参与创业，“当初我说我要出来创业的时候，她没有反对。不反对就是对我最大的支持。我是不支持夫妻一起创业的，首先夫妻两个一起工作容易闹矛盾。夫妻本身的状态就不是同事的正常关系，很多交流是很难做的。尤其交流不一致的时候，容易把夫妻的感情放到里面。还有就是，创业的人肯定是不稳定的，除非有一定的积累，或刚起步就有人愿意投资，但是这些钱也可能很快就花光。毕竟创业有很多不确定性和风险，所以如果创业的一方失败了，那么至少家里还有一个人还在继续工作。”

或许在晓东的口中，简单的上班、下班、回家只是一种“习惯”，因为“不习惯晚上不回去”“不习惯外面的床”，或许也因为他内心的平和与宁静。尽管曾经有“大公司病”，晓东与生俱来的那种更愿意用一种公平、公正的态度对待生活的性格在团队中也能够起到一个稳定剂的作用。如今在途虎养车，可能因为晓东年纪相对较大，大家也比较信赖他，当各部门间出现什么矛盾时，都由他出面协调和解决。“我从一开始创业就没有那么强的企图心”，或许自己内心的宁静，是他无论起步或终结、无论成功或失败都可以安心的原因。

虽然途虎养车网如今已经成功成为了行业领跑者，但在晓东心目中它还是一个需要继续付出大量努力和心血的“孩子”。途虎养车还在继续向前的路上，晓东也还在为了自己的梦想不断前行的路上。

**《大学》中说：“知止而后有定，定而后能静，静而后能安，安而后能虑，虑而后能得。”**

在念大学期间，《约翰·克里斯多夫》这本书使晓东开始对自己的整个价值观有了一个全新的思考。在那之前，晓东是一名主流价值观的追随者，而之后他成为了一名思考者、思想者，他会对自己曾经做过的决定、曾经走过的路开始有很多的思考，然后更理解自己、更了解社会、更明白自己想要什么和自己是什么样的人、想成为什么样的人。

佛说“随性”,“性”指性情,是说不要太过压抑了自己的本性。也许大部分人都觉得创业风险特别大,如果不成功整个职业都会走下坡路,生活也将陷入困顿之中。所以很多人在开始前就放弃了,或许还有一些人忽略了自己内心真实的声音,一直做着自己并没有那么想做的事情、成为着自己并没有那么想成为的自己。但心理学告诉我们,人会把没有遇到的困难想得特别大,会放大即将遇到的危险,可当真正遇到困难并解决它后会发现,其实也没有那么艰难,没有那么可怕。

怀着一种开始创业前的清醒克制,带着创业中的全情投入,晓东认定了一个清晰的目标,然后不慌不忙、不急不缓地冷静处理接踵而至的许多问题,重要的不是那些问题是什么,而是他那份无论在什么处境中都能够与自己和平相处、与身边人和谐共处的心态以及世事洞明皆学问的对事态度。如果说生活就像练功升级,那晓东每一分每一秒对生活的体悟都成为了他累积的经验值,终于厚积而薄发,让他实现了最初的梦想,走上了自己想要的道路。

佛家有一句话叫做“大悟无言”,是指在正常情况下,一般人在明白和发现一个道理的时候往往会骄傲地、大声地说出来和熟人、和朋友共同分享。然而,那些真正得道的大德高僧们在明白一个十分重大的、具有普遍性的客观规律和大道理的时候,往往只会释然地陶醉和沉浸于自我愉悦或静穆的幸福之中,或者默默地与上天或天神一起去分享、去感受天地间那种似乎能够俯瞰万物的、大一统的、壮丽的美,而不想去大声嚷嚷地、骄傲地去告诉世人他有了如何重要的发现。有人理解这句话的意思是真正的真谛是无法用语言表达的,也有人理解这句话是在讲一个人如果完全通达、完全看透了真谛,反而不会用语言来表达自己的想法,而是无声胜有声地引导和感悟。

晓东是一个话不多的人,初次与他见面的人,都会为他贴上“内向”“腼腆”“安静”的标签——至少,他看起来绝对是一个没有那么外向的人。但是他的经历记录了他一路以来的成长和改变,他的故事,也的确是一名工科男、一个简单的、秉承着华夏传统文明的中国男儿从一个人的成长到带领一群人的进步、从一个人的专业技术超群到带领一家企业到行业领先地位、从一个不具备创业性格的人成为了企业的首席运营官。他的故事告诉我们件格不是决定一个人是否适合创业的关键，而他成功的道理，很多都已经在故事里讲完。他，还在路上。“大悟无言”，他就是那个独一无二的胡晓东。

**采访人：**

上海交通大学　电子信息与电气工程学院 2014 级硕士研究生　王钰楠

上海交通大学　电子信息与电气工程学院 2013 级博士研究生　郑红超

胡晓东

# 关注风险，关注成长

## ——访拍拍贷创始人 张 俊

张俊，拍拍贷创始人、CEO，四川绵竹人。1996年，以绵竹中学第三名的成绩考入上海交通大学，获得通信工程学士学位，工作数年后又重返母校深造，获工业工程硕士学位；

曾任职于微软全球技术中心和上海微创软件有限公司，担任高级客户经理和高级运营经理；

中国互联网金融智库首批专家成员；

2013年度“上海IT青年十大新锐”；

张江孵化器“2013年度优秀创业者”；

2013年度中国互联网金融年度新锐人物；

2013年度中小微金融创新十大领军人物，互联网金融工作委员会专家。

张俊对网络信贷的业务模式创新、信用评价模型和风险管理体系建设具有独到的见解和实践经验，并在企业管理和运营上有着丰富的经验。他将拍拍贷从最少只剩下2名员工发展到如今注册用户达2 070万，服务覆盖全国98%的地区的网络借贷平台，他在这个过程中付出的努力和汗水不言而喻，他所创造的奇迹也非一朝一夕能完成的！

“拍拍贷”成立于2007年6月，全称为“上海拍拍贷金融信息服务有限公司”，是国内首家纯信用无担保网络借贷平台，同时也是第一家由工商部门批准，获得“金融信息服务”资质的互联网金融(ITFIN)平台。

## 成长历程

**家庭——父亲的影响是潜移默化的**。

张俊出生在四川的农村，小学成绩并不理想，属于经常挨揍的类型。也许正应了一句老话：调皮的孩子才有出息。张俊虽然平时的成绩勉强算上中游，但每每关键考试，都有超常表现。小学考初中，张俊让老师颇感意外地考到全班第一名，上了一个不错的中学。

张俊的调皮在此后愈发明显。小学毕业，年仅12岁的他就在父亲指导下开上了东风牌5吨的货车，张俊至今回忆起来还很得意，寒暑假跟着爸爸去拉煤炭，开货车。有一次下雨，他闲来无事，就和小伙伴开车去了河边小路，突然遇到急转弯，加上下雨路滑，没拐过弯来，一头撞上了路边的树，撞断两棵树后，车子还是没刹住，就冲到河里去了，万幸人没有事。事后爸爸问他还敢不敢再开车了？他说不敢了，再也不敢了。结果被揍了一顿，他爸爸恨铁不成钢地说道："出了这点破事你就不敢了？以后总结经验继续开，怕什么！"张俊在此后创业中屡屡表现出的顽强，也许正源于父亲不走寻常路的教导。

小时候父亲对他的影响是显而易见的，他成长的过程中学会了如何在困境中去坚持一件事情，也尝到了做生意的甜头。小时候的经历让他对创业产生了浓厚的兴趣。父亲的教育带给了张俊不安分和良好的心理素质（后来创业的时候，即便压力再大，也不会失眠），他的父亲在当年就是贷款买了货车做生意，张俊是家中的独子，在课余会和父亲一起外出做生意，这样的经历在潜移默化中培养了张俊的商业意识和生意头脑。

**大学——兴趣、朋友、爱情；志同志合**。

张俊高考考了当时所在的绵竹中学第三名，顺利进入上海交通大学。在交大求学过程中，他很少去上课，经常和室友朋友出去做自己喜欢的事情，玩摇滚、建乐队，兴趣爱好十分广泛。他说大学期间最开心的事情就是结识了很多可以交一辈子的朋友，这也是他建议学弟学妹们去做的。他还建议他们要利用大学时间做各种尝试，包括学习和兴趣爱好，要找到自己的兴趣，发现自己的优势，这样才能少走弯路。张俊甚至鼓励学弟、学妹在大学期间尽可能地谈恋爱，他觉得这样对自己很有帮助：爱情会让人成熟，会让自己学会如何与人相处，同时也会暴露自己的弱点，帮助自己找到直面自身缺点的机会。

张俊总结自己在大学期间的个性：有性格，有激情，不循规蹈矩。当时喜爱摇滚的他留着披肩的长发，暑假回家时父亲坚持不让“摇滚青年”张俊进门，除非把头发剪短。在父亲的一激之下张俊干脆直接剃了个光头，至今保持了 19 年。1996 年有了 BBS，他又开始搞诗歌版、摇滚版聚会，和复旦的 BBS 对骂，他觉得这样的大学生活很有意思。

谈到交大留给他的财富时，他觉得最珍贵的是务实精神，这也符合工科气质，不花里胡哨。说到对交大的情怀时，印象最深的就是校长翁史烈说的那句“今天你们以交大为荣，明天交大以你们为荣”，以及光纤通信院院长在迎新生大会上的讲话。

在上海交通大学度过的四年大学生涯中，他结识了一批良师益友，这些都在拍拍贷的创业过程中起到了关键作用。他和大学的一个同班同学，也就是后来创业的合伙人之一，经常谈论关于创业的事情，创业的尝试在大学时代就开始了。他们曾经策划过各种创业项目，甚至做过旅游网站，几乎是跟携程同一时期，但是后来他们又转型了。临近毕业的时候做过一个叫“信息无处不在”的项目，一个电子阅读设备，但后来也没有做下去。毕业之后他们进入了微软，在微软做了同事，关系一直比较紧密，而且大家都依然抱有创业这个想法。

**微软——培养了习惯和思维方式。**

在微软的工作经历给了张俊很大的帮助，他培养了一套自己的工作习惯和思维方式。他起初在微软的工作基本上以技术为主，后来逐步转向管理方面。之后张俊和他的朋友从微软走出来开始兼职做拍拍贷，但发现这件事情无法以兼职的方式完成，所以他们后来全职去做拍拍贷。张俊和他的合伙人看到了互联网将来的大趋势，开始思索什么样的行业能够和互联网发生结合，或者互联网的持续高速发展在未来能够产生什么新的行业。

他们分析了好久，发现金融跟互联网应该会是个很好的结合，再加上未来国家对不同行业也有相应的开放政策。在正确判断大方向、大趋势的基础上，张俊和他的合伙人最终选择网络借贷这个行业。

## 创业之路

**寻觅方向，多次尝试**。

对于创业的尝试，张俊之前做了几次创业，包括保健品电商、博客网站、视频搜索引擎等，但是这和他们价值观有冲突，因为这并不能解决大家的问题。当时，孟加拉经济学家穆罕默德·尤努斯及其创办的孟加拉乡村银行获得了诺贝尔和平奖，以表彰其通过小额贷款为贫困家庭带来巨大社会改变的贡献。看到这则新闻，他有些触动。他想要做一个互联网版的穷人银行。于是后来定了目标：吸引离钱近、能帮助到弱势群体的人投资，提供小额贷款帮助从银行借不到钱的人。

**创业之初，困难重重**。

创业的第一批合伙人有 4 个，都是上海交通大学的毕业生，其中 3 个是同级校友，另 1 个是师弟。他们认识时间比较久，彼此之间都很信任，而且能力互补，同时大家都有创业想法。创业之初，他们都是从家里拿钱，找熟人投钱，并帮着他们做法律借贷文本。

他们努力将对不同借贷方式的构想落到实处，为此他们做了很多尝试，比如朋友之间的借贷。由于互联网借贷在当时看起来很不靠谱，他们最初想要利用 6 度关系，但是未能推行下去，便尝试利用线下推广，但借款人都是以上门的线下模式咨询，导致工作量很大，而且效果也不好，所以也做得不是很好。而且这种模式下还出现违约的情况，曾有人信誓旦旦地要开淘宝店，于是贷给他两万五仟元，但是后来他并没有偿还。经调查才发现对方有赌博恶习，因为打架被警察抓进去了，现在还没有回来。

**锲而不舍，修成正果**。

虽然困难重重，但在他们共同的努力下，拍拍贷终于一步步走上了正轨。2015年拍拍贷金融信息服务有限公司设计开发的互联网风控系统“魔镜”，入围由上海市金融工作委员会和上海市金融服务办公室联合主办的“2015年上海金融创新奖”。拍拍贷是入围该奖项的仅有的两家网络借贷平台之一，而“魔镜风控系统”是唯一入围该奖项的风控项目。“魔镜风控系统”能够入围上海金融创新奖对拍拍贷是极大的鼓励，也显示出网络借贷已成为互联网金融中较为活跃的分支，其对上海经济建设的贡献也得到了政府的认可，这也是对整个网贷行业的鼓励。

**工作与生活，寻求平衡**。

在问及生活方面时，张俊表示，工作与生活很难平衡。专心于工作，家里的照顾就会比较少，创业者确实很难充分顾及家庭。他表示太太很贤惠，虽然家里老人也来帮忙带孩子，但家里很多事情都是太太处理的。张俊有两个孩子，女儿8岁多，儿子6岁多，他每周都会抽一天时间来陪孩子。

张俊很感谢他的太太，他说太太非常善良，很会照顾人。在他追求事业的过程中，有时候必须做出家庭上的牺牲，太太在这方面会比较体谅一些。谈到自己的孩子，张俊认为孩子的出生让自己的生命有了延续，自己也变得更加成熟了，他会像一个普通父亲一样帮孩子想未来，全力支持孩子。提到对于孩子的期待，他认为父母一代是为了生存而活着，他们这一代是为了孩子而活着，孩子这一代应该为了自己而活，但前提是要做一个好人。

## 中国网络借贷的领军者——拍拍贷

拍拍贷(ppdai. com)是中国领先的互联网借贷平台，致力于提供快速、便捷的个人信用贷款和投资理财服务。截至2016年6月18日，拍拍贷注册用户为2 070万人，是国内用户规模最大的网络借贷平台之一。拍拍贷成立于2007年6月，公司全称为“上海拍拍贷金融信息服务有限公司”，总部位于上海，是国内首家纯信用无担保网络借贷平台，同时也是第一家由工商部门批准，获得“金融信息服务”资质的互联网金融平台。除普通散标投资项目外，还为用户提供拍活宝、彩虹计划两款理财产品，方便用户使用。与国内其他网贷平台相比，拍拍贷的最大特点在于采用纯线上模式运作，平台本身不参与借款，而是实施信息匹配、工具支持和服务等功能，借款人的借款利率在最高利率限制下，由自己设定。而这也是网贷平台最原始的运作模式。

**创新理念和先进技术是公司的生命力**。

张俊从2007年开始致力于网络借贷平台，创建了国内首家纯信用无担保网络借贷平台——拍拍贷。他的团队是一个充满激情和梦想的团队，在努力为用户创造价值的同时，专注于用创新的技术和理念建立一个安全、高效、诚信的网络平台，并规范个人之间的借贷行为，使平台运营更加安全、有效。拍拍贷意在解决那些弱势群体融资难、融资贵的问题，希望能够帮助需要资金的人，帮助他们改善生活、改善经营、实现梦想。同时又能帮助投资人获得良好的资金回报率。拍拍贷相信，随着互联网的发展和中国诚信和谐社会的建立，创新的理念和先进的技术将给个人信用和民间借贷带来革命性的变化。“我将努力成为这场变革的引领者”，张俊说道。

拍拍贷的五大价值理念：

Passion：每个人对激情的理解不同，但无论是什么，比如技术、兴趣、客户，我们希望看到的是那一种眼睛里会放光的感觉。

Perfection：追求完美，尽可能做到最好。

Dream：看似矛盾，但和上一条“执行力”其实没有冲突；梦想，推动每个人往前走。

Action Oriented/Result Driven：结果导向，有很强的执行力，勇于接受挑战，有始有终。

Integrity and Honesty：诚实和正直，没有什么比这个更重要了。

商业模式和运营理念的创新和融合使拍拍贷保持着旺盛的生命力并以惊人的速度在发展。

“年轻人可以多折腾，做好风险管理很重要啊”，张俊如是说。从他2000年进微软，到2007年创建拍拍贷，再到如今已有接近十年的历程，张俊在自己不同的人生角色里转换得潇洒利落，游刃有余。当时的跳槽也许在别人眼中看来有些难以理解，但张俊觉得人生就应当如此，“每个人都可以主宰自己的生活，跟随自己内心最深处的声音。所以想到什么就去做，做了之后就别后悔。"在整个创业过程中，张俊一直强调风险管理的必要性，这也是张俊带领拍拍贷一直引领网络借贷平台的重要因素。

**拍拍贷发展历程的三个阶段**。

从 2007 年到 2008 年底，大家基本上都在探索，没有找到一个特别明确的方向，几位创始人凭借自己的技术背景和当时还比较生疏的金融学知识摸索着拍拍贷的发展方向。经过很多尝试，包括朋友之间借贷的友情模式，在拍拍贷网站推出社交的功能，通过用户成为朋友的方式来进行风险防控。也尝试过线下模式，但因培养线下的风控人员需要耗费相当大的成本，而且覆盖全国的用户需要大量的人力和地面设施等诸多因素，最终未能推行下去。

2008 年底至 2009 年初，张俊和他的合伙人决定走纯线上这条路，2009 年开始在线上做探索，后来找到正确的方向。2009 年到 2012 年，终于走通了线上的路子。

从 2013 年以来拍拍贷进入快速发展的阶段，也在线上迅速建立起了自己的优势，这也是拍拍贷重要的发展阶段。

从 P2P 借贷行业的角度来讲，拍拍贷的发展也可以分成四个阶段：

2007 年、2008 年基本上没有第二家网络借贷的机构出现，当时张俊既担心有竞争对手的出现，同时又希望有竞争对手出现。因为拍拍贷作为中国网络借贷的先行者，一方面希望成为该行业的领军企业，占据更多的市场份额，另一方面，假如网络借贷这个市场是有市场前景的，逻辑上应该有新的进入者，如果一直没有新进入者，总会让人感觉不踏实。

2009 年开始有了一些竞争平台进入这个市场，虽然一开始大家还有过一些互相掐架的事情，但是至少这个行业开始有人认可、有人看好，从 2009 年到 2012 年，这个行业每一年都会有一些企业进入，但是数量不多，像红岭创投基本上是 2009 年、2010 年进来的。

从 2013 年开始，行业进入快速发展期。每年都有大批的公司进入这个行业，尤其是 2013 年余额宝出来之后，下半年出现了五六百家的网络借贷机构，2014 年也涌现大量类似机构，这导致现在市场上两三千家的 P2P 机构，或者不少披着网络借贷的外衣却做着其他市场的机构。

2014年拍拍贷步入到一个新的阶段，用户积累到了一个阶段，并获得两轮风投。在互联网金融公司烧钱成风的年代，拍拍贷新进高管的薪酬只有别家的一半，第一个博士就是这个时候进来的。此前没有产品经理，后来从百度挖了浏览器负责人。首席风险官，是从民生银行来的。2015年初从美国引入更专业的首席风险官，他转而担任COO，专注于模型算法的推动自动化决策。

**拍拍贷的三轮融资**。

拍拍贷在2012年10月份完成了A轮融资，投资方是红杉中国。张俊表示，在过去的5年中，拍拍贷与国内外超过40家风投机构进行过接触。在完成第一轮融资前，拍拍贷曾获得天使投资。张俊表示，在众多的机构中选择红杉，是考虑到其品牌知名度较高，以及红杉的主要管理层也都是交大校友。尽管收到的融资邀约不少，但拍拍贷对获得融资始终持谨慎态度，不采取“大规模风险投资资金”加“快速投资”的模式。张俊表示，融得的资金将主要用于平台系统的建设，少量资金用于市场宣传。

拍拍贷的交易模式以线上撮合为主，张俊称“技术的方式是解决传统借贷中效率低、成本高的最优方案”。在中国的网络借贷行业，另一种模式以线下撮合为主，代表公司是宜信，目前已在60多个城市和20多个农村地区建立网点。2010年4月，国际顶级创业投资机构KPCB(凯鹏华盈)对宜信进行了千万美元级的战略投资。2011年，IDG资本和摩根士丹利亚洲投资基金(MSPEA)也对宜信进行了注资。

2014年4月9日，拍拍贷宣布完成B轮融资，融资规模达到数千万美元。这也是国内网络借贷行业首个B轮融资的网贷平台。拍拍贷的B轮融资，由光速安振中国创业投资领投，红杉投资、诺亚财富跟投，华兴资本作为此轮融资的独家财务顾问。其中，红杉资本也是2012年拍拍贷的A轮融资的投资方，此次也再度跟投。拍拍贷表示，本轮融资资金主要用于加强网络征信系统建设，提高IT技术水平及高级人才招聘。

“红杉资本首轮融资大部分钱都投入到征信系统模型和研发当中。未来至少一半的资金会投入到模型、系统、平台的建设当中。”张俊说道。在三个投资方当中，光速安振是国内多家互联网金融创新企业的早期投资企业，

诺亚财富则是首次投资企业。诺亚控股创始合伙人、执行董事殷哲表示，投资拍拍贷是诺亚财富的"处女投"，成为拍拍贷的战略投资者，拍拍贷通过互联网技术获得的优质资产，可能会成为诺亚财富传统投资的标的之一。例如，诺亚财富的高净值客户有可能成为拍拍贷的资金借出方。

2015 年 3 月 19 日消息，网络借贷平台拍拍贷已经完成近亿美元的 C 轮融资，君联资本领投，AIG 和周大福跟投。

其实在创业前期，融资遇到过很多困难。创业初期他们经常从家里拿钱，虽然在 2007—2008 年就开始寻找投资者，但是当时没人了解这个行业，或者认为中国人不讲信用，无法投资。甚至有人认为他们是骗子，当时寻找到的投资机构，IDG，Morningside，Matrix 等，都不了解借贷这个新行业，2011 年找到红杉公司，当时也因不了解行业而拒绝投资，直到 2012 年，红杉才决定为拍拍贷提供资金。近期拍拍没有融资计划，C 轮融的钱还没有花完。张俊表示专业的投资机构不会对他们进行干预，比如红杉就很好地做到了这一点。

## 成功秘诀

**不忘初心，方得始终。**

拍拍贷始终致力于覆盖最底层群体的金融需求，认为得屌丝者得天下！

拍拍贷是国内第一家网络借贷公司，而在 2007 年时，国内还没有网络借贷的概念。那么当时，张俊为什么选择做网络借贷呢？张俊曾在时代周报专访时说，在做网络借贷之前，我们做过一个视频搜索引擎。但觉得商业模式不清晰，完全不知道能不能挣钱。当时就想，有没有更好的创业方向？第一，商业模式比较清晰，离钱近，又能挣到钱；第二，相对而言，行业能够离意识形态远一点；第三，要与人的刚性需求相关。看来看去，金融应该是个不错的方向。当时，金融和互联网的结合程度不高，我们觉得两者结合应该是大势所趋。金融业的应用很宽泛，我们选择了小额信贷，在 2006 年底至 2007 年初的时候决定做这件事。之所以采用网络借贷这个形式，其实是当时注意到英国的Zopa和美国的Prosper充分利用了“人人”的概念，人人都可以参与其中，这是一个很不错的想法。

时代周报在专访张俊时曾提到，张俊曾写过一篇名为《不忘初心，方得始终》的文章，里面提到之所以成立拍拍贷，是受2006年诺贝尔奖得主尤努斯的启发，决定通过互联网建立小额贷款平台。张俊提到当时写这篇文章的背景：大家在公司争论，我们是应该坚持做这种线上小额模式，还是选择做线下的、大额的模式，于是我写了这样一封信，提醒大家要抵挡诱惑。我们做小额这条路，就是去覆盖最底层群体，解决他们的需求。

当被问到如何评价自己的现状时，张俊这样答道：“我们一直专注做一件事，中国金融的可获得性，底层群体上的需求。要做成这个很困难，因为中国没有信用系统。央行的系统覆盖不够，有很多人是信用空白，所以我们需要建一套自己的信用系统。难度之大，目前除了拍拍贷，其他机构都做不了。”底层群体是过去被忽略的人群，通过互联网释放和放大他们的需求，这样的方式是很好的。通过互联网去解决白领金领高净值人群，不见得对方买账。对于业务延伸的问题，张俊表示，由于创业公司精力有限，业务延伸的事情，等到形成垄断地位了，再做考虑。现在拍拍贷只拥有1 400万用户，距6亿底层人群总用户还太远。所以业务延伸建立在垄断地位形成的基础上，一切就可以顺其自然了。

由于他们的业务范围主要针对没有信用记录的底层群体，信用等级评定面临很大的瓶颈。张俊直言，信用等级评定的过程是参考美国的信用评估。基于大数据模型来分析，比如学历高的、女性、有孩子的风险小。具体案例具体分析回顾，做线性的回归分析。即使现在的模型是加州理工计算机神经网络毕业的博士及弗吉尼亚计算机系博士等开发的，评估系统也无法做到零风险，只能自己想办法降低风险。

不忘初心，方得始终。这是张俊和拍拍贷一直坚持的小额贷款道路，致力于覆盖最底层的群体，满足他们的金融需求，不论面临什么样的困难，遇到什么样的机遇和挑战，都应勿忘初心。

**选对方向，埋头坚持**。

当被问到万一公司做不下去，是否会选择再创业时张俊回答，没有怎么考虑过这个问题，虽然是兼职创业，但也是第四次了。这次有点背水一战的味道，如果实在不成功的话再去考虑其他的方向。我们前三次的失败对这次创业来说是经验积累，但是创业公司有很多种死法，我们碰到的只是三种而已，好多种死法没有碰到，无法保证第四次创业就能成功。迅速从失败中总结方法，抽象出方法论，在之后的选择中会更能看清大方向。当年判断大方向时考虑到，首先，互联网发展这么快，一定是未来的方向；其次，互联网是一种技术，不能单独称为一个行业，比如电商是互联网＋传统零售，门户网站是新闻出版＋互联网，互联网不是一个行业，但可以和很多行业结合。当时为什么选择金融？离钱近，底层群体有压抑的需求。选择一个对的方向，埋头坚持。

在问到与其他小型网络借贷公司的业务是否有冲突时，张俊直言，我们做的业务，门槛很高，其他人做不了。借款人找小企业主的，是小额贷款公司，基本上不存在什么冲突。张俊认为，在创业的时候，给自己的定位很重要，创业者需要这样的自信和实力来支撑整个公司的发展。

**遭遇危机，灵活应对**。

2014 年时代周报对张俊专访时曾指出，2009 年之前，拍拍贷一直坚持免费模式，始终无法盈利。2009 年 4 月，拍拍贷升级为收费模式，当时业务量曾一度下滑，几个月后才慢慢回升。这算不算拍拍贷经历的一次重大坎坷？张俊认为这毫无疑问是一次坎坷。当初在选择做网络借贷的时候，我们觉得网络借贷离钱近，找到商业模式应该不难。但实际上，烧了一年多的钱，我们还没找到清晰的商业模式。那时候，团队也不稳定，走了很多人，甚至创始团队成员也有一些动摇。所以，我们决定收费，觉得这是唯一能够挣钱的商业模式。

时代周报的记者曾问过张俊如何看待“七年来网络借贷平台数量越来越多，而生存下来的企业可谓凤毛麟角，拍拍贷算其中一家”这一问题时，张俊这样回答：“我觉得，我们要找准网络借贷为什么在中国有这么大的发展前景，最根本的原因就是，有一个很广阔的空白的市场存在。如果发现你的用户，在银行里有信贷记录，那你要稍微留心，这个时候很有可能是你在帮银行买坏账。假如借款人还不上钱，他一定会借你的钱去还银行，就是说，网络借贷机构一定是他最后的偿还对象，其实风险是挺高的。所以，P2P 为什么要存在？大家一定要把这点想清楚。”

当谈到创业最艰难的时候，也就是从免费向收费的过渡期。张俊说 2009 年初的时候，虽然离钱近，但一直没有收费。我们怕流失用户，所以不敢收费，这导致我们一直贴钱。不收费要贴钱，收费担心用户走，没有信心无法融资，这成为一个怪圈。后来力主向用户收费，用户就开始抱怨，交易量下滑，我们的压力很大。但新用户接受，因为这本质上是金融服务，他们认为付费是理所当然的。

团队其他人持怀疑态度，因为当时淘宝不收费，赢得了广大用户的青睐，eBay 易趣收费，输得一败涂地。那个时候没有哪个门户网站向用户收费的，有些人认为应该向银行导流等来收费。也想过收取广告费，但我们曾经加入的谷歌网盟，都没有拿到广告费，于是就没人去提及这方面了。

“收费一定是早收比晚收好，等到有了几千万用户再收就不好了。后来我们决定强制推行收费，开始第一、第二个月没有交易，第三个月才开始有新用户，于是我们就坚持了下来。”张俊说道。

## 行业浅析

**张俊谈关于网络借贷的认识和五条建议**。

传统的商业形态是储户存钱到银行，银行放贷款给客户，银行来承担风险。而拍拍贷做的网络借贷，作为第三方对借款人进行一定的信用评估，是解决投资人和借款人之间信息不对称的问题的一个平台，使得投资人可以直接去选择借款人，借款人也可以选择投资人，我们平台收取手续费作为服务费。这样的形式已经完全不再是传统银行的金融形态了。

互联网＋传统企业的两个发展方向都值得思考。不管是把互联网作为工具，使传统行业产生化学或者物理反应，甚至再造商业模式，都会对传统的产业带来极大的升级和改造，这是作为传统行业想要拥抱互联网时需要思考的问题。

**避免轻视，积极调整。** 要避免有轻视的心态，要积极去研究、去拥抱变化。互联网是一个加速器，所以当整个行业都在跟互联网拥抱的时候，如果你还在原地不动，等到你反应过来可能就跟不上了。比如电子书籍是大趋势。现在对于纸质书籍的需求已经明显弱化了，如果一个庞大的出版集团，到目前还没有去思考如何和互联网更好地结合，意识不到这个问题，等到问题不可避免的时候，恐怕就来不及了。美国的亚马逊在这么短的时间内已经变成全球最大的出版集团之一，它只是电子出版业，没有纸质书籍。所以，我觉得实体书出版业可能很快就会像当年的报纸行业一样，被互联网颠覆。

**眼界放开。** 要看长远，积极分析产业如何和互联网结合。如果说理念上认识到位，然后去认真分析产业如何与互联网结合。在我看来，最好的方式是能通过互联网再造商业模式，而不是简单的升级。如果看 15 年、20 年后，未来可能互联网已经无处不在，所有的行业都跟互联网结合，那个时候的传统产业跟现在的传统产业可能已经截然不同，已经是升级后全新的商业模式，所以我们要看到未来的发展，要预判后再去做准备。通过互联网提供各种各样的工具和手段，比如和大数据公司合作，去改造自己的商业模式。

**重视客户。** 互联网出现之后，使得人和人之间对话，人和企业之间对话的门槛极低，群落的效应愈发明显，所以一旦有顾客说你的服务不好，通过互联网消息传播十分迅速，很快大家都会离你而去；同样如果产品好，可能很快就会传播出去，吸引用户。所以要非常高度关注和重视你的用户。原来传统产业的思路是，只负责从生产产品到销售产品，产品销售完成收入就已经确认了，只有用户来找才意味着遇到问题。现在不同，必须时刻关注你的用户，最好用户天天来反馈，这样就能知道用户的心态、需求、对产品的意见。在收集到足够的信息后，去改造升级产品或服务，让用户离不开产品。

**具备核心竞争力。** 在综合金融服务平台成为一个趋势之后，公司更应该有其核心竞争力，比如资产端的核心竞争力就是能够最快速便捷地让用户借到他需要的资金，能够让用户满足他个人资产配置的需要、安全的需要以及收益的需要，其实这个过程还是需要公司具有很强的能力的。同时在产品方面，能够让用户觉得整个购买的体验、赎回的体验都能很顺畅、便捷。并要提高自己的产品能力和抗风险能力。在对风险更好把控的情况下，理财产品可以给到用户的收益比同行业的公司高。或者收益相同情况下，给用户整个的体验更好。另外一个方面，在打造品牌的过程中，如果公司可以一直稳健地运行，就会给用户很强的信赖感，用户就认可这个品牌，即便你的收益可能比别人低一些，用户也会愿意用你的服务，所以未来竞争是一个多方面的竞争。

**技术创新是关键。** 拍拍贷在创建至今的这段时间内，都是在一个探索、积累、证明自己商业模式的过程中，所以这个过程基本上就是一个通过技术创新或者说积累核心竞争力的过程，整个创新都是围绕技术创新在做，打造自己的风控系统、信用系统，打造自己的运营系统，不断地优化系统，降低大用户的服务成本。所以我们基本上都是在围绕着技术在做这件事情。在积累了大量用户之后，拍拍贷也在看用户的需求，接下来要做的事情就是，通过在商业模式上的或者架构上的创新，进一步地去满足用户的需求，这样才会把业务向更多方向延伸。过去在做以个人消费为主的个人的信贷，积累了大量的借款人，同时也积累了大量的投资者。而消费贷款其实是生成金融资产的过程，投资人其实也是一个财富管理的过程，所以这其实可以分为两块独立发展的业务。资产的判别，征信能力的建立，都是一个可以独立发展的东西。拍拍贷会逐步地朝着互联网金融去发展，可能把现在的业务逐步独立出不同块的业务，一块可以是以消费为主的个人信贷资产，及基于面向互联网长尾用户财富管理的业务，还有一块是征信的业务。未来我们甚至可能会考虑战略投资或者收购一家第三方支付，通过支付来完成我们资金流的闭环，逐步的给我们的用户更好的服务以及更舒适的产品体验。

**网贷监管不能“饮鸩止渴”。**

2016年“两会”于3月1日召开，互联网金融正逐步迎来监管政策出台和行业的规范化发展的道路。张俊受邀在零壹财经上发表建言，提出网贷监管不能“饮鸩止渴”。

张俊形容说，网贷这个孩子已经到了上学的年龄，而“两会”就像面试孩子的老师。我们家长关心孩子会进哪所学校、接受何种教育，这至关重要，因为这将影响到他未来的发展道路。

网贷曾经被捧上天，但近日来又遭冷遇。网贷在降低金融门槛、服务普通人的借贷需求时，被三教九流混进了队伍，无辜地背负了太多不该背负的东西，致使风险事件不断爆出。幸运的是，随着监管元年的到来，将会使这个行业进行洗牌和整合，也给了网贷一个回归人间的重要机遇。

回归人间，普惠被传统金融所忽视的草根群体，服务5亿非信用卡互联网人群的消费借贷需求，是网贷存在的意义和价值。我们需要深谙这点，不能因行业发展过程中遇到一点小问题就“因噎废食”。行业规范化需要时间，此次两会最大的希望，就是能多看到一点来自大家的信心和耐心。

网贷想要健康发展，规范化是必由之路，但监管上不能“饮鸩止渴”。网贷过去是“草莽放养”状态，虽然这有一定弊端，但也有效促进了行业的竞争和创新，使我国成为了全球最大的网贷市场。如果急于求成，盲目加大整肃力度，只会导致“一管就死”的悲剧上演。而网贷和其他任何互联网金融行业一样，都需要适度监管、鼓励创新。

美国是全球网贷行业中监管介入较早的，其有紧的一面，给网贷规定了较高的准入门槛和严格的信息披露制度；也有松的一面，促成CFPB统一监管、提高效率，为网贷平台在商业模式探索、产品创新、技术进步等方面留足灵活性。不管是美国还是中国，通过创新提升服务用户的能力，催生精准且高效的风险管理方式，提供快速便捷的产品使用体验，是网贷行业的一致要求。监管这把双刃剑，用坏了就会成创新“杀手”，用好了则如同给创新插上一双翅膀。

网贷最终服务于实体经济，而经济中讲究的是“看不见的手”。那么网贷的供给侧改革，在合规的前提下，是不是也应该“让市场在资源配置中起决定性作用”呢？我们相信两会和正式的监管细则给出答案。

时代周报当年问张俊：2014年，是拍拍贷成立的第七个年头，俗话说“七年之痒”，你觉得这七年过得痒不痒？张俊如是说道：“从我的角度看来，是一直在痒的。监管不落地，这个行业不断有各种各样的人抱着不同的目的进来，每一天都过得不痛快，每一天都在担心这个行业的声誉会不会被一些人弄坏。我更关注这个行业，因为行业每天都在‘痒’。”

从时代周报上对于监管不落地的担忧，到对于“两会”监管的建言，可以看出张俊对于网贷行业监管的期待。我们在专访时，张俊提到要和政府协调，我们虽然是新金融，但也要纳入政府的管理范畴，要不断和政府沟通，帮助建立新的模式，做出自己的贡献。对于监管细则，比如 e 租宝这种，本来就是非法集资，弄了一个互联网金融的外壳。出事了对我们还是有影响。

**对公司及行业张俊充满信心**。

作为国内首家 P2P 平台，起初的拍拍贷几乎都在扮演一个孤独的前行者。至 2011 年岁末，拍拍贷创立 4 年时，国内注册的 P2P 平台仅有 10 家。但时至 2012 年，P2P 行业内的参与者与业务量都呈现出井喷式增长。截至 2013 年岁末，国内可统计的 P2P 平台已增长逾千家。可此时，最先起跑的拍拍贷却显得更加孤独。

业内风起云涌的后来者，几乎都不同程度地将线下模式嵌入了 P2P 平台，并向用户作出“如出现借款人违约，由平台或第三方担保机构垫付本息”的承诺。而此时的拍拍贷依然坚持着创业之初“不做线下、不垫付本息”的纯平台模式，只为来自线上的用户做撮合交易，由客户自己承担可能出现的违约损失。

拍拍贷的创业团队，像一群略显孤傲的理想主义者，坚守在他们的理想的国度中！

对于为何不愿推广线下模式，张俊的解释是，迄今为止，互联网公司中真正的强者如腾讯、淘宝，都是按照纯平台的模式在运营，线下模式虽然可以通过一个闭环来控制业务量与利润，但长远的发展空间会相对受限。而纯平台的概念能够形成更长的价值链及更广阔的商业圈，也因此能实现价值的最大化。

其实拍拍贷并不缺少推广线下合作的机会。2013 年 12 月，中国小额信贷联席会曾组织了 80 余家小贷公司赴拍拍贷参观，不少参观者当时就向拍拍贷提出合作意向，但公司至今尚未点头。“也许以后会与优质的小贷公司少量合作，但这绝不会是拍拍贷的主要业务模式，因为我们要做的是平台而不是渠道。”张俊称。

至于平台不承诺垫付本息，则是拍拍贷在创业之初就定下的铁律。其实拍拍贷的不承诺垫付本息，并不是将所有的风险都加给了投资人，因为能够发布在拍拍贷网站上的借款项目已经过公司的审核和筛选，拍拍贷也设有专门的催收部门帮助投资者“讨债”。由于拍拍贷的单笔投资是 50 元起步，一位融资 10 000 元的借款人可能会在拍拍贷平台上找到 200 位债主，一位借出 10 000 元的投资人可以将资金分散借给 200 位借款人，拍拍贷希望以这种小额投资模式向投资人传递分散投资、规避风险的理念。拍拍贷主要针对的是没有信用记录的人群，不像淘宝的支付宝，京东的白条，他们服务的主要是有信用记录的信用卡人群，所以拍拍贷技术门槛比较高，属于从低端市场切到高端市场的过程。

至于技术壁垒，区块链技术如果有突破，中介平台就会消失，就会对这个行业造成很大的冲击，甚至是颠覆性的变革。但是张俊认为这是一个很大的问题，涉及很多利益相关因素，还是很难实现的，因此他对该行业还是抱有很大的信心。他对他们的行业很看好，觉得相比于美国的消费信贷 35%，中国在 7%的情况下还是有很大的市场。他也说到互联网的周期快，他们有战略部门，随时准备着其他新成立的公司对他们的冲击。

**特有的管理模式——给员工更多自由和权力。**

拍拍贷公司内部很大，房间很多，让人惊讶的是，张俊竟然和员工坐在一起。对于如何看待和员工的关系，为何选择这样的模式，张俊说，传统的 CEO 都有一个大办公室，独自的办公室。我们希望高管和员工有直接的沟通，是大家的一分子，有问题可以随时进行沟通。

他自己的办公室都用于接待，平时则用作会议室。他平时坐在助理、公关部和战略部周围，便于沟通交流。公司的文化就是比较开放的，公司上班时间没有严格规定，没有层级关系，员工可以越级直接找他沟通。正如公司最初的 5 大价值观：热情、追求完美、梦想、执行力、正直，正好是 ppdai(Passion/Perfection/Dream/Action Oriented/Integrity and Honesty)的名字。实际工作中，公司更加倡导的是：诚信为先，用户至上，勤奋主动，结果导向。

**张俊对大学生创业和就业的建议：一要关注风险；二要更多关注行业的成长性和可能性；三要多折腾。**

在对大学生创业和就业上的建议，张俊谈到了三点：一是开始创业时一定要有风险管理意识，在做好风控的基础上开展自己的创业，并逐步提高自己的风险承受能力；二是大学生就业时尽可能从事自己感兴趣的行业，并更多地注重成长性和可能性，而不要把关注点都放在薪水和待遇上去；三是，年轻时可以多折腾，多尝试，个人的成长和核心竞争力的提升是自己在大学毕业后最应该做的。对于创业成功的经验，张俊认为最关键的一点是创业者最需要的不是经验，而是胆识。很聪明有经验，但迈不出那一步；没有风险承受能力，迈出那一步也坚持不下来，那成不了创业者。创业者是一种气质，不见得比别人有经验有能力。第二个，要有学习能力探索能力，能快速学习新东西。接下来就是，要有情商。在公司早期的时候，该拍桌子就拍桌子，该骂人就骂人。公司慢慢大起来之后，要用好不同的人。在不破坏价值观底线的情况下，有一定的容忍度，给予员工时间，并给予他们机会去成长。

对于目前各个学校举办的创业大赛，他认为更多的意义可能是激发创业热情。2000 年上海第一届创业大赛，他们的 Info Anywhere，拿到了二等奖，当时是由易趣网的谭海颁的奖并帮忙推荐了一个投资人。但当时投资人认为时机尚早，看不到商业模式，没有出钱，他们自己也没有做下去。当时有这种大赛很好，可以给大学生提供机会展示。但现在可能有点过了。大学刚毕业就创业成功的屈指可数，比如华科 PPTV 姚欣、交大张旭豪。如果是为了积累经验，这种尝试是有帮助的，但总体来说创业成功是个小概率事件。

在谈起上海交通大学 120 周年校庆时，张俊深情地表达了对母校 120 岁生日的祝福，他感谢交大对自己的教诲，是交大培育了自己务实的做事风格，并结交了一批志同道合的人，即所谓读好书，结高人。祝愿母校能够越办越好，继续为国家和社会贡献着源源不断的力量。

**张俊总结自己的创业经历。**

张俊戏言："我是官二代，我爸当时要提副乡长，但他没有干。我在寒暑假跟着我爸跑生意，主要做算账结钱的活。当时就觉得做生意蛮好，也挺喜欢做生意的。"

张俊和那个时候的同学，现在的创始人之一，在 1998 年冬的 11 月份，开始做旅游网站。后来他又找了 7 个人一起做。携程也是那个时候开始做的，但后来我们做两三个月就做不下去，而携程 4 年就上市了，他们自己没做下去。

当时张俊他们还做了无纸化办公，不过也没有坚持做下去，如果做下去，他们很可能就是发明 Kindle 的人了。

张俊在微软就一直想着创业，不想一辈子做职业经理人、白领、金领。刚开始是兼职创业，做的是保健品电商。“因为大家生活水平提高了，都怕死，都想延年益寿，做这个感觉应该很有前途。不过折腾了几个月做不下去了，因为供应链很难维持住。”张俊回忆道。

“接着做博客，结果发现门槛太低，一段时间后全国遍地都是。

“后来做视频搜索，当时出了很多优酷、乐事、6 间房等。当时想要把所有视频搜索都弄到我们这个平台，让大家在我们平台上就可以搜索到任何视频，这确实满足了很多人的需求，发展也很快，但是那个时候最大的问题是缺钱，做着做着没钱了。我们没办法从银行借到钱，也没有抵押品。当时也和很多创业者进行了交流，我们发现资金问题是普遍存在的，是创业过程中大的问题。

“后来我们就想做一个平台，解决创业者的资金需求。2006 年孟加拉的穷人银行，为农村妇女提供特别小额的贷款，贷款偿还率很高银行取得了商业上的成功。我们就想，其实我们也可以做类似的穷人互联网银行，为广大‘底层群体’提供便利。于是在 2007 年 6 月 18 号拍拍贷正式上线，和京东同一天上线，这一天对中国的 P2P 金融具有划时代的意义。

“2008 年到 2009 年初我们的创业路走得很不容易，搞不清楚盈利模式，搞不清楚如何找风投，也搞不清楚如何控制风险。公司不断贴钱进去。工资每人发 2 000 元。然而最大的困难是人们的不理解，人家会说，张俊你在干的这个事情是违法的，说不定明天你就被公安抓走了。大众的不理解，让人不太爽。中国人不讲信用，借钱给亲朋好友，都有可能不偿还，亲朋好友我都不放心，我怎么借钱给陌生人，他们怎么可能有信用。

“这个过程我们不断说服自己，这个事情有社会价值，而且不违法，为此我们特别找了一个律师合伙人。掏钱却没有收入，用户认可度低，社会不认同，对我们来说是特别大的挑战。

“如何解决的呢？我们团队相信自己，相信这个对社会有价值，能帮助人们获得资金去创造社会价值，也没有政策明显认定非法，而且我们相信政府会越来越开明，同时我们相信中国人是讲信用的，但是目前没有好的模式和方法规范，他们的信用价值是不一样的。好的信用机制能帮助构建和谐社会，讲信用的人能得到便利，不讲信用的人会碰到麻烦。我们有阿Q精神，相信自己有价值，能成功！”张俊信心满满地说道。

**张俊对未来网络借贷行业的看法**。

张俊认为从整个商业发展以及商业历史来看，网络借贷行业会出现发展潮，然后进行整合，会有广阔的发展前景，然后很多人会进来，最终好的公司会胜出。从2005年他开始创业到现在，当初几百家的博客，几乎都死了；当初的视频搜索平台有一两千家，在Youtube被谷歌收购后，逐渐销声匿迹；当初各色各样的团购，如今剩下的一只手就数的过来。P2P最火的时候也有数千家，金融本质是有很多别人的钱，行业的形态也和其他的行业不一样，必须要受到监管，但是监管一进来，被淘汰得更快了。P2P从2015年开始进入淘汰的过程，2016年预计要淘汰的太多了。金融和实业不一样，有刚性兑付，倒了还要还钱，还不上往往就被抓起来，所以做这个行业要慎重。

和别的行业一样，这个最终要出现自然垄断，就如电商出现了淘宝京东和几家垂直网站，还有社交、视频等行业都会被整合，优秀地存活下来的。存活下来的企业都有一个共同特点，团队很强，吸引了最强的人加盟。每个行业不一样，借贷这个行业的特点是，第一：存活下来的必须是基于互联网做生意，线下的不行，互联网化是大势所趋。第二：团队要具备核心风险管理能力。壁垒怎么样？竞争对手来了，你是否比他们更精准，能否防御更多风险？提供的产品，对用户是不是好？营销能力是不是高？用户在别的平台5天才能解决的问题，在你这里一天就给解决了，会给用户带来不一样的体验。更高效便捷的产品体验，才会赢得广大客服的信赖与青睐。最终竞争，是和竞争对手竞争，而不是和用户竞争。授信额度不是越高越好，高了容易出坏账。

当被问及有关“近期平安陆金所亏损，是否表明现在互联网创业获客成本过高？如何达到盈利和获客成本的平衡？”的问题时，张俊回答：“这确实是现在互联网创业者碰到的问题，移动端可能还好一点，PC 端都被瓜分了。陆金所这种情况有点出人意料，我们这个还好。获客成本高低，是和竞争激烈程度相关的。大家都去抢，成本自然高，相反抢的人少，成本就低。陆金所做线下，用门店服务借款人，门店分布在一二线城市抢客户，成本就往上走。如果投资人基本集中在一二线城市，那么成本就上去了。拍拍贷服务的人群是互联网底层群体，除了拍拍贷能够服务，其他人服务不了。贷款人如果只借个五千八千的，陆金所派人上门服务，那他们的成本肯定受不了。投资人方面，到现在为止我们还没有耗费成本去获取投资人。投资人在我们平台赚钱后，口碑传播，告诉亲朋好友，于是投资的钱会越来越多。获客方面，我们省了很多钱，我们的用户突破 1 500 万，我们投入的成本远远小于竞争对手，这可能和我们起步早有关。当初免费，不花钱借钱生钱，用户就来了。”

此外，对于经济下行、贷款利率下降是否是好事这一问题，张俊说：“对我们来说是好事，大家的钱存在银行没有什么利息，很多钱投不出去。我们拍拍贷平台上出来一个标，几千个投资人在抢着投。”

**采访人：**

上海交通大学　人文艺术研究院新闻传播系 2015 级硕士　张　璐

张　俊

# 谦谦君子温如玉

## ——访普奥公司创始人 陈德基

陈德基是美国德州大学博士，教授级研究员，上海千人计划学者；曾任艾默生分布式控制系统核心工程师；参与制定的 OPC 国际标准提供了工控网络与互联网交换数据的方法；参与制定全球第一个工业无线传感器网络标准 IEC62591；撰写了第一部关于工业无线的权威专著；现任普奥智能有限公司董事长。

年少时陈德基是连续跳级，成功升学到重点中学的少年天才，本硕博时期他是同学间人口称道的“大学霸”，2014 年他以“上海千人计划专家”的身份回到国内创建普奥智能有限公司。公司三月始创，十月份便斩获中关村高新技术企业认定。这是一位一路伴随鲜花和掌声走来的传奇人物，但面对鲜花和掌声，他始终谦逊、淡然，有长者之姿，亦宽厚温润令人如沐春风。

### 科学家与企业家的养成——勤奋积累能量

2015 年，陈德基与 Terry Blevins 等人合作完成的书籍《无线控制基础：流程工业中的连续和离散控制》获得雷蒙德 D. 莫洛伊奖（Raymond D Molloy Award）奖项。“雷蒙德 D. 莫洛伊奖”是由国际自动化协会（ISA）出版部门颁发给前一年最畅销作者的奖项。而《无线控制基础：流程工业中的连续和离散控制》在ISA2014年所出版的新书中销量最多。获奖这件事，不管是在人生的任何阶段，对于任何人而言都应是一件令人欢呼雀跃的事情，毕竟这是对自己曾经付出的努力的极大肯定。但陈德基对此则显得十分平静甚至没有波澜。对此，他表示："我不是一个天赋极高的人，只是比别人花的时间多了点，这点我是深有体会的。"可以说，对于书籍获奖他自然很开心，但是并不过分在意这份荣誉。而当初打算写这本书事实上是因为自己对此比较感兴趣，所以才花时间来做这件事，并没有抱有其他的目的。对于荣誉，他看得比较淡，并不刻意追求，也不喜欢太高调。

淡然豁达，正是君子气节。三十而立，四十而不惑，五十而知天命。陈德基的这份淡然豁达并非因平生多阅历，致胸中有丘壑，而是源于对少年时过于出众的一种反弹。在回忆他的小学、中学生涯时，他开心地说道："我在宜昌一中上的学，这个学校是我们的省重点，那个时候我还是很聪明的，跳过几次级，也算是当地的名人了。"陈德基只花了三年时间读完了小学学业，然后便顺利升学，初中继续跳级，升学至宜昌市一中，这是当地仅有的两所省重点中学之一。

说起宜昌市一中，这是一所在当地乃至湖北享有盛誉的学校。该校是一所历史悠久、特色鲜明的楚天名校，是湖北省最早的重点中学之一。当时同年成功跳级升学的小天才有两位，陈德基是其中之一。少年陈德基很快成为了宜昌当地的小名人，被邀请至各种场合开讲座，谈经验，做报告，是典型的家长口中的"别人家的孩子"，是平常孩子仰视的人物，学习的榜样。这无疑是一段被掌声和赞扬包围着的年少时光，灿烂夺目。可正是这样璀璨的一段经历让年少的陈德基产生了叛逆心理，不喜欢高调行事，对于荣誉似乎也变得较同龄人更为冷静。

这份冷静自持也一直延续保持在其后的人生之中，事实上，童年时期并不是陈德基人生最辉煌的时候，1984—1991年在同济大学相继获得本科、硕士学位后，陈德基进入上海交通大学图像所攻读博士，两年后成功申请美国德州大学奥斯汀分校科学系的计算机方向。博士就读期间进入世界五百强Emerson美国艾默生电气公司工作，这是一家拥有上百年历史的企业，更是长期排名于《财富》美国500强和全球500强企业行列，在电子行业中长期占居第二。数年后,陈德基担任艾默生分布式控制系统的核心工程师。他是最初制定 OPC(OLE for process control)国际标准的四人小组成员之一,为工控网络与互联网交换数据提供了方法,后又参与制定全球第一个工业无线传感器网络标准 IEC62591。2014 年他成为上海千人计划学者,回国创建普奥智能有限公司。迄今为止,已拥有 10 项美国专利。在不断向高处迸发的人生旅程中,他已经完成了许多人难以企及的高度,但我们却丝毫看不到陈德基的自得自满。他一直强调自己其实很普通,天资并不高,他还调侃说,在美国考驾照时夫人一次便通过了,而自己却考了四五次才通过,要知道相较于国内驾照的考核难度美国驾照考试实在简单很多,所以自己其实并不是很聪明。他甚至感慨身边接触到的厉害人物实在太多了,一山更比一山高。没有自矜自傲,没有陶醉于这些荣誉的光环,陈德基始终清醒自持地在自己的领域奋斗努力。

回忆起在上海交通大学图像所求学,他说:“进入交大图像所后,我待的时间虽然不长,但这却是我以后能够去美国进修的一个重要平台。”他表示,上海交通大学为他提供了很好的资源,让他有机会接触很多陌生的东西,同时,交大的一些奖励措施和极其方便有利的出国政策也为他提供了足够的基础条件,让他有动力、有意愿选择出国进修。后来,他顺利进入了美国德州大学奥斯汀分校,开始了为期六年的异域求学生涯,也进入到了其人生十分关键的时刻。在 20 世纪 90 年代能出国进修并顺利进入美国德州大学,陈德基坦言道:“我是没有想到能够进入德州大学的,还以为是弄错了呢!”而在进入学校之后,他所学的专业方向与国内学习的方向相距甚远,其被录取的专业是在科学系的计算机方向(奥斯汀分校),而不是工程系(与此前国内研究方向更为契合),这无形中加大了专业压力。但是陈德基非常幸运地遇到了一位非常优秀的导师(研究方向为工程实时控制系统),强将手下无弱兵,在导师细心有效地指导下,他开始加倍地投入到有关互联网方面的研究上。正如陈德基所说:“勤奋固然重要,机遇也是不可缺少的。”在以计算机技术为核心的第三次工业革命席卷世界时,陈德基所研究的方向成为产业改革发展的最前沿。但是,他也表明,自己之所以最后能够在计算机领域有所成果,发表一些高质量的论文,也是自己花了不少心思的结果。毕竟,“机遇也是留给有准备的人的”。开始的时候，的确觉得很困难，感觉不是研究这块的料子。但是万事开头难，第一次成功发表论文后渐渐也就变得顺利了，也得心应手了，感觉真正踏进了研究的大门。而回想起自己当初决定去美国进修，陈德基坦诚道：其实也是受到周围朋友的影响，在1989年毕业后，国内很多学生开始谋划出国进修，而在当时国外计算机技术的发展是要远超于国内水平的，再三考虑之后他毅然决定去美国继续深造。

陈德基认为坚持不断学习是非常必要的，尤其是在日新月异的当今世界，信息爆炸、技术极速翻新的今天，不学习就会落后。而如今刚刚成立的普奥智能有限公司，正是抓住了核心技术，抓住了如今蓬勃发展的好势头，他激动地说：“因为学计算机的缘故，我习惯于抓紧时间，跟上世界变化的节奏，这就像互联网的发展一样，更新换代的速度是超出我们的想象的，你不与时俱进，就很容易被淘汰！”不管是在学生时代，还是在美国进修阶段，抑或是创业时期，陈德基都一直秉持着“勤奋与机遇缺一不可”的原则，不断地更新知识，更新观念，更新想法，才取得如今这样的成绩。“我相信勤能补拙，绝大部分时候是没有捷径的，只有勤奋努力，我所收获的这些并不是取巧得来，都是我自己下了功夫、花了心血才得到的。我们不要去浪费时间，要做好准备，机会往往只会给有准备的人。”这似乎是很多成功人士分享成功之道时都会强调的，但似乎又因为过于通俗而常常为大众所忽略，我们总是自觉听得太多而不愿意相信成功仅靠勤奋这样如此通俗的道理，但事实上成功的首要条件正是这普通易懂的“勤奋”二字。

## 坚持成就自我

从美国就读博士期间到进入Emerson美国艾默生电气公司工作，直至回国前，陈德基花了18年时间扎根在DCS(distributed control system)分布式控制系统研发领域。国内又称之为集散控制系统，这是相对于集中式控制系统而言的一种新型计算机控制系统，在集中式控制系统的基础上发展、演变而来的。由过程控制级和过程监控级组成的以通信网络为纽带的多级计算机系统,综合了计算机(computer)、通信(communication)、显示(CRT)和控制(control)等4C技术。18年——数字只是一种概括总结,却极难衡量出时间的厚度和长度。作为旁观者很难想象一个人如何扎根在一个领域如此长的时间,但也正是这种坚持不懈的长期研究让陈德基在这一领域达到了一种深度和高度。他曾长期作为DCS分布式控制系统供应商的核心成员参与目前市场上最先进的开发,是参与制定工业核心系统交换数据的国际标准制定最初四人小组之一,长期任职于Emerson(美国艾默生电气公司)的核心研究开发,正是在全身心投入的过程中陈德基完成其自身核心资产的建构,在为企业做出贡献的同时也成就了自身的价值。

这些成就很容易让人将他理解为一个纯粹的学者,但他本人并不认可这种称呼。无论是DCS分布式控制系统研发或是国际工业核心系统交换数据的国际标准的制定,这都是在信息技术进入工业领域上所作的努力。当计算机技术的影响越来越广,越来越大。传统工业势必会被影响,甚至被颠覆。分布式控制系统是工业互联网的基本组成部分,这些技术的完备是传统工业自动化的开路前锋。我们国家现在所倡导的中国制造2025(核心就是智能制造,利用物联信息系统将生产中的供应、制造、销售信息数据化、智慧化,最后达到快速、有效、个性化的产品供应)正是关于信息技术和传统工业相结合的蓝图和构想。陈德基所投身的科研技术与现实应用如此密不可分,纯学者的称呼的确显得并不太适合。谈及传统工业自动化,陈德基认为"工业3.0代表信息化、电脑化,工业4.0是信息化、智能化,其实本质是一样的,都是信息技术进入工业领域,区别在于计算机运算速度的变化,同样的个人定制,工厂之前也可以完成,只是可能完成一个定制产品需要半年时间,这个很显然,市场会把它淘汰掉,不具备使之现实化的条件,而现在信息技术的指数级增长使得其市场化具有了可实现性,这是一个量变引起质变的过程,所以在实现工业智能制造过程中,计算机技术仍旧是核心技术之一。"陈德基也强调虽然目前开设了公司,但是计算机领域是他会一直坚持研究下去的领域。目前,陈德基参加中国物联网基础标准工作组会议,并成为信息物理系统研究召集人。该工作组的主要职责是研究和制定物联网基础标准领域的标准,包括研究物联网标准体系,制订物联网基础性和通用性技术标准,并与行业部委对接,开展物联网行业标准体系建设,为物联网行业应用标准提供技术支撑。同时加入中国代表团,参与 ISO－IEC 国际物联网标准协会 WG10 物联网标准工作组工作,该小组主要负责物联网体系架构国际标准的制定工作,相关研究成果将作为成员国共同遵守的国际标准。

此前他是 Wireless HART 全球第一个工业无线传感器网络标准 IEC 62591Ed. 1. 0 制定项目这一标准制定的一员,2007 年 9 月,无线 HART 标准作为 HART7. 0 规范中的一部分正式发布。无线 HART 标准是面向过程测量、过程控制和资产管理全面应用的一种可靠的无线协议。基于成熟的 HART 协议,可以让用户在保持现有设备、工具和系统一致性的基础上,快速方便地获得无线 HART 带来的便利性。2010 年 3 月,Wireless HART 通信规范被国际电工标准委员会批准成为一个完整的国际标准(IEC 62591Ed. 1. 0),也是全球第一个获得这一级别国际认证的工业无线通信技术。

量变引起质变,正如同陈德基对他所从事的计算机技术的认识,他的奋斗历程亦是如此。长期的坚持使得他在这一领域越挖越深,积累越多此后爆发的能量也就越强。术业有专攻,只有在自身的专业领域达到一定深度,经营好自己的核心资产,才能走得更好更远。在这个快速化的时代,一切似乎都在拼速度,刚进校的大学生就着急火燎想着毕业以后该干什么,刚进工作岗位的新人就急着等着想什么时候能升迁,生存的焦虑如此急切地包裹着每一个人,我们生活在这样一个快节奏的时代,似乎不加速运转便将会被远远抛弃于人后。但陈德基的人生经历似乎在无声地向读者表明应当要耐得住性子沉得住气,一步一步走扎实走稳,自能有所收获。志当存高远,路却还是要一步一步地走,而身处其中的我们该以何种心态去前行,也许就如陈德基所说:“焦虑是一种必须经历的过程,不可能没有焦虑,我们要去接受焦虑,并尽量减少其负面影响。”坦然接受这种焦虑,如果无法让它鞭策我们前进,至少不使其成为前行中之阻碍。

## “十万个为什么”的好奇心

现在陈德基在所学的互联网领域已经有所建树，并且在知名期刊上也有很多学术成果的发表。他自己说道：“这样的成绩是一步一步来的，自信也是慢慢培养的。”在谈到自己的学习经验时，他说道：“我小时候特喜欢看《十万个为什么》，现在我都没看到这些书了，不知道孩子们现在看什么啊？当初，我们就爱看那些新奇的问题，心里总有许多个‘为什么’。”为此，他举了很多例子，比如一张纸厚度在一微米的话，如果可以无限地折，叠了 64 次会有多高？“这样的高度相当于太阳和月亮的距离，有那么高，难以想象啊！”这和计算机的功能是一样的，或者说和互联网未来的发展速度是别无二致的。他认为当下互联网的发展就是跟叠纸一样，积累也在指数级地加深，未来所达到的高度也是惊人的。陈德基就是以这种敏锐的眼光抓住了互联网发展的整个动态趋势，成立现下的普奥云科技信息有限公司，立足的便是雨后春笋般生长的中国制造 2025 背景，看重的便是互联网的未来发展对整个生产、生活的巨大推动作用。

就是因为对互联网的好奇，对计算机领域的未知而感到的新奇，促使陈德基越来越着迷于这个行业，而现在的他，显然对这样的领域已经不陌生，他需要的是回国施展自己的才华，但是他并没有不顾后果地盲目地去创业，他坦诚，创业的过程是考虑良久的。抓住了时机，抓住了趋势，拥有了伙伴，筹集了资金，积累了关键技术，陈德基和一群志同道合者开创了自己的公司——普奥智能有限公司。也正因为该公司走在工业化和信息化的交叉的前沿，也因为陈德基谦逊的人格魅力，他的身边汇聚了一批具备深厚 IT、互联网经验和工业经验的工程师、专家和技术骨干团队。

也正因为对互联网的好奇，使得他对公司的发展也注入大量心血。陈德基着眼当下，立足公司与各个生产部门的联系，不断地进行技术研发。

他的公司属于物联网行业，客户为工业领域，涉及云、大数据及嵌入式等相关技术，公司产品侧重以下三个方面：“智能网关、普奥云以及全球领先的 Wireless HART 技术，今后公司争取能够有新的成果与新的价值产品出现。”

## “家文化”的运营理念

在今天的互联网时代，创始团队没有技术，或者技术不强是非常可怕的。很多创业者不一定有很好的技术底子，那如何招募一批能干的技术大牛？

在陈德基看来，这是企业文化问题。管技术和管销售、管市场都不一样：管销售强调执行，管市场强调务实，看花了钱能不能做出真正有价值的东西，而管技术是要树立相对宽松和信任的文化，因为大部分做技术的人专心解决问题，成天钻研在编码、产品架构体系的设计里，是不关心外部世界的。我们常提互联网改变世界，可能否实现很大程度上取决于能不能找到一大批热爱技术的人跟你一起干。我们就是要找到这样的技术人员，而且要把他们长期留下来，给他们土壤，让他们觉得公司就是家。很多公司的办公环境对技术人员不友好，把公司搞得像网吧一样，负责技术的人在屋子里吹风扇，这样的公司很可怕。而陈德基所创办的普奥智能有限公司则拥有一种人文情怀文化和激励模式，技术人员自然会专心做好自己工作，愿意讨论愿意分享。陈德基对技术团队的构建和传统领域不一样。很多传统行业公司让团队做正步走训练，这对于大部分做技术的人来讲一定非常痛苦。“他们天生有交流恐惧症，不善于跟大家打交道，但是如果真正懂他们，会发现他们太可爱了。他们在自己的世界里有模型，他们乐于与别人探讨头脑中的模型，也可以和他们谈商业，谈对社会和人际关系的理解，如果有共鸣，他们是真心愿意跟你做朋友的。”创业者要和做开发的技术人员做朋友，他们愿意和人分享自己的想法，陈德基认为公司的领导者应当具有很强的掌握外界资源的能力，领导者知道很多新变化，为什么不找个时间跟技术人员吃吃饭，描绘一下自己兴奋的感受？很可能某位技术员因为喜欢你身上的人格魅力，就跟随你干了十年，专心帮你解决你不擅长或者解决不了的问题。如果能建立这样一个团队，它一定能够经受市场变化和公司转型的考验。所以，一定要在初创阶段就形成一套公司文化，要重视对技术人才的培养。

一个创业者，如果能在早期就把公司的价值观、使命以及机会分享给员工，那就非常了不起，可能才是真正具备了企业家的气质。如果没做到这一点，那就只是具有商人的气质，只具有赚钱的本事。

如果员工都能了解公司领导的想法，经常在背后讨论其梦想和格局，能够对其有钦佩之心，他们会把领导写的文章拿回去给他的父母看，说“我在跟这样的一个创业者干”。即使这个公司不是华为、小米、BAT，那些一线的互联网公司，他的父母甚至都没有听说过，但员工仍然会觉得领导很了不起。

有理想，三观正，而且对大家坦诚，这是每个员工都喜欢的品质。

当公司员工开始主动推荐自己的大学同学来公司时，这个公司就进入了一个澎湃创业的状态。

员工是公司非常宝贵的资产，他们之中会涌现出一些明日之星，甚至某个员工有一天会成为你重要的合伙人、骨干，所以，要给他机会，给他更好的激励和福利，这是创业者应该多思考的。

能有钱创业，是很幸运的，虽然有时候也会很痛苦，觉得最近业绩起不来，一筹莫展。但当在办公区走一圈，看看每个人做什么，跟他们打打交道，看到员工还在努力工作的时候，心里面的感觉会不一样。就会觉得自己确实拥有这个世界，即使这个世界目前看起来还很简陋，但庆幸自己还有本钱打仗。

总之，向员工充分传递自己的文化价值观，是创业者责无旁贷的使命，而且永远都不能觉得厌烦。

如果一个企业家不在乎自己公司的文化价值，处理不好员工关系，那他/她根本没有企业家精神，顶多是一个小商小贩，做点买卖而已。

在成立公司之初，陈德基以及他的合伙人便着重这个概念——“家文化”。“家文化”其实就是一种人文情怀。在公司里，员工虽然不多，但是大家的关系就像一家人一样，没有那么多的条条框框，“家文化”是可以有望打造出来的。

陈德基在公司放置了一张供自己睡觉的床，从外部来说，他希望公司的环境和家庭一样轻松随和，不能过于死板而失去了活力；从内部来说，他致力于人际关系的和谐，正如建设和谐社会一样，上下级之间也可以很好地沟通问题，如此公司会更好地良性发展。对他来说，积极良好的经营理念也是公司运行的基础，所以，“diverse”和“happy”是他们反复提起的核心理念。对此，他们十分注重“人”。在这里，陈德基以及一些合伙人提起了自己的放松方式：下午茶，聊聊天，做自己喜欢的事情等，公司都会匀出人性化的调整时间。

换言之，对陈德基来说，“家文化”的核心也是“人文化”。因此，他们的公司有很好的福利，比如“六险一金”等，同时，他们在选拔人才的时候，也很看重员工多样化的素质。

当谈及自己与其他伙伴公司的关系时。他说道：“自己一开始也是在艾默生公司工作，现在自己成立了一家公司，但是我跟以前的公司还是保持着很好的联系。”

“家文化”的内涵是丰厚的，它不仅体现在企业的内部管理，也体现在企业与企业的外部交流。当然，“家文化”不是无谓的放松，自身在营造这种“工作是家”的文化的同时，良好的规章制度也是很好的保障。

## “一创一守”的运营方式

**中国制造 2025——陈德基回国创业代背景**。

中国制造 2025，是中国政府实施制造强国战略第一个十年的行动纲领。要紧盯新一轮产业发展的潮流，实现中国制造业的升级，推动中国制造向中国创造转型，进入世界制造强国前列。而这新一轮产业发展潮流正是围绕着“互联网＋制造”展开。

在这种物联网即将兴起的背景下，陈德基萌生了回国创业的想法。尽管如此，陈德基回国创业的决定还是让很多人意想不到。因为，当时他任职于艾默生分布式控制系统核心工程师。

艾默生公司成立于1890年，位于美国密苏里州圣路易斯市。全球财富500强企业中，名列第360位，美国《财富》500强中，名列第130位。作为全球最佳管理100家企业之一，艾默生电气公司鼓励公司内部的竞争。这在公司的网络能源业务集团也不例外。这种内部竞争体现在经营的许多方面，既有研究开发的竞争，也有生产方面的竞争。竞争的结果是：为客户提供更具竞争力的产品和方案。就是在这种竞争的公司氛围下，陈德基通过自己的勤奋，迅速胜任了在公司中的核心研发工作，并且为创业奠定了坚实的基础。

**“水到渠成”的创业理念**。

2014年，陈德基作为上海市海外高层次人才引进计划专家之一回国发展，在“中国制造2025”的国家战略背景下，李克强总理提出“大众创业，万众创新”，陈德基也在这一大形势之下成为创业大军中的一分子，并建立普奥智能有限公司。公司主要致力在物联网、互联网和工业相结合的前沿领域，助力企业实现产品的智能运营和智能服务，实现产品、服务和商业模式的创新，打造工业互联生态体系。涵盖领域有机器人、3D打印机、中央空调、智慧城市、装备制造、系统集成服务商等。

无疑，这是一家建立在创立者自身拥有过硬的技术和专利基础上的公司。身兼创建者和核心技术人员双重身份的陈德基想必是普奥智能有限公司的灵魂人物，但陈德基却坦言他只是负责公司的技术层面，而公司的产品开发、销售、财务方面都由团队内其他具备专业背景、经验的成员负责，这些团队成员都拥有辉煌的人生履历，也都是自身领域的业界翘楚。“创业、技术的确很重要，这是我们公司起步的基点，也是很多创业人员的一个门槛。但是想要创业成功，技术只是其中一方面，所以我在建立公司的时候组建了这个团队，我们是一群志同道合的人一起在打拼，是四头八臂，而不仅是我一个人在拼搏。”普奥智能有限公司创立的核心团队共4个人，彼此之间此前并未有过任何关联，是陈德基在回国后参加的一系列相关的技术人才研讨会上相识的，能够合作运营公司则是基于大家对市场和技术的共同认识，很明显这是依靠共同的理念走到一起的创业团队，而陈德基在其中则是凝聚性的人物。他也很清楚地认识到开公司与做研究不同，即便本人在技术层面上达到了顶尖的专业水准，但管理、运营等方面无法达到同等水平，而一个公司的成功需要兼备各方条件。俗话说隔行如隔山，当重新投入到一个行业领域时，需要积极及时地转变固有的理念，灵活有效地投入。在创业道路上即使在面对荣誉、利益面前，陈德基始终冷静自持，并能清楚地认识自己的条件、寻找到最合适的位置。这并不是一件容易的事，面对利益这块蛋糕，能够选择通过让利来把蛋糕做得更大，需要相当睿智的心态。

谈到创立公司，陈德基很兴奋。他对公司有充分的信心，“现在这块的市场很大，而且我们的产品相较于其他竞争者而言(主要是外国品牌)更接地气，非常适合国内的国情，在价格、体积上都有很强的竞争力，我们的产品体积轻便、物美价廉，所以我很有信心。”除了对市场和竞争的清醒认识让陈德基充满信心外，普奥自身也有这样的底气。这个 2015 年 3 月才成立的新公司，在当年 5 月就已完成第一轮风投，9 月推出第一轮产品以后，12 月便实现了盈利，短短九个月完成首轮盈利。而与 Emerson 艾默生中国电机有限公司等跨国公司拓展智能设备运营业务、智能路灯类客户、中央空调和租赁类公司在工业级无线传感器网络拓展上的业务也都相继在洽谈之中。

在陈德基的创业道路上不得不谈及的一个小话题便是新公司与 Emerson 艾默生中国电机有限公司的合作。艾默生中国电机有限公司是 Emerson 美国艾默生电气公司在华的全资子公司，中国也是目前艾默生仅次于美国的第二大市场。陈德基作为美国艾默生电气公司的核心工程师从事核心技术研发的时间相当之长，离开旧公司之后两者不但没有产生任何纠纷，甚至后续还有一系列不错的合作。这与职场上因为跳槽之类的事情而导致老死不相往来的尴尬局面大相径庭。谈及是如何做到如此和谐的局面时，陈德基表示，作为技术人员的离职的确是会牵扯到许多商业机密问题，至于自己与老东家如此和谐的关系则是因为此前公司的技术研究自己并不会再继续投入，而新公司的领域与美国艾默生电气公司并无冲突，甚至有不错的助益，之前与艾默生中国子公司这边的关系也积累得很好，合作对两者而言都是不错的选择。虽然答案显得如此简单明晰，但其中所透露的个人智慧与魅力则让人深思之后感叹折服。这是一种自身具备极高的职业操守和彼此相互信任的结果，坚守职业道德在竞争激烈的当下社会似乎已经成为一个被遗忘的边缘词汇，而这往往也会在不经意的时候得到回报。

年近五十，重新回国开始创业，在旁人看来似乎是件有魄力、甚至有些冲动的行为，陈德基自己却认为是件水到渠成、自然而然的事。“我对创业一直情有独钟，但真正准备开始创业也是考虑良久。为什么在2014年回国，这是抓住了时机和趋势的，也是自然的事。很多时候同一件事100个人在谈论，10个人在构想，但最后只有一个人做，实践的人总是少的。我现在的确是个实践者，但是不代表我之前所做的工作是没有意义的。正是有了之前多年的研究才有了我现在创业的基础，公司的创立到运营才能都很顺利，也开始渐入正轨。这是水到渠成、自然而然的过程。”

创业这个话题从未被停止讨论过，相信以后也会继续。的确这是个无法轻易尝试的事情，创业者必须投入极大的精力和心力，而在已经逐渐完善的资本市场下，创业必定不会是件简单的事。但在这种种或曲折或艰难的创业故事里，很少听到创业者用水到渠成、自然而然去形容自身的创业经历，普奥在创建运营过程中真的未曾遭遇过问题和困难？这个答案当然是否定的。但是站在大局上，回顾一路以来的历程而言，这的确是水到渠成、自然而然的事情。很多时候，我们之所以会被困囿于当下，是因为无法跳脱出所处的现在。也许年少时，只能亟亟，但闲看庭前花开花落，漫随天外云卷云舒的心态仍是更要历练追求。

**“烧得不太快”的守业方式**。

在涉及公司的运营方面，陈德基一直强调：“我们的公司正在发展，但是我们的公司并不主张烧得太快。”对此，他希望公司能够稳步求进，虽然也可以通过进行一些风投等措施加速发展。但是，正如陈德基说的：“烧得太火，烧得太快也并不一定是好事。”

所以，立足长远是陈德基一贯的行事风格，企业的运营方式也是稳中求进。尽管互联网的发展很快，陈德基表示他们需要抓住时机，但是过于冒进的行为，他们是不主张的。他们公司的规模也决定了立足实际的“烧得不太快”的方式，而合伙的性质也决定了他们需要共同承担公司的未来。

“烧得不太快”的方式，正如陈德基创业一样，魄力是需要的，定力也是必要的。虽然企业刚刚起步，但是短时间内也有了很好的发展成果，主张不要烧得太急太快也是立足公司的长远，同时也是相信自己公司的自身“造血”功能。

陈德基也比较了国内的一些公司，虽然企业运营模式各有特点，陈德基还是提出了他自己的想法，打造公司自身的“造血”本领，源源不断地给自己提供动力是最可靠的措施，这也是陈德基作为一个创业公司的董事长，对同行的局中人以及一些未入行的大学创业者的衷心建议。

但是，烧得不太快，并不表明做事是放慢节奏的。尤其在日新月异的互联网时代，陈德基希望还是要早做准备，一些应急措施需要及时备案。为此，公司的财务总监还特地举出工作中的个案，比如资金的花费等，允许特事特办，灵活有效地完成是保证工作质量的关键，如果一味地走公司流程，不疾不徐地处理，对付应急事件的最佳时间就会错过，带来的结果也是恶性的。

因此，陈德基坚信，“烧得不太快”是刚刚起步的公司的总方针，而落实到具体做事的时候，果断灵活的办事能力也是毋庸置疑的。

**创业，源于兴趣，成于坚持**。

陈德基选择物联网行业，并且取得成功，正是源于自己的兴趣和坚持不懈的努力，也正是这份兴趣，让陈德基对自己的事业倾注了全部的心血。

“我没有什么特别之处，真的就是很平凡，踏踏实实做下去。”陈德基说的这句话看似普通，实则对创业者很有启迪意义。很多创业者，一开始信心满满，但创业过程之中总会因为种种原因，半途而废，放弃了原本坚持的创业理想，说明了什么呢？一是没有选好正确的方向，没有选到真正让自己感兴趣去拼搏去承担的项目；二是心理太脆弱，不能坚持到底，要知道，创业前期肯定是艰苦的，因为需要培育市场，要做好暂时赔钱或亏损的准备，同时积累经验打好基础，但许多创业者往往都是抱着急功近利的心态，有的希望一两个月就能赢利，一旦看到短时期内不得赚钱，心态就不对了。所以，创业一定要选择好真正适合自己的创业项目，还要有坚持不懈的信心和决心。创业千万不能一味地凭感觉做事情，模仿、追随、跟风都不会有“钱”途。

**适合自己，方为最好。**

市场很大，创业的项目也可以细分成很多类别，但是并不是每一样都适合自己。这就好像一个天天写程序的电脑专家并不一定能烹饪出美味佳肴一样，因此创业之前首先需要按照自己的特点去选择自己创业的方向。陈德基选择互联网行业进行创业，正是基于他本身对这一领域的熟悉程度以及对互联网行业的热爱。

如果做的项目是自己并不喜欢的，那将是很可怕的一件事，因为你每时每刻都在感受着煎熬。虽然说很多朋友在选择创业项目的时候都会选择自己喜欢的，但还是有一些人是眼红某些行业的高额利润，从而选择了错误的项目。马云说过这样的一句话：100 个人创业，其中 95 个连自己怎么死的都不知道。从创业的第一天开始，就意味着创业者要经历很多的困难和失败。尤其作为独立个人创业，更需要涉足很多自己之前并不熟知的领域，所以一旦选择的项目根本不是自己喜欢的，那么很有可能半途而废。

另外一点，就是一定要找到自己专长的项目再定下创业的目标。选择创业项目时，必须要了解这个项目自己能不能独立拿下。举个例子，如果一个程序员打算去开一间酒吧，那么这个中间就会有很长的一段适应期，而这个适应期里会遇到很多的困难。也许就是因为这些困难，让这位本来不了解酒吧行业的程序员很快就会失去对创业的兴趣，这样的创业者丢掉的不仅仅是激情和金钱，或许连再次创业的信心都会丢失殆尽。

创业不是“可望而不可及”的事，谁都可以创业，有大的创业项目，也有小的创业项目。甚至在淘宝开个网店经营一些物美价廉的工艺品都属于创业的范畴。最重要的是，只要你自己有信心去做好的，那么就可以去尝试！

**心理素质，尤为重要。**

良好的心理素质是创业成功的关键。由于创业的曲折、艰辛和风险性，因此经得住各种困难和挫折的心理素质是十分重要的。要做到“胜不骄，败不馁”，跌倒了，再爬起来，要有屡败屡战的精神。“不要为打翻的牛奶而哭泣。”这是美国著名成人教育家卡耐基的老师乔治对卡耐基的教诲。这句话时常如醍醐灌顶，激励着陈德基在创业之路上奋力前行。“牛奶被打翻了，漏光了，怎么办？是看着被打翻的牛奶哭泣，还是去做点别的？请记住，牛奶被打翻已成现实，不可能重新装回瓶中，我们唯一能做的，就是找出教训，然后忘掉这些不愉快。”

## 创业，一步一步，有付出就有回报

小时候的陈德基便好奇于新鲜的事物，而互联网又激发了他的兴趣，通过自己踏实的努力和勤奋，拥有一群志同道合的合作人，以“家文化”的理念为运营核心，立足世界工业智能制造的大背景，坚持“水到渠成”的创业理念，让他的公司逐渐地稳步前进，并且取得了很大的企业成果。

2015年初公司成立并发展首批客户，完成数千万融资。在公司创立初期，团队快速成长，先后成立了北京研发中心和上海研发中心，团队成员分别来自IBM、HP、艾默生、西门子、阿里等知名企业。2015年下半年，普奥推出第一款具备数据采集和云端展示能力的普奥云平台V1.0(Gaea)，并获得中关村高新企业称号，而后又加入国际工业互联网联盟，将与万名开发者一同开启物联网新纪元。

回首公司刚刚走过的历程，陈德基对未来的机遇与挑战充满期待，也对我们所提出的“现下大学生就业与创业的心态问题”提出了自己的想法：

首先，浮躁着急、迷茫错乱是普遍存在的问题。他深切地体会我们青年人的心态，知道面临严峻的就业形势，内心的焦灼不安是正常的，不需要青年人刻意地摆脱它，所以，具有良好的平常心是十分重要的。他自己也曾如此：当时自己刚刚毕业的时候，对自己的态度就是怀疑，或者说极为不信任，就连发表论文都觉得不大可能。可是在后期的锻炼打磨中，他才意识到当初的焦灼是因为不知道未来的路，这种着急的心态每个人基本上都有过，但如果只是杞人忧天或者过度地浪费时间去思考这个问题，很容易使得同学们成为“思想上的巨人，行动上的矮子”。所以，平常对待就好。

其次，态度很重要。知道了自己的不足，就需要着手行动，而不是原地不动。陈德基自己谈道：“我并不认为自己有多少天赋，更多地还是自己做事情比较踏实认真。我虽然不懂，但是我可以去学。”因此，陈德基说道：

"'勤能补拙'的老话是值得听的，再有天赋，而不好好地利用也是枉费。"

最后，他说到就业与创业的问题。他并不主张大学生都创业。大众创新是可以期待的，万众创业也是一个奋斗的目标，但其中的辛苦是需要积累的，不是一蹴而就的。陈德基谆谆教导大学生：不要盲目跟风，专业基础尤其重要，选好自己走的路，并且坚持下去。在大学里的创业教育是必要的，你可以埋下一颗雄心的种子，但需要时间和实践，等到初步成熟才可以使得种子发芽。

因此，对于大学生创业与就业，陈德基更多地希望大家能够更加谨慎，对自己保持信心，一步一步，有过付出就有回报，坚持下来就会发现困苦的时光也很美好。

生活中有酒也有水。酒能让人看到真性情，也能看到癫狂，而唯有水，才是生活。

水到渠成，自然而然。君子温润如玉，如沐春风。今回头，笑看少年郎！

——访陈德基有感

**采访人：**

上海交通大学　人文学院 2015 级硕士生　严文君

上海交通大学　人文学院 2015 级硕士生　徐　婕

陈德基

# 厚积薄发，成功非一蹴而就

## ——访慧银信息科技有限公司总经理　朱凯申

朱凯申，1997 年毕业于上海交通大学物理系，经历 4 次创业成功，参与创办了上海格尔软件、Deltknot（马来西亚，MSC）、BlueBamboo、上海慧银信息科技有限公司这些优秀的创业公司，现任上海慧银信息科技有限公司总经理，全面负责产品技术及企业经营管理。他的许多研发成果都在国际上得到了广泛的认可。技术专长为信息安全、支付技术、云计算产品研制、技术创新型企业管理、信息技术产品营销规划等。

2002 年的春天，黄浦江畔，一位白发长者和一位年轻人决定携手改变一个行业。长者是来自大洋彼岸的 Jerry Crossetti，作为 Verifone（惠尔丰，1981 年成立于美国夏威夷，全球领先的安全电子支付解决方案的供应商）的创始人之一，负责产品研发并建立规模化 POS（point of sale，销售终端）制造体系，可以说他和他的团队是全球 POS 行业的奠基者；年轻人就是朱凯申，1997 年从上海交通大学毕业时恰逢第一波电子商务热潮，四五年间一直投身于最有挑战的前沿领域的研发工作，年轻的他意气风发、踌躇满志，一度觉得没有自己攻克不了的技术难题。

14 年前的黄浦江畔，便是上海慧银信息科技创始人——朱凯申的创业开始的地方。

## 按部就班还是剑走偏锋？守正出奇才是成功之道

在网络方兴未艾，电子商务初见端倪的当口，朱凯申刚刚毕业，被一家知名跨国企业录取，然而，在工作了 123 天之后，朱凯申隐隐感觉到，按部就班地在 CBD 当一个优雅的白领不是他的最终归宿，外面的海阔天空才是心中所真正向往的。恰逢接到一个大学师兄的创业邀请电话，他便辞去了令人艳羡的工作，告别了平静安稳的生活，开始了自己的创业之路。创业之初，朱凯申是一名 co-founder(联合创始人)，有着技术专长的他主要负责技术与开发方向，其他的事情大都由带领他创业的朋友们负责，那时的创业对于朱凯申来说应该是“跟着别人干革命”。朱凯申坦言道，那时候的自己更像是一个在创业公司工作的人，而不能称为一个真正意义上创业者。然而，这第一次创业的宝贵经历也让朱凯申受益匪浅，获得了白手起家的历练，锻炼了挑战巨头的胆色，同时更加坚定了以后的创业方向。在第一线打拼的他很早就感觉到电子商务和 POS 行业是今后的突破方向。一方面是互联网发展带来的巨大需求和市场机会；另一方面是跨国公司依然固守垄断性的技术壁垒试图保住超额利润。而“垄断性的技术壁垒”在朱凯申的眼里一向是纸老虎，他认定这一定是个破坏式创新的理想战场，也是中国理工男赶超欧美同行的好机会。这个认识为他以后多次创业以及最终创立真正属于自己公司——上海慧银信息科技奠定了深厚的基础。从此，走上了创业这条路的朱凯申就再也没回过头。

如果说，前 3 次的创业都只是小试牛刀，都只是在技术和业务上对公司提供支持，那么，到 2012 年，朱凯申创立上海慧银信息科技，才能算得上是他的正式创业。这一次，不仅仅是做开发和市场，慧银是他第一次从融资、组织团队、确定办公室、寻找客户、吸引合作伙伴等各方面一步一步亲自架构起来的真正意义的创业项目。

目光转回 2002 年前他和 Jerry 的那次强强联手，这对来自太平洋两岸的老少组合野心勃勃，研发支持 Java(一种可以撰写跨平台应用程序的面向

对象的程序设计语言）的高运行效率高性价比的新一代 POS 技术平台，试图打破 POS 行业陈旧的技术架构和封闭的商业模式，迅速得到了 Visa/Mastercard 和 PCI（payment card industry）组织的支持，也得到了垄断厂商的收购要约和他们被婉拒后的警惕，成为当时全球支付行业最有破坏性的创新公司，是被邀请参加 GlobalPlatform（全球平台组织）和 TEE（trusted execution environment，可信执行环境）标准制定工作组中最年轻的公司。

美好的开始往往只是成功的一半，行业革命之路充满了不确定性和各种残酷，几经变故公司偏离了当初创业的初衷。到 2012 年，沉寂之中朱凯申把目光放回国内，关注身边的需求，发现中国才是最大的创新应用市场。随着智能手机的爆发和 O2O（online to offline）的兴起，存在将传统 POS 改造成智能 POS 的强劲需求，而这一切正好就是过去 10 年所钻研的，只不过这一次不需再和传统巨头争夺行业技术方向的主导权，只需顺势而为，关注用户的真实需求和使用场景，将技术实力转化为场景需求的实现能力和快速迭代能力。

之前，朱凯申的太太经营过一间茶坊，新店开张时做了推广，发小传单、登广告一圈试下来似乎没什么效果，以为几万的钞票打了水漂，不料几个月之后，客流竟慢慢多了起来。让人茫然的是，作为店主，她并不晓得究竟是哪个渠道起了效果，究竟是一系列的宣传策略使得生意红火，还是仅仅因为近期人流量大，实际上和推广并没有什么必然联系？

“小商铺普遍没有便宜好用的管理软件，都是用手工记载账目，每到月底账就算不清楚了。再到年底，流水上百万、更算不清楚是否盈利了。”朱凯申说，他创立 wizarPOS 的初衷是让每个商家的柜台上都有个简单的 POS 机，这样小老板们打理生意能轻松些，也不需要高深的操作就能得出自己的营销和顾客数据。目前 wizarPOS 的主要目标群体是线下新开业的店铺。在朱凯申看来，中国有 3 千万～5 千万家线下店铺，而且更新迭代得很快，因此即使做增量市场，也有不小的前景。国内一年出 1 000 万台 POS 机，99％是传统的 POS 机，互联网 POS 机的份额还很小。不过，未来 5 年之内所有的传统 POS 机都会被逐渐淘汰，现在这个阶段非常像是智能手机在 2011 年时的情况，互联网 POS 机市场即将爆发。

如梦初醒，朱凯申迅速组织了团队重新创业，而且这次创业的第一步首先迈入中国市场，服务于每天看得见的大小老板们，这样的创业真正有了根的感觉和顶天立地的底气。

迄今为止，朱凯申已经历过 4 次成功创业，创立了上海格尔软件、Deltknot（马来西亚，MSC）、BlueBamboo、上海慧银信息科技有限公司这些优秀的公司。20 年来，朱凯申和他的团队一直勇争行业内的各项第一，在他们坚持不懈的努力下，他和他的团队取得了惊人的成就：

中国第一个数字证书系统；

中国第一个网上商店；

中国第一代互联网银行和支付系统；

中国第一代银行 IC 卡密钥管理系统；

中国第一个基于 SET（secue electronic transaction，安全电子交易）协议的电商、支付网关和电子钱包的互联网支付产品；

全球第一代基于 WAP（wineless application protocd，无线应用协议）浏览器的手机移动支付解决方案；

全球第一代金融 POS 的 SoC 芯片集成方案；

全球第一个通过最严苛的 PCI 安全认证的手持式无线金融 POS；

全球第一个商用的金融级安全的嵌入式 Java 虚拟机和操作系统；

全球第一个商业部署的 Java based 的 POS 产品，代码运行效率最高；

全球第一个基于 GlobalPlatform 规范的 POS 多应用管理和分发平台；

……

朱凯申说，喜欢做第一，是因为第一意味着开拓一个空白领域，做成一件前人没有做过的事情。这样，才能留给世界一些不一样的东西，一些专属于自己团队的贡献。

之前是程序员，如今是总经理，从技术负责人转变为管理者的过程中，朱凯申都遇到了怎样的困难呢？他又是如何应对的呢？

朱凯申表示，困难是巨大的，转变也不是一夜之间完成的。幸运的是，在十几年间，他一直有幸与各类极其优秀的人共事，其中有天才领袖、有训练有素的经理人、也有超级销售员。在自己担任 CTO（chief technology

office，首席技术官）的时候，他就一边认真观察，看他们都是如何管理团队和开展各项工作，一边在与他们协作的时候换位思考，从他们的角度来思考问题。在早年的学习积累过程中，朱凯申一直在为今天做准备，要实现这样的转变还是要有大量的积累，要不断在观察、实践中学习。当然，你也可以选择上一个 MBA，但这样的效果远没有亲身实践来得好。所以，想要成功转变身份，就要做到，第一，自己要有信心，相信自己能够做好管理；第二，要有随时放空自己、学习一切的准备，时刻抱着谦虚的心态；第三，对新事物的接受和学习能力也是十分重要的。

## 本科专业是否限制创业方向？理工男用实力说话

朱凯申的本科专业是物理，与如今从事的大数据、信息安全、网络支付看似关联度不高，他几乎是一毕业就投身于与本科专业大相径庭的创业活动，在现今看来再正常不过的事在当时可谓是离经叛道。对于本科专业是否限制创业方向这件事，朱凯申认为其中并没有必然关系，反倒是有促进的作用。在大学三年级之前，自己一心一意钻研物理，努力夯实学科基础，对于写程序、编代码也只是误打误撞、机缘巧合地接触到后觉得兴趣所致才深入钻研。上海交通大学物理系的课程内容设置多样，知识面繁杂，和一般专业相比课程更多，数学、电子、计算机等各个方面的内容都有涉猎，丰厚的学科背景为朱凯申未来的创业打下了坚实基础。从大四开始，朱凯申自学编程、代码，并考取了国家高级程序员证书，虽然初衷是为了求职时多一块敲门砖，现在回头来看都是成功道路上的基石。

谈及自己的专业，朱凯申显露出满满的自豪感，他说，世界上第一台计算机就是从物理实验室里发明的，做特斯拉的老板艾伦·马斯克（Elon Musk）也是物理系毕业的。他还总结了物理系毕业生的优点——一是不被条条框框所束缚，适用面广；二是注重动手能力；三是创造性强，视角独特，容易注意到别人注意不到的点，发明别人想不到的东西。一直以来，朱凯申在创业中都是努力在做别人没有做过的东西，他认为这与自己的物理学科背景是分不开的。物理系最大的特点就是善于土法上马，在条件不具备的情况下，想一些变通的方法，现在说来就是用"脑洞大开"的方法来达成目标，这是本科学科优势带来的好处。同时物理学其实并不像大家想象的那样严谨，并不像数学专业，需要一步步逻辑推演，但是物理学重点在省略、忽略、抓主要矛盾、找近似方法，不拘泥于严谨的数学推导，重视实用、有用的办法和超出一般人直觉的创新。物理学的直觉和触类旁通渗透于朱凯申的思维深处，指引着他一步步走到今天。

对于目前从事的网络支付和信息安全行业，朱凯申坦言自己的选择一方面是因为自身擅长这方面的技术研发，又有丰富的工作经验；另一方面也是注意到整体行业的需求。如今，中国在网络安全支付上的技术还很欠缺，而国外的成熟技术又不能轻易获取，就像两弹一星时代，没有可参考的图纸提供给开发人员，所以网络安全支付技术在国内是大有市场的，在这样一个改朝换代的过渡期，需要有人来做这个事情。自己擅长和市场需要这两方面结合，才有可能做出成功的产品，成功一定不是偶然。

2012年，核心团队组建和产品原型定义，公司注册并得到天使投资支持，完成银联智能POS安全规范、产品试产成功。2013年，公司通过人民银行检测中心的安全检测，获得中国银联智能POS安全规范认证证书，并成功实现实地商家的银行卡交易，完成Pre－A轮融资。2014年，获得3 000多万人民币A轮融资，云POS商户管理套件上线。2015年12月，新产品成为首款通过国际PCI认证的智能POS。业务覆盖领域达20多个，包括美容行业、烟草、快餐、咖啡、茶馆等。

如今的年轻人接触面和选择面都会越来越广，更多人的未来职业方向与大学专业不一致，这都不是问题，我们真正需要掌握的是学习的能力，而非学习到的课本知识。对于如今想要创业的年轻人而言，想要创业首先想明白两件事，第一，为什么要做这个？第二，为什么是你来做？想明白这两个问题，再去脚踏实地地创业。

## 老江湖谈当下创业热：不要被成功的欲望冲昏了头脑

谈及创业，不难联想到现下热点词汇：融资、孵化器、天使投资。而这些如今创业学生奉为圣经的流程，朱凯申并没有走过。当他开始创业的时候，整个市场氛围还没有如今这样热烈。朱凯申卓越的专业技能和十多年来积累的人脉和口碑，吸引了很多投资方主动联系，希望能跟他合作创业。

对于空有一腔创业热情却苦于找不到投资方的创业者们，朱凯申给出了这样的建议：先不要急于找投资方，而是先把自己最核心的产品梳理清楚，经过市场调研和认可实用性后再找投资人。市面上林立的创业比赛愈演愈烈，机会是很多的，最重要的是把有意义的想法变成产品原型。一时的失败可能是因为投入方向错误，也可能是因为产品本身有不可逆转的缺陷，最重要的是锻炼过硬能力和完善产品原型。

在如今的创业投资圈中，只要是尖子，肯定会冒出来，投资人一定会发现你。投资人本身也很苦恼，一个投资机构只有二三十个人，他们要做的就是如何让有潜力的团队不要错过自己的视线。投资方和他们所委托的投资顾问都在寻找潜力项目，所以如今是资金在找好项目，而不是好项目在找投资人。

在融资环节中，最关键的还是自己的能力和产品，如果你的出发点是错的，那必然不会得到投资人的认可；反之，如果想法出众，在创业投资圈内一定会被挖掘出来，投资人也不会让好项目漏网。现在的大学生过于拘谨，总认为自己创不了业、外面社会复杂，这个观念应该被纠正。

对于现下流行的各种创业大赛，朱凯申也提出了一些自己的观点，他认为参加创业比赛有利有弊，虽然这的确是一个不错的表现自己的机会，但参加过多的比赛也未必是件好事。不仅是自己的创意很容易被人抄袭，最重要的是，如果你一直更换项目、朝三暮四，这个月在做车后市场，下个月做房屋交换，曝光率高但是不专一，在投资圈里已经混成了脸熟，投资人会认为你是为了创业而创业，而不是真正想要做成什么。如果有一天你真正找到了自己想做的项目，投资人可能会认为你不会有恒心做下去而放弃你。

总之，创业必须找到归属感，重要的是要找到一个方向，让大众认为你生来就是为这个方向奋斗。朱凯申戏称，这就和找女朋友一样，如果你常常都去各种场所和女孩子搭讪，你在女孩子的圈子里的口碑就会变得很差，认为你不靠谱，是一个轻浮的人。如果是这样，就还不如找准一个值得追求的好女孩，用心去追，并且不断努力提升自己，让女孩子看到你的优秀和真诚，这样打动她的可能性反而会更大一点。所以不要到处参加创业比赛，特别是自己对于项目没有感觉的时候，一定要有自己的判断和选择性参与合适的比赛。

有人说，对于创业者而言，目前的市场已经进入寒冬，形势并不乐观，对此，朱凯申有不同的理解。他认为，所谓的“寒冬”，实际情况是投资人更加谨慎，股市的情形大不如前，经济形势尚不明朗，所以创业团队拿到投资的机会会急剧减少，同时投资者也会压价，更加挑挑拣拣，这对于创业者来说，确实是寒冬。不过，这也未必是不好的现象——当前的形势可以让一些本不该拿到投资的团队冷静下来，重新选择职业方向，而不是浪费时间、消耗青春。而对于真正有能力的、有想法的团队而言，冷，只是暂时的，但是职业规划是一辈子的，只要坚持下去，总会迎来自己的春天。创业者应该充分认识到，在公司存续区的周期里，总是会经历几次寒冬的，冷热交替并不稀奇，春夏秋冬是常态。

尽管市场总是变幻莫测，但朱凯申表示，自己的公司不会随意地去扩张或是缩减，不会因为市场一热、形势大好就迅速招兵买马，更不会因为形势不好而像市场上很多其他公司一样随便裁员。自己对公司的发展都是根据业务需求来的，不会盲目地受市场影响。如果看到优秀的人才，慧银也会立刻招进来，多多益善；但如果没有，哪怕是不招，也不强求。朱凯申说自己对人才是非常重视的，首先会经过精挑细选才招进来，即使公司遇到困难也不会选择裁员。如果新来的员工比管理层更有想法、更活跃、更优秀，那更是公司发展的幸运。他认为，如果一个领导会介意下属比自己优秀，那么说明他无法成为一个合格的领导者。

朱凯申所理解的优质创业团队所必须要具备的素质包括：第一，正确的

创业动机。要真正有想法、有动力，而不是为了捞一票、融点钱，或是为了赶潮流、镀个金。第二，良好的学习心态，面对未知事物要有足够的自信和积极的态度。毕竟，创新，应该是去做别人没做过的事情。此外，对于自己所看好的创业方向，他认为，一些能够帮助实现社会升级的产品才是好的创业产品，比如消费升级、生活方式升级等，即能提高社会运转效率的方向。比如，特斯拉能够提高能源利用率；Waze 公司利用众包模式给大家做导航，改善交通，每个人既是使用者又是贡献者，改变社会组织使用形态；还有 Uber 这一类给人们的生活带来便利的 APP，最终都是为了提高社会效率，这才是真正有意义的创业。

对于现今的 90 后，朱凯申也有很多自己的看法。在他的员工当中就有许多 90 后，他坦言现在的 90 后比较敢说敢做，胆子比较大，沟通效率也比较高。作为一个 70 后，朱凯申称自己的这一代人还是比较腼腆、内向，虽然内心藐视权威，但表面还是要照顾到大局和面子，方式趋向于迂回委婉，不过这样也容易导致效率低下。但同时 90 后最大的缺点是对工作的态度普遍不专一，跳槽频繁，也不能坚守兴趣爱好，老一辈人对工作单位的概念是很看重的，很多人一份工作就干了一辈子，而现在的 80 后、90 后的简历中如果能有工作经历超过三年的那就是算很专一的了。朱凯申回忆起一个之前发生在他周围的小故事：自己以前的工作团队是导师制，有资深程序员带初级程序员的传统，初级程序员写完代码后会由资深程序员复查代码。有一次，在老程序员检查代码的时候，对自己带的 90 后新程序员说，你这个代码有点问题，这样写会更好一些，由于没能说清楚要求，老程序员就说，这样吧，你让一下，我来改。改了几分钟后，老程序员一回头，发现新人已经不见了。老程序员也没在意，就离开了。过了一个小时，老程序员收到一条不超过 5 个字的短信，竟是新程序员的辞职“信”。这件事也让朱凯申觉得，90 后有时候做事有些过于率性，需要团队和个人付出更多的精力去磨合。

不过，朱凯申在他们那一代人中也算是比较叛逆、出格的了，他自己其实也干过一件很“任性”的事。在 20 世纪 90 年代，外资公司的人事关系通常是挂靠在一个国内事业单位的，他所有的人事资料、档案也都挂靠在某研究所里，他工作没几个月就辞职跑去创业，这在当时的领导眼里是大逆不道的行为，要求朱凯申赔偿5万元钱才肯为他办理手续，朱凯申自然是不愿意妥协，干脆请了个律师与单位交涉。在他们那个年代，员工请律师去要档案真是闻所未闻，还要请已当选院士的所长到法庭上当一回被告，领导一时震惊失措，当即表态："你要办什么手续，明天来吗？我来帮你办。"不按常理出牌，朱凯申这才顺利拿回了自己的档案。

创业是热潮，要能保证自己一直顺势而为并不是容易的事情，水能载舟，亦能覆舟。朱凯申的经历不可复制，但可借鉴，希望每一个走在创业之路上的年轻人都能认识自己，选好道路，找准切入点后，坚持不懈地走下去。

## 南人北相，性格形成源于特殊的成长经历

朱凯申是一个很谦虚、包容心很强的人，他认为这和自己的成长背景有着很大的关系。朱凯申出生在上海，他的父亲也是交大校友，却在回到交大附中继续高中学业前，几乎与江南断了缘。

从小学开始，他就因父母工作的缘故，跟随他们来到内蒙古。作为一个听惯了吴侬软语、喝惯了长江水、习惯了江南生活的上海小男孩儿，一下子来到了天苍苍、野茫茫的北部边疆，这样巨大的转变对他的冲击力是很强的，在不断适应环境的过程中，他慢慢去接受周围的一切，正是因为从小到大经历过很多看起来不符合常人常规的事情（虽然本质是合理的），造就了他如今的耐心和包容心。在他成长的大院里，邻居小伙伴来自五湖四海，有来自四川的、贵州的，还有吉林的，从小他就理解每个人都是不同却又平等的个体，各种各样的小朋友都可以在一起愉快地玩耍。在多元文化交汇的环境中成长出来的人常常是既藐视权威，同时又包容一切。在大草原上成长的孩子其实是很快乐、很自由、被充分释放天性的。确实，人与自然更亲近了，视野更开阔了，心胸也就更开放了。朱凯申对自己的性格做了南北区划——六成北方，四成南方。事实上还是内蒙古对他的影响来得更深，不过他自嘲说上海人会觉得他是内蒙古人，而内蒙古人又会觉得他是上海人。朱凯申的经历和性格不由让人想起鲁迅先生在《北人与南人》这本书里写到

的“北人南相，南人北相者贵……南人北相者，不消说是机灵而又有厚重”。

在学生时代，朱凯申一直是一个成绩优异的好学生，不过，他谦逊地认为自己其实谈不上“优异”二字，只不过是善于向周边人学习，而且，自己的优秀成绩总是“慢半拍”才来。高中之后，他回到上海交通大学附中继续学业。一开始，他总是班级的最后几名，给别人“垫底的”，但是，在逐渐适应新环境之后，努力向周围同学学习，过了一个学期之后，他成为了班级前几名。之后来到了交大也是一样，当年的交大在入学时会有一个选优考试，先是从所有学生中选出十分之一的优秀生，再从十个优秀生中选出一个优异生，而那时，他与“优秀”“优异”都无缘。虽然一开始不会太拔尖，但是不知不觉中他就是会慢慢地超过别人，实际上，他做的也不过就是按部就班、脚踏实地。他还说，自己其实是一个喜欢随大流的人，甚至和一个朋友待久了，都会自然而然地模仿他的口音，学习他身上的优点，好像这是一种本能，自己也不知道为什么。正是因为他超强的适应能力和学习能力，朱凯申总是可以快速融入一个更优秀的团体中，就好像木头一样，刚被扔进水里的时候会因为冲力下沉一点点，但是过不了多久它总会浮出水面。

不过，当时的朱凯申虽然成绩还不错，但是对于学生干部之类的职务是能避就避，也不愿意和老师走得太近，好像老师就代表了权威，而他对权威有一种天然的逆反心理。上学时也会不听课，比如上物理课的时候，虽然人还坐在那里，但内心早已不在课上。当然，他说他们这代人也不会直接与权威顶撞。不像现在的 80 后、90 后那样，勇于怀疑权威，能够更直接地表达自己。

私底下的朱凯申非常平易近人，也很健谈，但是他在工作中却十分严肃认真，他说，自己现在就是一个没有什么爱好的工作狂。实际上，工作就是他的爱好。就好比有人痴迷于电竞游戏，会不分昼夜地去打游戏，对于朱凯申来说，工作就像通关打游戏一样，也是充满了乐趣的。自从走上了创业这条路后，就不再有退路了，所以他现在将创业也视为爱好，把克服困难当作乐趣，发自内心地和团队一起将公司好好经营下去。其实，十多年前他也曾喜爱上穿越、野营这一类的活动，他喜欢那种军事训练和探险的感觉，几天几夜穿行在人迹罕至的山林中，随时都要观察、判断和决策。为了每次都能安全返回，他和一起去的队友会在出发前拉练热身，十分细致地准备行动方案和装备。但由于后来创业越来越忙，时间越来越少，便很少参加这些活动了，只能把这些经验和激情转移到创业中，把创业过程的一个个里程碑当成一次次穿越行动来享受。

那么，对自己工作要求如此之高的朱凯申对于员工也是这么要求的吗？他会希望自己的员工也成为工作狂吗？从小就不爱与权威“走太近”的朱凯申又是怎么处理自己和员工间的关系呢？朱凯申回答，虽然他希望自己的员工能卖力工作，但并不会要求他们去卖力工作，不会拿自己的标准去衡量别人，而是首先自己会发挥好带头作用，用实际行动营造出一种积极向上的工作氛围，并让员工们感受到，让他们认为自己也需要努力工作。他也尽量不让自己成为权威，不会刻意去树立所谓的“老板”的形象，平时也是和大家共享办公室的，他觉得所有人都在一起办公，没有隔阂，这样团队氛围会好些，更方便交流、倾听员工的意见。他还笑称，这样一来抓人干活也很容易，一起身大家站一圈就可以把会开了。对于自己招人的标准，朱凯申自认在挑选简历时还是相对比较看重本科院校，因为高考的筛选机制其实是能说明一定问题的。不过，面试的时候他更看重的是面试者对自己之前没有做过的事情的态度，即渴望学习的意愿和学习的能力。还有，从面试者与人沟通的能力中，也可以看出其思维节奏是否与自己的公司匹配。他说，自己的公司在B轮融资之后会需要更多的岗位，不仅仅只是技术岗位，还有公关、推广、营销、市场、地推等职位。

虽然不愿意树立权威形象，但这也不代表朱凯申是一个刻意和员工打成一片的老板，平时的朱凯申并不经常与员工一起分享私人时间，他的工作量很大，几乎每天都从早八点工作到晚九点，原本下班就已经很晚了，如果还要和员工一起休闲，分给家人的时间就太少了，员工回家也同样会更晚。因此，朱凯申每天都是一下班就立刻回家，陪伴家人，享受美好的家庭生活。

如何平衡好工作与家庭的关系，这对朱凯申来说也是比较头疼的问题，说到自己的夫人，他感到亏欠，她比自己更加优秀，却放弃事业照顾家庭。而自己因为工作太忙，没有足够多的时间去陪她。现在的朱凯申已经有了两个孩子，老大已经上了大学，自然是可以少管一些，不过老小还是经常需

要陪伴的。他一般会在周末把孩子带到办公室一起办公,有时候会陪孩子去上课,总之是尽量把有限的空余时间留给家人。但毕竟自己是一个创业者,是一个创业公司的老板,创业公司不像老牌企业那样,有之前几十年的积累,可以按部就班保持优势,不用如此拼命。现在国内的创业者都在你追我赶,忙着去颠覆别人,所以自己必须要付出更大地努力让公司做到最好,如果不拼命,将来公司就会被竞争者淘汰,员工的生活会受到影响,投资人的利益会受到损失。中国的企业必须时刻清醒地意识到自己被投胎到了“努力”模式,一个最坏又是最好的时代,要么轰轰烈烈地成功,要么悄无声息地消失,每个公司不得不努力到极限,以弥补前几辈子的懈怠,现在的勤奋是在为将来创造福利。有得必有失,工作和家庭之间,确实很难做到平衡,在这个历史过程中,牺牲是不可避免的。

现如今,生活的压力越来越大,每个人身上的担子都越来越重,朱凯申感慨道,在他小的时候,因为物质上的不富裕,能够吃饱穿暖就已经很满足了,人与人之间的关系也很亲切和睦,买不起有趣的玩具,就跟小伙伴儿们你玩我我玩你,小伙伴就是对方最好的玩具。现如今,社会物质条件越来越丰富,而人与人之间的关系却越来越远了。就算住在楼上楼下,也都是每个家庭开辆车各自接送孩子,小孩子们不像从前会约着一起上学放学,一起玩耍一起写作业。现在玩具太多,人和人的沟通范围少了,这是一个弊端。大家面对面聚会时也是捧着彼此的手机和平板电脑,相互之间没什么交流。朱凯申说,他很反对将一切都互联网化,希望大家走出屋子,出去社交历练。这其实也是他们创业公司的理念——将店和消费者连接起来,不仅是买卖东西,同时也是产生新的社交模式。帮助大家在线下实体店里找到与自己志趣相投的人,产生新的链接。

其实,朱凯申本人也是从实体店社交中找到了自己的真爱——他现在的夫人。朱凯申的夫人原本是店里教授茶艺的老师,有一次,机缘巧合,他被朋友拉去学茶艺,见到了这位让他心动的姑娘,之后他以学茶艺为借口,常常光临这家店,其实就是为了追求心仪的姑娘。所以自己有一段时间的爱好就是茶艺,这个爱好一直维持到了结婚。

## 道阻且长，创业不会止步，成功没有尽头

作为推动中国经济发展的“双引擎”之一的“大众创业，万众创新”，未来创新驱动的突出变化就是要从以前主要是模仿创新过渡到突出原始创新，要在产业核心技术方面有所突破。这需要很多原创，需要社会各种人才参与，需要中小企业发挥更多的作用，而不是传统的仅仅依靠研发人员，这就需要为大众创业、万众创新创造合适的环境。这是因为中小企业进行突破式创新的能力更强，大企业则更适合渐进式的创新。

谈到公司未来的发展，朱凯申希望能够实现以下几点：

首先，在资本市场方面，希望公司能够上市，让团队成员和股东们享受到回报，同时也让股民获益，将个体公司效益和社会效益结合起来，成为一个真正意义上的公众公司。

其次，在业务发展方面，由于在本行业，中国与世界的发展还相距甚远，处于产业链的底端。就如同中国早年在手机行业方面的表现，类似于 OEM(original equipment manufactuer，俗称代工生产)，山寨多，做加工，最后贴牌，没有核心技术，用的都是国外现成方案。他希望自己的公司未来能在全球范围内成为行业内的领导者，提升中国公司在产业分工中的地位，就像近年来手机行业内的华为，不仅有核心技术，而且提升国内制造商在行业的地位。

第三，从客户角度而言，如今许多实体店受到了互联网技术带来的冲击，各种 B2C(business-to-customer，商家对顾客)网站对实体经济影响太大，他希望通过公司的努力，来帮助实体店应对这样的变化。他认为，人毕竟是社交型动物，虽然日用品可以上网购买，但吃饭、美容、茶艺等还是必须要在线下进行的，实体商业形态还是有存在的意义的。在具体操作上，他们会帮助客户管理自己的会员、改变支付方式、增加实体店与消费者的互动，甚至给门店配一个线上营销，把客流量抓在自己手里。个性店面才是生存之道，让小店形成自己的品牌，拒绝千店一面，帮助实体经济应对移动互联

网的转型，创造每个店自己的专属品牌和个性。比如现在做得比较成功的一个连锁品牌餐饮店，用户可以通过微信公众平台进行预定、点菜和支付，同时还能获取到很多店家的相关信息，如新品、促销等，这样更能吸引消费者进实体店消费。目前很多小店并没有 IT 部门，也无法支付几十万的开发费，朱凯申的公司想做的正是为中小店铺免费提供这样的服务，同时做好信息整合的工作，为消费者提供更加便利的信息，实现未来线上线下的平衡，让 IT 技术进入每一家店中。

创业这条路确实是有着千难万阻，我们常常会看到像“饿了么”“小红书”这样成功的创业公司，却看不到他们背后千千万万个失败过的创业团队，看不到无数次投资人的资金打了水漂。朱凯申多次创业成功，靠的还是他的踏实肯干和始终坚持的谦虚的学习态度。冰冻三尺，非一日之寒，没有经年累月的积累，就不会有最终的成功绽放。

**采访人：**

上海交通大学　媒体与设计学院 2015 级硕士研究生　姜敬辞

上海交通大学　船舶海洋与建筑工程学院 2015 级硕士研究生　袁文君

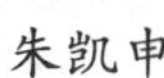
朱凯申

# 抓住时代的契机

## ——访华讯网络公司 宋世民、张为民

20年前，当时任中科院副院长的胡启恒向美国国家科学基金会申请接入互联网的要求得到认可。1994年4月20日，一条64K的国际专线通进了我们的祖国，中国互联网时代从此开启。

在互联网接入中国之初，谁也没有想到，它会和现实社会，和普通人之间，建立起如此密切的联系。不过，在此后的一段时间里，中国人上网仍局限在大学这样的象牙塔或研究机构中，那时的互联网是范围非常狭窄的特定人群享用的高端奢侈品。后来，互联网改变了商业和金融的模式，拉近了人与人、人与知识和资讯的距离，在短短20年里，成为世界上人们日常生活不可或缺的一部分。

也许是上天的眷顾，也许是命运的安排，在这个时代的契机下，两个年轻人萍水相逢，与他们的团队一起，利用这张网，这根线，开始了他们的创业之旅，早早地将互联网运用在商业模式中。

### 下海创业：时代的机会

研究生毕业后，张为民来到了华东计算技术研究所工作。这家公司主要业务是卖电脑，跟联想公司是类似的。张为民对于工作没有太高的要求，

只要有活儿，随便什么都可以接受，又因其工作地点距上海交通大学的徐汇校区较近，所以很快决定到此工作。

刚开始工作的时候，张为民先在流水线上实习了两三个月，做的工作很单调，把流水线上的成品装箱。后来调到了技术部工作，做画图服务。受当时整个人的心态影响，张为民工作时对工作性质、工作环境没有任何要求，对工作从不拒绝，也没有考虑过领导会不会赏识自己，就是认真地完成任务。下班后也不和同事有太多交集，有空就回学校找同学玩。

这样工作了一年，张为民很荣幸地被公司评选为年度优秀员工，发了1 500块钱的红包，这在当时也是不小的一笔钱了。1993年，现任华讯网络的CEO宋世民当时正好从上海交通大学研究生毕业进入公司工作，这时张为民已经成为了部门经理。

宋世民毕业后来到了华东计算技术研究所旗下的华东电子技术服务公司，在新公司刚入职才几个月，公司在经营上出现了很大的困难。20世纪90年代初，国外品牌进入中国市场对公司的产品造成冲击，销售额大幅下降。因为产品积压，很多东西卖不出去，公司还有很多贷款，已无力支付员工的工资。

无奈，张为民的团队不得不下海成立公司，自己寻求能够赚钱果腹的方法。当时他们面临一个很大的问题：由于不是本地人，在上海是没有客户群体的，所在部门又主要是负责技术支持，求生更是难上加难。在这种情况下，他们决定与原公司的其他部门合作，其他部门分别有各自的顾客群体，如果能把产品卖给这些客户，张为民他们就可以为其提供技术支持，最终的盈利大家一起分。

当时这个下海的团队里就有张为民和宋世民，宋世民是学网络的，他的导师是杨传厚，是上海交通大学X.25（分组交换网络，第一个面向连接的网络，也是第一个公共数据网络）的专家。正巧1993年底，国内一家大型股份制银行需要建立内网，这正好与宋世民在交大所学的专业相契合，于是他们在1994年的时候得到这个非常好的机会，这家股份制银行也成为他们的第一个客户。在当时那个年代，银行与银行之间是互不连通的，各自拥有独立的信息系统，甚至同一银行的各分支行之间也没有网络连通，完全是一个个单独且分离的系统，所以作为一家大型股份制银行，当时的目标就是要把全国的分支行联系起来。这家银行原本是购买宋世民团队所售电脑的客户，正好来咨询是否可以实现各分支行的互联。

宋世民一想，要互联这些分支行，需要有一个公网，这就同他所学习的专业比较相关了。这互联的原理就好比两个村庄想要互通，首先需要一条主干路，然后再各自修一条小路通到此大路上，两村庄间就连起来了。打电话也是一样，电话与电话之间一定有个网络才能连通，如果想把两个电脑连接起来，当中一定要有一个网络。银行也要运用一个公共的网络，这个公共的网络就是公共数据分组网。正好在中国于 1994 年试运行网络，当时这家银行设想的方案，就是用这张网来连通分支行，这张网所涉及的技术在当时非常前沿，非常专业，在国内很少有人知道怎么做。其实宋世民他们一开始也不知道，不过正因为他在交大网络所学习的就是 X. 25，X. 25 是一种协议，一种通信的协议，实际上就是公共数据分组网。非常巧合地跟他的专业形成了完美匹配！他专业主要研究的是 X. 25 通信协议，协议是一个文本，他要做的是用计算机软件将这个协议实现。

因为这样的一个契机，银行把这个事情交给宋世民的团队来做，当然首先需要做大量的测试，因为以前从来没人做过，最终经过前前后后大概半年左右时间，顺利完成了银行的项目，这已经是在 1994 年的年底了。对于宋世民的团队来说，这次经历就是一个能力的提升，做了一件和之前卖电脑完全不一样的事情。卖电脑工作的价值在下降，而他们做的这个事情，是个全新的东西，在国内来说是领先的。

他们 1994 年做完这个项目以后，紧接着 1995 年中国互联网开通。1995 年初的时候，美国政府和当时的中国邮电部签了协议，允许中国接入全球互联网，1995 年初率先在北京和上海建立两个接点。比较幸运的，宋世民他们当时因为在国内比较早接触这个技术，所以上海的这个节点实际上是他们去帮助建的。这个上海的节点是上海当时的电信局，当时应该还叫邮电局。邮电局负责这个国际出口，宋世民的团队负责协助他们。当时大家都是第一次接触互联网，都因能参与建造中国互联网的第一个出口而感到新奇。那时候，使用互联网首先需要用户注册一个邮箱地址(E-mail address)，拥有邮箱地址，就代表使用者拥有一个互联网的使用身份，然后再通过拨号，输入口令、密码等一系列的操作，才能连上网络，不像如今随便连个 WiFi 就可以轻松上网了。

www(world wide web)服务器在开始几个月的时候还是以字符形式展示的，几个月以后才出现了图形界面的浏览器，今天大家用 IE，那个年代大家最早用的是 net-scape，一家硅谷的公司首次推出图形化的浏览界面。互联网在当时创造了一种非常神奇的感觉，只要你愿意你就可以去世界的任何地方，这是互联网带给人们的影响，大家今天已把它当成空气，没有它感觉活不下去，而当时的人们还处在刚刚开始体验的兴奋期，人们可以通过互联网登录到世界的任意一点，看到自己想看的东西，这种感觉是奇妙的，深刻的，超乎想象的。

宋世民他们当时所做的就是让更多的人接入到互联网，让更多的人享受到这种体验。华讯业务的发展其实是借助了中国互联网的发展，互联网从 1995 年开始发展到现在已经 20 年了，这种发展不断深入，影响着各行各业。

由于张为民和宋世民的团队技术过硬，得到大量用户认可，在做完这个项目之后，公司又得到了与思科公司的合作机会。宋世民在与上海交通大学技术项目负责人交流时得知，思科公司是当时行业内的大公司，但其产品还未在大陆销售过，张为民他们决定抓住这个商机，专程去思科驻香港公司交流洽谈，并于 1994 年 4 月成功与思科当时的销售副总裁 Chambers 签订正式合作协议，成为上海第一家引进思科产品的公司。

按照公司的承包制度，部门和公司间三七分成，有些部门赚到钱可能私下先分掉一部分，再给公司。张为民团队发展最快，赚钱多，赚的钱也都放在台面上，按照分成拿钱，渐渐成为了公司各部门下海后最能赚钱的。当时十几人的团队，都是二十多岁的年轻人，张为民是年纪比较大的，这个团队的凝聚力非常强，感情也很好，一群年轻人天天吃在公司，住在公司，玩在公司，形影不离。当时市场需求旺盛，而真正懂行的不多，卖产品的渠道也不多，意味着竞争较少，这正好给他们也提供了很多机会。

当时的团队，在上海已经能做到 3 000 多万了，做的产品除了思科还有惠普。但团队面临一个问题：人少，规模大。尤其是惠普的业务发展很快，思科的业务只能做几百万，但是惠普的网络业务能做 2 000 多万。业务要用资金驱动，做分销需要大量买进卖出，一部分人做方案、做技术，另一部分人负责卖给代理商，思科和惠普的业务模式差别比较大，思科是靠技术驱动，惠普靠业务驱动。由于两种不同的业务模式影响，理念和想法也多元化，出于理性上的考量，张为民对团队做出调整，把思科和惠普的业务分家，分别叫作网络事业部和惠普事业部，思科这边只留了以他自己为首的三人团队。

## 回忆往昔：成功是偶然中的必然

2000 年 8 月，华讯网络成立，到现在已成为大陆目前仅有的同时拥有 Master Cloud Builder，Master Collaboration 和 Master Security 三项思科顶级专业化认证的合作伙伴。滴水石穿非一日之功，华讯网络十几年来高速稳定的成长，除了时代信息化大背景带来的机遇外，更离不开宋世民和张为民等元老级人物被迫下海后数年如一日的坚持努力和不懈奋斗。在这个过程中，宋世民和张为民也随之成长，在岁月的磨砺冲刷后，展露出明亮而不刺眼的光芒。

每个人的成长离不开他人的指引和帮助，在 20 世纪六七十年代，读书无用论盛行，人们对于教育的概念大多不太重视，孩子们大多不认真学习，但宋世民和张为民两个人在童年时期都受家长的教诲，在学习上从未有过懈怠。

宋世民出身于浙江湖州的农村，在他的记忆中，父亲一直教导他只有靠自己努力才有机会；母亲是个话不多但做事很用心的人，20 世纪 80 年代末农村已经承包到户，母亲经常自己一个人去干活。对于宋世民来说，父亲在言语上教育了他很多，让宋世民一直读书、读书、努力地读书！而母亲默默努力的做事态度更是从根本上影响了宋世民。他说，有的时候他自己奋斗的时候脑子里浮现出的全是母亲努力做事的形象。

除了父母，奶奶对宋世民的影响也是很重要的。宋世民出生在农村，所以小学的前几年是在农村上的。但他奶奶深知农村学校和城里学校的差距，因此在四年级的时候把宋世民转到了湖州城里的一所小学。奶奶尽力为他创造良好的学习条件和机会。正是因为这样，他才能考取湖州数一数二的中学——湖州中学，后来才能有机会到上海交通大学来读书。

家庭对他的影响，伴随了宋世民度过青涩的少年时代，在报考大学的时候，父亲的建议更是改变了他的一生。

在湖州中学里，宋世民属于很努力的一类学生，6 年(初高中各三年)的刻苦读书，宋世民成绩一直名列前茅。1986 年，宋世民参加了高考，被湖州中学推荐进入上海交通大学。在刚刚拿到交大推荐名额的时候，宋世民对交大并不是很了解，对未来想从事什么，心里也没有谱，所以在做专业选择的时候比较盲目。那个时候交大最出名的专业是造船，宋世民在大致了解其他各院系情况后，还是选择填报造船专业。父亲得知他填了造船专业，对此有所不解，也许是把乡下的造船业和船厂混在了一起的原因，总觉得造船这个专业感觉不是很好。宋世民在父亲的影响下，也越发犹豫，自己转念一想，虽然这是交大口碑最好、牌子响当当的专业，但不一定是最适合自己的。

后来，宋世民向交大招生办写了一封信，申请说要换专业。出于自身对电子的一些了解，加上那个年代电子专业的热门程度，这一次他选择了电子工程系的微电子专业。当时电子工程系有三个专业：一个是传统的无线电系；二是通信工程专业，当时也是比较热门的；还有一个就是他所就读的微电子专业，主要是集成电路的，在 20 世纪 80 年代那个时候，对集成电路可是非常前沿的科学技术。

人生当中就是存在着这样的偶然性。宋世民回忆起来，笑着说这封信改变了他一生的轨迹。如若当年他学的是造船专业，说不准今天不是从事 IT 相关的事业，而是去造航空母舰了。

宋世民应该说是比较幸运的，大学期间就读了自己理想的专业，四年的本科生活后，获得了校方的推荐，继续在上海交通大学读研究生。杨传厚先生是国内网络界数一数二的著名学者，早年在美国工作，回国后带回来很多新兴技术。当时杨传厚在交大电院的网络研究所工作，1990 年，他到宋世民所在的系招一名研究生，正巧宋世民读研的方向是数据通信。就这样，宋世民拜杨传厚为导师，做了他的研究生，方向是计算机网络。“真是找不到比这更完美的结果了。”宋世民如是说。

毕业后，宋世民来到了华东计算技术研究所旗下的一家公司，华东电子技术服务公司，主要是卖电脑为主。在20世纪90年代初的时候，几个国外的品牌进入中国市场，这个公司运营情况受到影响，慢慢在走下坡路。在公司没待几个月，他就与张为民等人一起选择下海。

张为民比宋世民高两届，也是上海交通大学毕业的。和宋世民比较顺利的成长经历相比，当时的张为民正处在人生的低谷期。从北京来到上海读研，双城间巨大的差异对张为民的人生价值观造成冲击，甚至有些自暴自弃。但也是这段在谷底的经历，让张为民改变了年轻气盛的浮躁心态，真正脚踏实地地开始做事情。

张为民生于南京，父母都是研究所的科研人员。男孩子天生爱玩闹，张为民和邻居家孩子经常爬树掏鸟窝、在河里捉鱼……童年时光无忧无虑，回想起来，张为民觉得就像"阳光灿烂的日子"一样。不过玩闹归玩闹，工作于科研单位的父母对他的管教非常严格，他自己虽然不是特别努力但也没有落下学业，因此从小到大成绩都还可以。小升初的时候，考虑到郊区附近的学校教学质量不高，父母为他选择了城里的南京八中。在南京八中，张为民是校内前十名的学生，初中毕业，由于和学校的感情深，在老师的劝说下，张为民留在南京八中继续读高中。

1984年高考，张为民从南京八中考入北京理工大学。入学时正是秋天，北京最好的季节。

四年的本科生活，对张为民影响最大的有两个：一是北京整体积极向上的社会氛围：使命感强、大家都是为振兴中华而奋斗。在那种积极的氛围中，张为民不仅努力读书，还参加各种集体活动，溜冰、舞会、旅行等。在大学二年级的夏天，还去一家月饼厂当搬运工，赚到了有生以来的第一笔钱。二是电影和文艺：到了北京，学校里接触到的都是全国各地来的学生，大千世界都是故事，张为民和各种人聊天，觉得真是开了眼界，感觉北京真是大，包罗万象。他特别喜欢《日瓦戈医生》。长达一个半小时对于冰天雪地生活的描写后，当火车穿过乌拉尔隧道，一下子变成满眼绿色，让张为民产生了强烈的共鸣，时隔30年仍印象深刻。

在北京读书时，张为民总是听来自上海的同学讲关于上海的故事，内心充满了对大上海的向往。大三实习前，同学带他在上海玩了几天，度过了非常愉快的时光。路边红屋顶的老房子、淮海西路、西藏路上各种充满风情的小店、摩登洋气的上海姑娘……给他留下了很好的印象。同学又总向他提及上海院校的各种优点，因此张为民在考研时一心想考上海交通大学。所以他在暑假便开始补习，准备考试。笔试和面试后，张为民收到了录取通知书，进了上海交通大学图像所，这是当时分数要求最高的专业。

到了上海学习，除了之前游玩所体会到的上海之美，更多是发现其价值观和北京完全不同。身边的同学都想要出国留学。张为民认为，在交大他完成了自己人生价值观的转型。但是这个转型，让张为民从一个有理想、有抱负的青年，变得有些颓废甚至自暴自弃。张为民既没有在海外的亲戚，也没在心理和经济上做好出国的准备，在周围所有人都出国留学的环境下，他觉得自己像行尸走肉。“那时候我的价值观有点出世，升官、发财、出国都跟我无关，让我干什么我就干什么。现在我的价值观跟那时候一样，没有很多思考，原始的、朴素的价值观，它对我有很大的影响，我可以认为交大是我的谷底，人只有在低谷的时候才会不浮躁，原来想的振兴中华都很空洞。”

不出国的想法确定了，在其他同学准备出国的时候，张为民就做课题。当时做的课题是“六五”期间的重点课题，由于是跟华东计算技术研究所联合申请，该所也考虑招收技术人员，便寻问张为民是否有意愿去工作。当时张为民正是很颓废的时候，对于工作没有任何期望，只要有活，随便什么都可以接受，而且工作地点离学校也近，就答应了。

1993 年，华东电子技术服务公司经营困难，张为民等一群二十多岁的年轻人，开始了自己的生意。没想到，这无奈中的创业之举，在这群年轻人多年来的不懈努力下，成功造就了国内数一数二的新 IT 综合服务商、思科中国最大的合作伙伴之一：华讯网络。

## 校园招聘：一个篱笆三个桩，一个好汉三个帮

网络世界和网络时代，或许不能讲 20 年，至少 15 年是处于迅猛发展的

阶段，有这样的历史大背景，华讯捕捉到了这样的一个机会，并借此发展壮大。

在1993—1994年的时候华讯公司内部只有几个人，在1995年的时候为了正常的发展，公司进行了第一次校园招聘，宋世民和张为民都是交大毕业生，所以他们首先就去交大招人。张为民说："每年在招学生的时候，都要花很多精力，并且的确喜欢招收交大的学生。一是因为有交大情怀；二是因为多年来招人的心得：培养一个人，如果这个人自身素质高，成功的概率就高，就像重点中学一样，交大同学的能力强，他们更能成功，也会帮助公司成功。"

第一年从交大招了6个人，主要是电子工程系的，这些人之后都成为了公司的骨干，自己也随着公司的成长而成长起来。有些人后来因为要出国离开了公司，个别人也不想继续再做这个行业了，去做自己更喜欢的事情了。今天留在华讯网络的，比如张宏、李仲，都是属于公司管理团队的核心成员，都是在那一年进来的。张宏负责销售和运营，李仲负责技术和服务的。1996—1998年华讯都连续去学校招人，在2001年，他们招到了第100号员工陈伟。今年的计划是招收150个学生，现在公司的总规模在1 100人左右。经过这20年的发展，华讯从一个小的团队，发展到现在1 000多人的公司，所有管理层的员工都是跟着华讯一步步成长起来的，公司从无到有，再从有到慢慢成熟，这一路的成长离不开所有参与者在背后付出的汗水。

宋世民总结自己的创业历程，他总是觉得自己运气比较好，也没有遇到很多困难，有些创业者可能遇到非常大的困难，这20多年走下来，他们的团队也没有遇到非常大的挑战，他觉得是时代带给他们好机会。当然如今随着社会更加开放以及技术和信息的变革，机会会更多，宋世民觉得自己目前能做的就是专注于把自己的事情做好，团队的所有人能够一起发展，把事情做成功，并在成功的过程中实现个人的价值，收获成功的喜悦。

## 未来展望：长江后浪推前浪

伴随着时代的不断发展，各行各业，尤其是和信息技术相关的产业，兴衰更替。在时代的浪潮下，十几年前的朝阳产业，如今可能已变为夕阳产业；多年前的夕阳行业在新兴技术的变革下，也可能重新成为朝阳行业。

“我们那时候，农业就是农业，制造业是传统行业，IT 是朝阳产业”，张为民如是说。在张为民和宋世民下海的时候，IT 产业人才较少，对于他们来说有很多的机会，他们把握了机会，做大做强，成为该领域的佼佼者。但是互联网行业兴起，成为了新一代的朝阳产业。互联网里的利益更多，机会也更多，相比于投入产出比较小的传统行业，互联网回报大。“现在看来，制造业是农业，IT 是制造业，互联网是朝阳行业”。IT 行业的发展速度已经有所减缓，相比于互联网行业更像传统产业，多年前进入 IT 市场的几大公司发展到现在形成了寡头的局面，从朝阳行业到传统行业，在企业发展的过程中，坚持下来的人都积累了很多经验，所以年轻人在这个领域里想颠覆以张为民为代表的这些“老江湖”是非常困难的。但与此同时，想要使传统产业再脱颖而出需要技术的革命，这个创新的成本也是很高的。

“不学是等死，学是找死”，张为民认为，当前时代的变革，本质上来说是人力资源的重新分配过程，面对互联网资源强力崛起的冲击，公司需要不断创新，与时俱进，找出解决方法，要积极贴合当前“互联网＋”的概念，为客户提供更为优质的定制项目，同时也要避免一味追求互联网模式的创新，因为成本过大将影响公司的运营。以华为的成长为例，华为的商业模式本质上来说是大规模低成本的研发，在中国人力资源劳动人口多，劳动成本较低的优势下，华为相比于其他国家的公司，研发成本很低，有效解决了投入产出的关系，最优化投入产出的效果。

总体来说，能够在 IT 产业市场最活跃的时候加入竞争，是华讯成功的必要原因，虽然现在成为了传统产业，但多年来积攒的经验和对未来“互联网＋”的时代机遇的把握也将是华讯不断发展的动力。张为民对创业成功的因素总结为三点：首先是运气，当年如果没遇到宋世民，可能自己也不会去做网络，能拥有这么好的团队是很幸运的。其次是朝阳产业的优势，当年这个行业的人才少，给团队提供了很多机会。第三是行业竞争的压力，中国的电子和计算机行业是很开放的，面临着全球化的挑战。在这样激烈的竞争下，对人才的需求非常旺盛，这给了当初下海的张为民他们压力，也带来机遇，压力和机遇的共同作用使整个团队有充足的动力，得到发展。

谈及公司接下来的发展目标，宋世民说道："我们要成为新 IT 的综合服务商，这个就是口号。"他们要建立一个很大的互联网，并且帮助各行各业的客户使用这个互联网，包括：银行、制造型企业、政府、学校、医院等。这是华讯过去 20 年所干的事情，其实这就是所谓的信息化的过程，华讯未来的方向依旧是这个方向，这个方向的机会还很多，国家现在提倡各行各业都实行"互联网＋"模式，这是一个现在很热门的词汇，意思就是"互联网＋行业"，所有的行业都会跟互联网结合起来，只是时间早晚的问题，帮助行业互联网化的过程其实就是宋世民的团队要做的事情。现在谈到的"工业 4.0"的概念，包括互联网渗透到生活的方方面面，甚至包括万物互联——物联网的概念，又是一个非常大的机会。以前做的 IT 服务信息化，更多的是把客户的某些业务的流程做到了信息化，比如某一人力资源的软件，或者财务、管理系统的软件，这与用户真正核心业务的结合是不够的，那么"互联网＋"和"工业 4.0"的概念提出是为了在原来信息化的基础上让各行业从另一层面得以提升，这个是真正对这些行业起到改变的一个计划。大家可能接触得比较多的是滴滴打车，出租车行业的互联网化的典型例子，草根出身之后颠覆了传统出租车行业，用一种全新的方式冲击了这个行业，但其实它也是互联网对个人消费者，也就是 to C(to customer，对客户)的一个变化。

未来工业 4.0 时代讲究的更多的是 to B(to business，对企业)，也就是互联网对传统制造业来讲，怎样用互联网的模式改造企业现有的业务形态，这对信息化的需求也是非常巨大的。对于华讯来说，未来机会有多大，未来的方向在哪里，这是要关注的，宋世民把现在这样一个新的形态称作新 IT，所以 Slogan 里面有个新 IT，新在哪里呢？主要是用户的数量变了。其实观察一个行业变化的根本是去观察其用户的变化。在互联网环境下，全球有 60 亿人，中国有 13 亿人。在互联网发展的今天，它所联系的已经不仅仅是人了，互联网还能连接所有的设备，有人做过统计，互联网所联系的东西可能要以几十个亿的耗资去规划，所以对互联网架构的要求跟传统意义上的 IT 是不一样的，以前华讯帮企业做项目的时候，用户往往仅限于企业的员工，使用数量是有限的，但在今天互联网的环境下，用户是无限的、海量的，在不同环境下对信息系统的要求是不一样的，这种海量用户环境趋势下 IT 环境的变革，被称为新 IT，带来的是新 IT 的架构，所以说“互联网＋”和“工业 4.0”在互联网浪潮的席卷之下，对于华讯这样从事信息系统服务的公司来说其实又是一个很大的机会，这也是华讯下一步提出成为新 IT 的综合服务商这一目标的背景。

## 人生感悟：会创业，懂生活，重责任

宋世民和张为民无疑是创业路上的成功者。曾经有人笑谈，寻找一位合适的创业伙伴同寻找终身伴侣一样重要。正所谓尺有所短，寸有所长，取人所长，补己之短方能使整个创业团队的力量不断壮大。宋世民和张为民性格不同，在团队中发挥着不同的作用，使得整个团队发展平衡，十分稳定。

创业中，年轻是一种财富，团队更是一种宝藏。在创业的时候，有没有一个好的团队是首先要考虑的。团队的组建是一种偶然，但要想让团队成长就事在人为了。

宋世民很看重团队的发展，20 多年来的拼搏，华讯从一个小的团队，发展到现在 1 000 多人的公司，所有管理层的员工都是跟着华讯一步步成长起来的，逐渐成为了公司的骨干。这 20 多年走下来，他们的团队凝聚力很强，也没有遇到非常大的挑战。

对于现在“大众创业、万众创新”的号召，宋世民认为，年轻是很宝贵的，团队的凝聚力也是很重要的。“关于创业，我觉得年轻很可贵，年轻是一种财富，但是在年轻的时候不一定能感受得到。”宋世民回忆起自己创业的经历说道：“像我们走到今天也深有感触，这个社会一定是属于年轻人的，我认为年轻人创业或就业都可以。在我们国家对于大学生创业有扶持政策的条件下，有些年轻人想要追求内心的热情和冲动，应该是要鼓励的，也是值得的，当然另外一些年轻人选择去一些大公司就业，在若干年以后再寻求创业的机会。这两种选择从职业角度来说都是可以的。”

“对于想要创业的同学来说，根据我自己的经验，我觉得团队是最重要的!”当被问到创业中的关键因素时,宋世民非常坚定地说:“在创业的时候,有没有一个好的团队是首先要考虑的,太多的失败都是因为团队,在我们创业的那段时期,有太多的公司跟我们做着同样的事情,但最终未能成功,其中很多问题出在团队上。我们自身的团队更像是天赐的,也是一种机缘,我跟我们同学在一起20多年,当初也是偶然碰到了一起,能不能成为团队其实也在于不同人的价值观,在有了团队之后,就要看你通过言行给大家传递什么样的价值观,要体现出凝聚力,实现共同成长发展,随着团队的发展,事情当然也就越做越大了。团队的组建是一种偶然,但能不能长大就事在人为了。有时候好朋友也不一定能一直合作下去,之前的团队中有跟我很要好的同一届的同学,也有同宿舍的舍友,做到一定时期就分道扬镳了,他们有的现在就打一份工,有的还在自己创业的路上摸索。”

宋世民很重视团队的凝聚力,作为最初下海的团队中最年长的张为民,更是注重团队中的人才培养。张为民深信,培养好一个人,让他们成功,他们也会帮助公司成功。

当张为民的十几人的团队在上海做出3 000多万的业绩的时候,一系列问题也暴露出来:人少,承包的业务规模大,所做的思科和惠普的业务发展不同步。基于现状,张为民的团队作出调整,把思科和惠普的业务分家,张为民所在的思科只留了3个人,包括宋世民。这样一来,团队中搞业务的人手不足,于是从此,在张为民和宋世民身上,担上了建设团队的担子。

张为民团队招的第一批人就是交大的学生。虽然当时张为民团队赚的钱多,但是名气还不大,怕没有学生愿意来工作,张为民征得老板的同意和支持后,给交大发了3万元奖学金,张宏经过推荐来工作,后来又号召了几位同学,最后第一次招人招到了6名交大的学生和另外一名其他院校的学生,总共7人。最初,公司里很多人都不理解他们团队的做法,说招学生进来不仅不会做事情,还需要培训,还要拿钱养活他们,本来3个人的钱要10个人分。但是张为民在人才培养上,充满信心,深入挖掘其潜力。如今,这曾在别人眼中很傻的举动为华讯网络培养许多骨干员工。张为民认为,个人的成功有助于帮助公司成功,这第一批人成功了之后,张为民在交大树立了良好的口碑,从此之后,华讯网络的校招越做越好。

多年的创业与经营，张为民对培养人才上深有心得。张世民认为，要把一个好苗子培养成为一个领域被认可的人，这样才有价值。不仅仅要培养其工作中的能力，也要培养其在人生道路上，会生活。张为民经常和交大的同学谈论，在一个人的成长中，有两个里程碑是非常重要的：三十而立，四十而不惑。

孔子有云："吾十有五而志于学，三十而立，四十而不惑，五十而知天命，六十而耳顺，七十而从心所欲不逾矩。"所描述的便是人生学习和修养的过程。在人生道路上，随着年龄的增长，学问见识更深更广，思想境界便逐步提高。按照张为民的解读，人在30岁之前，可以有很多想法，比如从政、做研究、出国、创业……但是在30岁的时候要确定好自己的目标，并且是唯一的目标。任何人做事情都有一万小时定律，也就是说任何人在某一个领域专心做事一万小时，那么他就能得到这个行业的承认，成为这个行业的专家。人在三十岁之后就应该专注一件事情，才能成为一个有价值的人。

所谓四十而不惑，一个人到了三十岁觉得能做好自己专注的事情，但是还会发现有很多不能解决的问题，就像社会上的种种不公平，例如机会为什么这么少，房价为什么贵啊之类的，还会碰到很多无法回答的问题。当一个人到了四十岁，他就应该理解并看开这类问题，在生活中少一些抱怨。

在张为民看来，公司之间的竞争，有对客户的竞争、市场的竞争、技术的竞争，但很大程度上是对人的竞争，只有人素质高有能力，才能解决难题。华讯网络属于技术人才密集型企业，公司很重视挖掘人才的价值，从招聘、到鼓励员工参加职业发展方向的资格考试、鼓励员工尝试不同岗位，从而选择最适合的职业……都希望能够做到管理好员工的期望，体现其"承诺、创新、协作、共赢"的核心价值观。

作为创业者，公司里大大小小的事情都是他们的责任，除了公司，家庭是他们强有力的后盾，也是需要他们承担的责任。宋世民自己有两个孩子，老大在读高中，老二还在读小学。谈论到家庭，在教育孩子上，宋世民说："在可以影响到孩子的地方当然会尽量创造一些机会和条件让孩子自己去感受，在感受的过程中如果孩子喜欢这样东西，我会鼓励他们坚持去做，如果他选择我的专业，也无可厚非。老大可能表现出比较偏理科，但具体方向也还没有定，我所能做的就是多给他创造机会感受一下。”

宋世民是一个比较低调、传统的人，当问到很多创业者可能都会遇到如何权衡家庭和工作这样的问题。宋世民认为，家庭和事业两者都是责任。做好企业是一种责任，和团队的成员一起走向事业的成功，共同进步，实现人生价值；经营好家庭也是一种责任，和亲人在一起很放松也很自然，两者相辅相成。事业与家庭两者在他看来不矛盾也不冲突，没有说工作和家庭哪个更重要一点，如果说哪个更重要一点，反倒是缺乏责任感的一种体现。

在团队中，榜样的力量是无穷的，领导者就像是空中奋飞的雁群中的“领头雁”，负责任的领导者，他的团队自然有着高度的责任感和使命感。众所周知，企业作为社会的特殊公民，它的公民行为主要表现在以下方面：治理公司、保障员工权益、建立良好的合作伙伴关系、保护消费者权益、参与社会公益事业、保护环境。其中，前四项与企业运营直接相关，是企业保证自身持续稳定发展的必备要素；而后两项则更强调企业的社会责任，凸显了企业对于社会的关注和回馈。华讯网络无疑是一位合格的企业公民，不仅保持着平稳快速的发展进程，在担当企业社会责任方面，也不遗余力。华讯网络积极参与各类公益项目建设，如四川援建、奥运保障、世博保障等。在汶川地震后，灾区通信系统受损严重，华讯凭借在专业方面的卓越能力，在汶川完成了多个援建项目，用科技的力量，一点一滴改变世界。

新东方董事长俞敏洪曾说，大事业往往要从小事情一步步做起来。没有做小事打下牢固基础，做大事业难以一步登天。创大业者往往是从小事做起。会做事的人，具备以下三个做事特点：一是愿意从小做起，知道做小事是成大事的必经之路；二是胸中有目标，知道所做小事积累起来最终结果是什么；三是要有一种精神，把事情从量变带向质变。张为民和宋世民正是这样的人。

读研时张为民在上海出国成风的价值观的冲击下，整个人都很颓废。但是跌入谷底的张为民并没有无所事事，而是以最原始、朴素的价值观处事，对工作性质和工作环境从不挑剔，也不考虑过多，只是认认真真做好自己的每一个任务，脚踏实地地做事情。

张为民还十分相信一万小时定律。这是作家格拉德威尔在《异类》一书中提出的:“人们眼中的天才之所以卓越非凡,并非天资超人一等,而是付出了持续不断的努力。一万小时的锤炼是任何人从平凡变成超凡的必要条件。”他将此称为“一万小时定律”。要成为某个领域的专家,需要一万小时,按比例计算就是:如果每天工作八个小时,一周工作五天,那么成为一个领域的专家至少需要五年。张为民认为,努力是非常重要的,而这份努力不应该发散到多个领域,人应该专注于一件事情,从基础开始,做好每一件小事,最终成为该领域被认可的人,这样才有价值。

华讯网络的不断发展恰恰印证了他的观点。自 1993 年以来,从交通银行建设内网,X. 25 的引入、上海邮电部互联网接点的建设到与思科签订合作协议,成为上海第一家引进思科的公司……华讯网络的每一个人专注地做好每一件小事,打响了自己的口碑。在华讯网络成立 15 周年庆典上,宋世民这样阐述:“前行,是一个结果,而力量是过程。我们不断地创新、演进、变革,15 年的发展,汇聚成持续的生长的力量。因为我们有力量,所以我们能够前行。我们希望成为有价值有口碑的公司,让员工自豪,让客户信赖。让我们汇聚每一份精彩,凝聚成华讯新的力量,并肩前行。”

如今,宋世民担任华讯网络的 CEO,张为民则是华东电脑的 CEO,华东电脑是华讯网络的母公司。虽然不像刚刚创业时在同一个地点办公,但是两人的关系依旧非常好,当公司有大方向的决策问题时也会时常相约碰头,开会商议。

华讯网络通过领先的融合系统、虚拟化和软件定义技术,结合信息安全、协作通信、IT 服务管理等领域的专业解决方案,为客户提供定制化的新一代 IT 基础架构解决方案。公司拥有多年的系统集成和专业服务行业经验,在金融、电信、制造、能源、交通、物流、媒体、卫生、政府及军队等领域具备广泛的客户基础,业务和服务网络遍及整个中国大陆、香港及北美地区。公司拥有领先的专业技术和权威的资质认证。公司总部设在中国上海,在北京、广州、成都、武汉、南京、深圳等多个城市设有分公司和办事处。

继 1993 年成为思科金牌合作伙伴后,华讯公司又陆续跟许多国内外的著名网络解决方案供应商达成合作关系,如 BMC、BLUE COAT、Avocent、skybox 等。华讯与合作伙伴之间不仅能够实现资源共享、互惠互利、优势互补，还能够共同开发市场、抵御风险。路漫漫其修远兮，华讯网络在打造成为中国信息技术产业的领军企业这一目标上一步一个脚印，做着不懈的努力。

**采访人：**

上海交通大学　机械与动力工程学院本科四年级　徐兆弘

上海交通大学　国际与公共事务学院本科三年级　宋静波

# 不安分的闯荡，与平常心的江湖

## ——访上海富瀚微电子公司创始人 杨小奇

对成功的定义可以有很多种，对精彩的诠释也可以有万千方式。有的人不安于现有的生活，总想去看看外面的世界；有的人则安然笃定，对自己的坚持始终如一。

而杨小奇，上海富瀚微电子公司的创始人，似乎不属于这两类中任何一种，而却又包含着这两类人的特质。

### 坚守，是一种信念

生活之路的百转千回组成了人生的精彩多姿，行业的坚守之心则是创业者赤忱的理想与信念。

**我没什么精彩的。**

精彩的人生各有不同，精彩的人形色各异，每个人对精彩的定义也都不同。不过，往往每段故事中的主角们总会视一切别人眼中的精彩悉如平常，毕竟，这就是他们选择的生活。

1980 年，从江西省南昌市第十中学毕业的杨小奇考入上海交通大学读本科，在电工与计算机科学系主修电力工程高电压专业，四年后跨专业考入电子工程系攻读微电子专业硕士。在上海交通大学读书的那段日子，无论是与知己好友嬉戏畅谈，还是与师长前辈切磋研习，都成为了杨小奇日后发展的重要基础，在上海交大结识的朋友也成为了他一生走南闯北的宝贵财富。

硕士毕业的他本获得了非常珍贵的留校任教机会，当时他的导师也曾经多次和他深谈，外地人得到留校的机会非常不易，希望他能珍惜这来之不易的机会，然而最终他还是放弃了这样的机会，选择了远赴深圳追逐经济发展的潮流，让身边人不胜惋惜。心之动容，所向披靡。然而这般看似果敢的选择，也并非长期以来的人生打算，而只是源于一场宿舍的闲聊。

**听说当时深圳发展势头大好，那就去吧！**

南下打工和挣大钱是当年深圳的主旋律。没有什么犹豫和顾虑，对外面世界充满热情与期待的杨小奇便果断放弃了安稳的教师工作，下了决心和室友一同前往深圳打拼。

无论是杨小奇毕业的 20 世纪 80 年代还是现在，在大多数人眼中，能在上海交大这样一所大学谋一份教职，都是一个非常好的出路，也是非常难得的机会。在那个年代的很多人也会希望能尽早有个安稳的生活和基本的保障。但这样的安稳羁绊不住一颗爱闯荡的心。就这样，怀揣着对未来的憧憬，他告别了校园，来到了深圳。

那时正值改革开放初期，为加快经济发展，以邓小平为首的第二代领导集体开始逐一解决各种问题，这场改革运动的目的是以维持社会主义制度为前提，改变不适应生产发展的管理体制和政策，并建立社会主义市场经济体制。

1979 年，党中央、国务院批准广东、福建在对外经济活动中实行“特殊政策、灵活措施”，并决定在深圳、珠海、厦门、汕头试办经济特区，福建省和广东省成为全国最早实行对外开放的省份之一。邓小平同志是创办经济特区的主要决策者。深圳经济特区便是邓小平同志亲自开辟的最早的改革开放的试验地之一。从 1984 年起，深圳真正成为改革开放的前沿阵地，企业借助改革的春风遍地开花，给慕名而来的人带来无限的机会，当时的深圳可谓是真正的希望的田野。

一批批有勇有谋的开拓者，来到被称作世界之窗的深圳，用智慧和汗水浇筑着自己的梦想，收获了自身的劳动果实，也为深圳这座城市带了无限的

生机活力，创造了巨大的经济成就。现代化的高楼大厦替代了原先低矮的平方，风景秀美的园林绿地覆盖了原先广袤的荒滩。深圳，也摇身一变成了拥有上千万人口的国际化大都市。20 世纪 80 年代中后期的深圳是一个经济高速发展的深圳，是一个孕育着无数机遇和挑战的深圳，是一个对于敢想敢拼的青年人来说具有无限魅力的深圳。

杨小奇毕业的 1987 年，中国就业环境正处在变革的开始。20 世纪 80 年代初的大学毕业生都是以“学校包分配”的模式就业的，之后学校渐渐取消为毕业生分配工作，杨小奇毕业时，刚好赶上第一批“双向选择”的就业模式，这给了毕业生更多选择的自由，也让那一批大学毕业生走上了各自不同的人生之路。机会伴随机遇，选择面临抉择。

初到深圳的杨小奇被一家国有企业录用，或者说初来乍到的杨小奇选择了一家发展较好的国有企业作为他踏入社会的第一份工作。有机遇就有发展，凭借自己的智慧与能力，杨小奇在深圳国有企业工作的五年亦是顺风顺水，在上海交大学习到的知识和锻炼到的能力有了用武之地，这让年轻的杨小奇对自己的未来更加充满了信心，从销售工程师很快做到了部门经理。短短五年，杨小奇已经在国企打拼出了自己的天地，虽不至于手握企业发展的命脉，但也是芸芸之上，游刃有余。此时的杨小奇假如继续在国企做下去，完全可以在国企内轻轻松松，安度余年，像大多数人一样，一切生活顺理成章地继续。但是这样的平铺直叙怎么能满足一个不安分、爱闯荡的青年之心呢。

**我们那时候还不叫创业，下海呗，就是自己做生意。**

在国有企业工作了五年的他没有让生活波澜不惊地继续下去，并没有坚守自己已经到手的铁饭碗和奔向小康的家庭生活，再次做出了让人略感意外的决定——离开国企，下海闯荡。这一次的闯荡便成了杨小奇“创业”的起点。

改革开放以来的深圳，一直都是创业的热土，直至今日热情也未曾衰竭，如今中国民营企业的优秀者依然有很大批集中在深圳，所谓“小政府，大社会”，虽然城市的前沿产业在不断更替，但深圳这座城市尊重市场、尊重人才的氛围一直未曾改变，这也是深圳带给创业者的巨大机遇。杨小奇离开国企开始下海闯荡的 20 世纪 90 年代初期也不例外。

杨小奇参与成立的第一个公司就在深圳。那便是他创业生活的起点，也是这二十余年辗转生活的开篇。

杨小奇创业的起始得益于深圳的整体环境氛围。也不仅仅是杨小奇，每一个在深圳成长奋斗、历经艰辛，找到自己位置的人，都是开拓创新精神的践行者，都书写着属于自己的故事，都对“爱拼才会赢”这句话有着深深的体会和身体力行的诠释，都成为了深圳发展的见证者和建设者。

虽然开始了创业生活，但是很快杨小奇就自己选择结束或者说主动修正了第一段创业之路。因为这个公司是同朋友一起合伙开的，主要做计算机相关的工作，微电子只是其中的一小部分，不是公司业务的主体部分，带着对专业的坚持，1994 年，他创立了自己控股的芯片设计服务公司，协助客户完成芯片设计，直到 2000 年。

2000 年，杨小奇来到了武汉，和两位海外学成归来的上海交通大学校友一同创业，成立了一家通信系统公司，开始从事自主芯片的研究开发工作，并培养新的设计人才。

**谁不想有自己的 logo(品牌)，做自己的产品呢?**

2000 年是特殊的一年，不论是对杨小奇而言，还是对于国内的微电子行业而言。2000 年的杨小奇离开了自己创建的第二个公司，开始再次游走，在不同的公司中继续探索和积累经验，为自己的产品方向做着调研和准备。而这一年对于微电子行业发展来说也是不平凡的一年。2000 年之前，大陆的芯片公司，包括华为、联想这样的企业，均没有自主的芯片设计，绝大多数产品都是从国外采购，2000 年之后，各芯片公司才开始自主研发产品。2000 年成为了国内微电子行业发展的一大分水岭。那之后包括海外留学归国人员等高科技人才组成了第一批的自主设计芯片的队伍。在科技领域，拥有自主知识产权的东西，人人向往，从事微电子行业的高新技术人才，一部分人去硅谷给别人打工，而杨小奇选择自我探索，自己想办法搞技术研发替代进口产品，逐渐研发出了具有自主知识产权的 IC 产品。

在 2000 年到 2004 年之间，杨小奇辗转深圳、武汉、上海，与昔日的朋友们一同打拼，加入了不同的公司，一直在做 IC 的设计，这样的辗转并非创业道路上的停滞也并非偃旗息鼓，而正是这几年的尝试为之后的再次起航积

累了经验，杨小奇终于找到了最终的产品方向，有了具有发展前景和市场的产品方向，杨小奇算是终于寻得了创业的真正落脚点——自主设计 IC 产品。

杨小奇的游走与探索，直至 2004 年建立上海富瀚微电子公司，才算是走在了微电子发展的前沿，成为众多自主进行芯片设计的团队之一。

最初创业的时候，创业者们当然都想过要有自己的产品，打上自己的品牌，都向往硅谷的氛围。但是刚从学校毕业出来，涉世很浅，经验不足，没有足够的技术和资本积累，只能一边累积，一边等待和寻找机会。大多数人会选择帮别人做设计，这样的设计是客户导向，风险不大，而自己建立自己的品牌，设计自己的产品就有很大的市场风险。“谁不想有自己的 logo（品牌），做自己的产品呢?”杨小奇也表示。但这个急不得，创业是一个慢慢积累的过程，先积累到足够资本，这其中包括的技术人才的积累和经济上的积累，才能有所建树。

拥有高新技术也并不代表企业就会成功。对于初创企业来说，最初的一段时间往往是最艰难的，许多困难都会不期而至。杨小奇坦言，他们遇到的最大问题之一便是资金来源。大部分 IC 初创企业都是依靠 VC（venture capital，风险投资）来融资。2000 年之后，VC 渐渐多了起来，给 IC 这种高风险、高投入的技术密集型产业提供的很好的机会，也为富瀚微电子的成立和发展提供的良好的契机。杨小奇带领团队用了最初三年时间的不懈努力，起初只有十几个人的创业团队通过技术和市场业绩来证明了他们的实力，推出了 H. 264 标清解码器核和 H. 264 高清解码器核，于是获得了 VC 的青睐和初步的发展。

国内微电子行业专业技术人才的成长，高新技术的发展和 VC 的壮大，都使得 2000 年成为微电子行业发展的转折点和分水岭，也给杨小奇的真正成立自己的公司来设计自己的产品奠定了基础，提供了大好时机。

厚积薄发于是水到渠成，富瀚微电子公司成立，杨小奇终于开始了自己为自己设计芯片的道路。直至今日，他仍在高新技术产品自主创新的道路上探索与发展着。

**微电子一直都有很好的前景，根本不需要改行。**

杨小奇的企业创立至今可谓经历了几度辗转，几多春秋，风风雨雨，惟有心知晓。立身方式变了，自身职责变了，工作内容变了，技术产品变了，生活环境变了，唯一不变的就是他对微电子行业的坚守，这份始终如一大概可以归于杨小奇对微电子行业的信心。他谈到自己这大半生的经历时总会表现出对微电子行业的热爱。当初一起跨入这个行业的朋友们多年后仍然坚守在微电子行业内的已寥寥无几，但杨小奇却再三提及，微电子行业一直处于蓬勃发展的阶段，还会更好地发展下去。社会蓬勃发展的今天机遇更多，选择也更多。远离纷乱复杂的喧嚣世界，或许会失去一些机会，但却可以获得内心的安稳。一个人一辈子完成一件事，有一个理想，为着一个目标，这一份坚守本就已经拥有足以打动人的力量。至今杨小奇仍然认为微电子行业有很好的发展前景，国内的芯片市场大有可为。面对大量社会需求，公司还有很可观的发展空间。

自从杨小奇离开学校，一直都身处微电子行业，从初下海做买卖代理国外芯片，到和朋友合伙成立公司提供设计服务，一直到最后设计自己的主打品牌产品，杨小奇对微电子行业的热爱矢志不渝，对芯片的自主设计的信念始终如一。

从江西南昌走出来的杨小奇，从上海交通大学毕业，到深圳工作，辗转武汉最后又回到上海，所经之路百转千回，机遇与挑战并存，但毕业至今的30年来从事的领域从未变过，对行业的坚守从未动摇。也恰恰是这种对微电子领域坚持守一的态度和对微电子行业无比巨大的信心支撑他走过了这么多年的风风雨雨。在他心中，身在一个前景灿烂光明的微电子行业，“根本不需要改行，坚持走下去，总会有好结果”。

纵然杨小奇对行业的探索几经辗转，但对行业的坚守却始终如一。可谓走南闯北，敢想敢拼，行业坚守，未曾有一刻的偏离。

## 创业，是一种态度

**创业是一种我选择的生活方式。**

To be or not to be, that is a question. 创业或不创业，也是一种生活

态度。

“已经下海了，那就继续走江湖吧。”谈及“创业”，杨小奇笑着摆手，那个年代还没有“创业”这一概念，在深圳已经下海，便自此开始了“走江湖”的人生。平和的心态，敏锐的嗅觉和敢想敢为的做事风格大概是创业者们普遍共有的一种姿态。

20世纪90年代初的中国经历着改革开放的初期“阵痛”，资本加速流动，供需关系改变，单凭体制内的力量已经无法破解新增的社会问题。于是，从领导层面开始尝试“简政放权”，鼓励民间资本，号召人们“下海”。当时下海都是自愿的吗？倒也不尽然，在体制化的沙漠里存活了二三十年，大部分人哪儿还会“游泳”，但迫于温饱的问题，以及对财富最原始的渴望，很多人还是一咬牙、一跺脚地下去了，毕竟还能扑腾两下，从前可是连“淹死”的机会都没有。对比如今的局面，整个社会都在争做创业的“温床”，政府频频出台政策鼓励创业，资本市场的热钱也自发地流入，连社会舆论都对创业者极大地帮扶和爱护。在个人意愿上，创业个体也多出于兴趣追求、自我实现，以及对社会未来的预期。其实无论“创业”还是“下海”，都可能充当着转型期的“社会实验品”，风险永远存在，个体在其中的命运，往往要受到自身因素和环境变迁的双重考验。

四分之一个世纪过去了，从“下海”到“创业”，词性变了，环境变了，人也变了，但唯一不变的，是影响你成功与否的关键因素：保持批判主义的理性以及能够克服人类贪婪本性的自制力。国家的任何一个政策都是从整体出发的战略选择，发生的转折对历史而言可能就是一朵小浪花儿，但对个体往往产生极大的影响。因此，无论曾经的“下海”，还是如今的“创业”，个体都要在理性的基础上进行判断和抉择，而面对那些你无法参透和左右的“历史规律”，只好心存敬畏，最终让“上帝的归上帝，恺撒的归恺撒”。

深圳的环境也给了杨小奇出发的一次机遇。1992年，邓小平南巡归来，鼓励创业。市场经济开始起步，越来越多的机会摆在了年轻人的面前。有很多人都选择了离开体制，闯入社会。事实上，当时的“下海潮”，在全国各地很普遍。人社部曾做过统计，1992年辞职下海者超过12万人，未辞职就投身商海（停薪留职、兼职）的人超过1 000万人。那一拨下海潮中，许多体制内的人都勇敢地下海创业了，许多大学生也把创业作为自己毕业后的梦想。创业成为那个时代的鲜明烙印，由此也推动了民营经济的蓬勃发展。

在这样的环境推动下，杨小奇正是在20世纪90年代下海的。离开国企后，物质压力不大，心很安定，又有七八个老部下的跟随和家人的支持，便决定下海闯荡。2014年1月18日刊的《经济学人》做了一个关于科技创业的专题，里面有一章就叫做“Hacking Shenzhen”(黑客深圳)，文章指出深圳从20世纪90年代开始就是世界上最适合硬件创业的地方。而杨小奇最初创业的地方就是现在深圳华强北的前身。这个对于电子工程师来说不亚于硅谷之于程序员的创业天堂，早在数十年前就为杨小奇这样的平民企业家提供了发展平台，深圳得天独厚的货源条件加上丰富的信息资源，成为杨小奇不断进步的阶石。

深圳城市环境的氛围，或是自身敢拼的性格，都给了杨小奇果敢出发行走江湖的理由，杨小奇说：“创业对我而言就是一种维持生活的方法，一种生活方式，在创业的道路上我乐此不疲。”

据统计，创业只有5%的可能得到一个很大的成功，而其他95%可能就是全部洗牌重来。那什么样的创业者更容易拿到投资人的钱？这个问题非常重要。很多企业家都说，在全世界最被风险投资追捧的一批人，就是连续创业者。就像杨小奇这样，创立过一个公司，然后再创立第二个、第三个，这样的连续创业者是风险投资所青睐的。

**一切总归要走下去，还能有多惨？**

创业路上，总会有数不尽的艰辛与困难，最难最难的时候，不曾经历的人是无法体会创业者当时的想法与思考，也不懂得究竟怎样的困境会让一个笃定的创业者选择放弃。对于现在事业蒸蒸日上的富瀚微电子而言，也曾经历过常人难以想象的危机。

对于富瀚微电子成立至今的十多年里，最艰难的日子大概是在2007年左右，杨小奇透露，那是公司初创三四年的时期，种种原因下，总经理走了，项目经理也走了，凡此种种，项目青黄不接，资金周转不灵，不断投入人力却没有收入。谈起那段凄凉的时光，杨小奇倒没有那般悲观，“一切总归是要走下去。”他语气坚定地说：“微电子行业产业链大，简简单单的生产一个贴

片电阻电容都是很大的产业，大不了我们也回去继续销售芯片，就和在深圳时一样，不会有更惨的境遇了。”对微电子产业的信心里带着打趣，这大概就是一种他所选择的生活。眉宇间充满着对于微电子行业的笃定，字里行间也透出坦然、乐观的态度。

当然，创业路上也会有紧张，也会有压力，也会通宵加班。设计自己的产品确实有很大的风险，在产品正式推出前，团队成员甚至会去烧香祈福。但生活本身就不是一潭死水，会惊险与惊喜参半，情绪的喜怒哀乐，人生的起承转合，都不会影响一个坚定的创业者的初心，不会动摇杨小奇揣着那颗平常心。

一颗平常心，来源于对微电子行业的信心，杨小奇一直以硅谷为微电子行业的标杆。因为对微电子的信心，所以坚信自己可以一直走下去，到如今的三十多年来，他也确实是这样做的，无论行业内有什么大风大浪，他都坚持不懈始终如一。另一方面，这颗平常心来源于对生活的期待，敢想敢为，拿得起放得下，怀揣着平常之心，卸下没必要的包袱；“一切总归要走下去”，对他而言，仿佛“创业”也没有像失败这样严重的字句，不过是一种自己选择的生活方式，怀揣平常之心，胜不骄败不馁。最惨的惨，还能有多惨？产品卖得不好便换一种继续，有自己的产品自己的品牌是自己的理想信念，而生活总是可以继续，维持生计不会有什么压力。生活会被机遇与挑战推着向前翻滚，会有惊喜也会有不顺，但那些都没有什么大不了，任何事也阻挡不了他前进的脚步。怀揣平常之心，宠辱不惊。

**拥有一技之长就不会没有立足之地。**

IC属于高风险、高投入的技术密集型产业，立身之本即为其技术，这也是如今的科技创业根本的立足之处。

杨小奇从上海交通大学电子工程系微电子专业研究生毕业后一直从事微电子行业内的工作，对人才和技术的积累，成为了他创业的资本。用他的话来说，这是一个在一起共事时间比富瀚微电子本身的历史还要长的技术团队。

从深圳的国有企业离开起，他一直拥有自己的跟随者，共同的目标和努力给了杨小奇团队常人难及的竞争力和实力。

富瀚微电子为什么会成立之初选择定位在 H.264 技术?该技术的广阔发展前景自然是足够充分的理由。这从 H.264 被确立为国际标准到富瀚微电子成立前后时间不到一年便可看出。不过更重要的是,该公司创建前便拥有了一支实力雄厚的技术团队。

“市场前景固然重要,但创业者需要评估的是,你有没有能力去做这件事情。”杨小奇强调:“就好比谁都知道 3G 基带处理芯片的未来发展非常诱人,但是具有足够技术实力能够进入这个领域的公司却少之又少。”而据他表示,高速数字信号处理是富瀚微电子创业团队的强项。“早在 1997 年我们就已经开始一起共事,进行专用高速数字信号处理技术的研发工作。我们的创业者们积累了大量的高速数字信号处理芯片的开发经验。”

不论是最初的创业团队还是如今的富瀚微电子,团队中都不乏上海交通大学的校友。最初和上海交通大学自动控制系学长在国营的企业结识,后一同下海,一起开创了深圳的公司,这位学长现在也是富瀚微电子深圳公司的负责人,负责市场方面的工作,现在依然是公司核心员工。从深圳到武汉再到上海,杨小奇团队中的人有所来去,但是与上海交通大学的联系一直至关紧密。

戎蒙恬教授是上海交通大学的退休教授,是当年杨小奇研究生时期的导师,也是对杨小奇创业过程影响很大的长辈。杨小奇作为戎蒙恬教授实验室的前辈,因为一直坚守行业,公司的技术方向与实验室对口,公司成立后便为实验室的师弟师妹们提供了大量的实习机会,同样也吸引了一批同门师弟师妹们的加盟,灌入了大量的新鲜血液,也壮大了公司的技术力量,使得公司焕发出源源不断的生机与活力。在校期间,杨小奇蒙受导师的教诲,离开上海交通大学,仍能相互联系,彼此协助,届届相传,代代维系,让交大人的网越织越密,交大人的情越系越浓,交大人的精神永流不息,也让交大人的智慧与汗水一起引领社会的科技发展潮流,这是一份难能可贵的情谊与缘分。

自身技术的优势和行业经验的积累,给了杨小奇底气,成为其创业之根本,自立门户之依托。“行业内拥有一技之长就不会没有立足之地。”杨小奇说道。

**选择就选择了，反正又没法儿重来**。

至于为什么会开始跑市场而不是埋头做技术，这要追本溯源到杨小奇的第一份工作，也就是他在深圳国有企业做销售的那段经历。国有企业招聘高级工程师，企业内部的情况大多是专业技术人员都在忙于制造和生产，新招进的高校毕业生们便要从销售做起，在销售领域杨小奇结识了很多行业内的人，而对自己的定位就自然而然的变成了“老杨就是卖东西的”，这样简单直接的标签在那个年代和他打交道的人们心中留下了深刻印象，也为他未来的发展打下了基础。就这样杨小奇告别了纯技术，走上了洞悉市场把握市场之路。畅想若是当年留洋深造继续科研或者留校任教，也未必不是一条适宜之路，但所有的选择，都成就了现在的自己，与其他的选择无关，亦无从知晓在其他选择下成长的自己。

在上海交通大学踢着足球的少年不会知道当初一起玩耍的同学会成为自己之后多年的朋友和工作伙伴，跨专业考研进入微电子领域的青年不会相信这一转行也许就做了一辈子，躺在床上憧憬着“每天一包万宝路”的毕业生不会猜到摸爬滚打多年后的自己会再次回到上海建立自己的事业与生活，选择了国有企业的白领不会想到会带着七八个下属一同下海并和国有单位里结识的交大学长一同合伙开公司，起初下海的探路人当然也不会知道自己最后真的做成了自己的产品有了自己的 logo，同样，现在的杨小奇也不会知道未来的富瀚微电子会发展得怎样达成怎样的成就而自己又会在哪里驻足。

“选择就选择了，反正又没法儿重来。没什么好后悔和遗憾的。”杨小奇说得云淡风轻。当然也会与朋友谈笑间畅想另一种生活写成的人生，但一旦做了选择，便会在此选择的道路上认真生活。

杨小奇也坦言：“自己的几度辗转，有些时候并不是先因自己喜欢什么而做选择，而是先做了选择然后认真去做，也许再做一定程度上的修正。”这就是“一个真正优秀的人不在于他喜欢做什么，而在于学会喜欢正在做的事”的另一种诠释吧。

很多成功者都是一路走，一路试验，一路探索。杨小奇的几度辗转也是如此。并不是早做规划的目标性选择，而是面对机遇和选择，不为现实所困，不为未来所忧，果断抉择，平心尝试，认真而踏实。

## 积累，是一个过程

当杨小奇回忆起在上海交通大学徐汇校区与好友踢球的日子，脸上不由得露出了久违的直率而不羁的神情。

**眼光要放长远**。

回首交大岁月，刻苦学习钻研之外也有很多趣事。当年作为研究生足球队的领队杨小奇也是球场上叱咤风云的人物，大学的足球时光一直在他心里熠熠闪耀着，那种年轻时尽情挥洒汗水的畅快和奔跑的激情仿佛再过多少年也不会褪去。

除了热爱足球，学生时代的杨小奇还喜爱阅读历史人文及哲学书籍，这样的阅读习惯一直保持至今。处于校园生活时期，并没有感到其重要性，在之后的创业经历和日复一日的生活实践中，杨小奇越发地感受到阅读人文类书籍的益处。正如庄子语："无用之用，方为大用"。冯友兰也说过"哲学的用途乃无用之大用"。人文修养的培养在生活和工作中的作用不容小觑，杨小奇先生再三强调，它可以帮助我们提高精神素养，由注重眼前转而注重长远。

杨小奇聊起道与术的关系："有道而乏术者必招人陷害，且不能发挥其所长；精于术而乏道者亦不能长久；精于术而明道者乃高人也！"与大多主张精于术而明道的观点不同，杨小奇大大强调了"道"在如今社会的重要性。可谓人人明道，世界将美好得难以想象。

在如今"大众创业、万众创新"的理念下，杨小奇鼓励在校大学生多去参加活动，多阅读非专业书籍，提升自己的人文素养和综合素质，多去探索自己的才能和潜力。创业想成功，或者是工作中有所作为，靠的不仅仅是毅力、恒心和信念，杨小奇特别提出，"逆商很重要"。在应对困难和压力时的表现很能体现一个人的素质，而这种素质对今后的工作将起到很大的决定性作用。

专业知识给我们生存于世的技术依托，而人文修养是我们做人的基本准衡。先成人，后成才，是如今世界与社会对新一代上海交大人的要求和期待。所谓无用之用，方为大用，积沙成塔，聚水成涓。

**我持怀疑态度。**

从杨小奇 20 世纪 90 年代初起开始下海闯荡到如今成立自己的公司，打上自己的 logo 设计自己的产品，可谓是在创业的路上几多探索，阅尽沉浮。

近年来，各地政府以及国家科技部和信息产业部等相关部门也都对创业给予了相当大的支持，明确提出："要完善支持自主创业自谋职业的政策，使更多的劳动者成为创业者。"大学生是最具活力和创造性的群体，蕴含着巨大的创造热情和创业潜能。国家对大学生创业更是鼓励和支持，给出了许多优惠政策。

尽管如此，杨小奇对如今的青年人创业前景并不看好。"现在创业的客观环境并不好。"杨小奇表示。虽然社会和政府非常鼓励创业，但是比起以前，现在互联网以外的实体创业难度和挑战已大大超越从前。

首先，创业环境今昔对比，从前科技基础基本为零，科技产品基本依靠进口，小时候街上打的游戏机都全是进口的，而那时候的国内科技事业主要在于引进国外的技术和产品进行消化吸收。创业者具备一定的技术能力与一些必备的经验就可以较为容易和顺利地创业了。而如今，除去互联网不谈，实体经济对创业者来说，则不能再走仿制国外先进技术的老路，要靠自主创新，来让自己的产品在市场上站稳脚跟。吸收和仿制的难度与主动创造的难度对比不是一个量级。

并且，现在创业成本和代价都大幅提高，这其中包括了人力资源的费用、科技创新的投入等。产品的复杂性比从前高出很多个数量级，制造一个芯片所需要投入的代价也翻了数番。即便融资的兴起，还是给创业者带来很大压力。加之，大城市如北京、上海、深圳、广州这些地方孕育着良好的创业氛围和优渥的创新土壤，但是城市生活成本之高，让外地人在一线城市成家立业的成本也大大增加。就拿上海来看，生活成本的巨大压力，刚毕业的大学生们很难在这座城市里游刃有余地生活，也就更难放弃稳定的工作饭碗去孑然一身为自己的信念打拼。比起二三十年前的租房创业，如今的创业代价成了创业者面前极其庞大的障碍。

再者，一个创业者的经验和经历也是创业成败重要的决定性因素之一。杨小奇一辈的众多创业者有一个共同的特点，他们在其他公司工作七八年，逐步积累经验的资本，才渐渐自立门户，外出闯荡。初出象牙塔便能独立门户的人非常罕见。因为市场竞争的激烈，社会环境和校园环境的巨大差异，不经历社会的摸爬滚打，很难真正的成熟与强大。哪怕有一时经验也大多昙花一现，不能持久。所以现在青年人创业的失败率很高，因为市场竞争从不会同情和偏袒弱者，公平竞争，胜者为王，优胜劣汰，这就是社会的生存法则。产业的整合已经到了最后的阶段。积跬步，致千里，唯有在一个行业中积淀，才能屹立在行业中。

如上罗列的种种障碍，并不是杨小奇作为一个实业家的悲观态度，而应该说这些都是一个过来人对后辈的关切以及忠告。

## 公司，是一个团队

杨小奇创业以来一直领导着一支属于自己的团队，一支充满战斗力的团队。

**我不会种地。**

对自己在团队中的定位，杨小奇坦言，“我不会种地”，多年来他一直在做市场方面的工作，“但是可以领导一大批会种地的农民”，杨小奇认为一个公司的创业人员必须是一个团队，而绝不仅仅是一个人。

“大家都想着，跟着老杨，三五年就发了——后来也就走不掉了。”在最初从深圳的国企下海做生意，就有七八个老部下时时跟随。之后的一段段探索和建立事业过程，也一直有部下和工作伙伴跟随，志同则道合，不重利则才聚。

作为团队领军人物的杨小奇更是对这支队伍有着独到的管理方法。随着公司的发展壮大，青年人才大量引进，老辈领导人与年轻员工的沟通协商工作要逐步重视起来。杨小奇决定采取奖励提拔，将有能力的年轻人提拔

为主管，增强企业内部人才的梯队建设，尽量减少各职级员工之间的年龄差异，便于公司的运作和上下协调统一。这也是现如今公司上下有齐心协力披荆斩棘之凝聚力的重要原因。

尽管富瀚微电子公司CEO在旁人眼中是高高在上的职位，但是杨小奇在公司内外却有着出了名儿的“好人缘儿”。杨小奇也坦言自己“人缘好，别人愿意听自己的话”“早在1997年我们就已经开始一起共事，进行专用高速数字信号处理技术的研发工作。我们的创业者们积累了大量的高速数字信号处理芯片的开发经验”。从最初决定下海，到辗转武汉、上海，杨小奇培养了自己的一大批得力干将，每每在关键时刻能与自己同心同德，共渡难关。

从杨小奇平日里和蔼的态度和善意的微笑不难看出他在员工心中不是个严厉的大boss形象，反倒更像是一个温和友善的老大哥。他对待员工很好，为技术人员服务，杨小奇提到自己与技术人员的关系，开玩笑着说“我得哄着他们干活”。平易近人的杨老板威严甚少，老大哥的形象较多。也因此，在企业的发展过程中，新晋人才开始挑大梁，老干部忠诚度很高，新员工也大都忠心耿耿。很多员工对公司的支持也是公司发展壮大到今天的重要原因。

公司运营也遇到过很惨的境况，如2007年公司遇到最大的危机，当时处在初创三四年的时期，项目青黄不接，一方面不断花钱；另一方面没有收入。外企对人才的高薪利诱，都深深考验着员工对公司的忠心。这样的状况坚持了三年，终于完成了产品方向的转型，2010年新产品的出现，才化解了危机，稍稍减轻了沉沉压在杨小奇肩上那份要对公司和员工负责任的重担。当然这场危机的化解也得益于兄弟间的忠心与不离不弃，以及员工们的支持与一路贡献。

杨小奇的创业生涯，与上海交通大学有着千丝万缕的联系。在他那支极富战斗力的团队中，也有一部分成员来自上海交通大学。同为上海交大人，他们心中的“精勤，敦笃，果毅，忠恕”在潜移默化中形成了这个团队的默契。

诚然，上海交通大学对于杨小奇的创业生涯来说也至关重要，密不可分。大学四年加研究生两年半，在母校生活学习过总共6个半年头，这段经历对杨小奇的影响也贯穿着他几乎整个创业生涯。起初进入社会打拼摸索的时候时常与上海交大人为伍，一同奋斗，行业内的沟通交流和合作结交了不少历时长久的伙伴和朋友，也有很多伴随数十年的伙伴。如今富瀚微电子的拍档谢煜璋，也是杨小奇同一届上海交通大学电子工程专业的校友，现负责全面的公司管理工作。两人的结识也起源于就读于上海交通大学的校园时期，年轻纯粹的相逢与相知给了他们长久的友谊，也给他们日后的再度携手创造了良机。谢煜璋也曾经在外企研究所工作过，数年的工作未曾浇灭他的创业热情，同时又看好上海富瀚微电子公司发展前景，也看好拥有校园情谊的朋友，于是加入了杨小奇，加入了富瀚微电子，如今两位相识相知近30年的校友一起为公司的发展尽心尽力，并肩奋斗。

在杨小奇的创业过程中，上海交大人的身影，上海交大校友的团结，让人不得不感慨于这一份难能可贵的母校缘分与同校情谊。

**比起正确地做事情，更重要的是做正确的事情。**

很多人会问，杨小奇人缘好的秘诀是什么？对此他回答自己一直强调带领团队创业的过程中“不重利”，所谓散财聚众，深得人心。

在待遇问题上，他对待自己的员工更是照顾备至，基本所有员工都对公司福利待遇表示满意，有很多员工在公司里受到杨小奇在业务方面的指点，在公司内外受到生活上的照顾。

除了不重利，杨小奇的好人缘儿还一定程度上归结于他的责任心，他说：“好的企业家要有社会责任，正如柳传志（中国著名企业家，曾任联想控股有限公司总裁、董事局主席，现全球CEO发展大会联合主席）说的，企业失败就是犯罪。”企业失败会导致大量社会资源浪费，甚至影响员工家庭。好的企业家就必须要背负社会责任。杨小奇坦言自己真正的压力就是如何能让公司运转维持下去，领导大家走正确方向。因为比起正确地做事情，更重要的是做正确的事情。

如今的上海富瀚微电子公司于2014年完成了股份制改革，其自主设计的产品获得中国半导体创新产品和技术奖等多项国内奖项。公司也与国内外设备制造商、解决方案提供商建立紧密合作关系，共同把握市场契机，为客户提供高性价的产品和服务，持续创造价值。富瀚微电子公司的产品包括解码芯片、编码芯片、视频信号处理芯片，以及DVR(digital video recorder，硬

盘录像机）、模拟摄像机和 IP 摄像机解决方案，已被国内多家大型安防企业采用，并广泛应用于国内平安城市、奥运会、世博会等重要项目的安全监控。海康威视就是上海富瀚微电子股份公司长期服务的重要客户之一。海康威视是行业内非常顶尖的监控产品供应商，已获得了行业内外的普遍认可。公司连续五年（2007—2011）以中国安防第一位的身份入选《A&S》“全球安防 50 强”，2011 年名列 IMS 全球视频监控企业第 4 位，2012 年名列 IMS 全球视频监控企业第 1 位，DVR 企业第 1 位，连年入选“国家重点软件企业”“中国软件收入前百家企业”。富瀚微电子与海康威视的合作由来已久，可谓强强联手，珠联璧合。

**我最大的希望就是年轻人能够扛起公司**。

能拥有一支可靠又忠心的团队是一件弥足珍贵的事儿，但是企业的发展不能缺少新鲜血液的注入，尤其 IT 行业大多是吃青春饭的，IC 产业更是如此，在上海富瀚微电子公司中，“80 后”“90 后”的员工比例就占据公司总人数的近百分之八十，故而杨小奇表示目前公司一个较大的挑战就是人才梯队的建设，不同年龄阶层间需要加强沟通、融合，从而很好的过渡。而如今的高新技术公司面临的挑战也不同于从前，以前通过仿制国外的先进产品就能够屹立于市场，而现在，国内的科技产业飞速发展，创新是企业唯一的生存之路，这就对新一代年轻人的技术要求和综合素质提出了更高的要求。

杨小奇说现在自己最大的愿望就是年轻人能够扛起公司，于是自己做公司的顾问。这是对团队领导者的考验，也是对整个团队的考验，更是对新一代年轻人的考验。

走过江西，走过上海，走过深圳，走过武汉，又回来到上海。生活在变化的时代背景，经历着不同的人生阶段，怀揣着日益丰满的未来期许，三十而立，四十不惑，五十知天命，他所经历的岁月和在我们眼中的种种不凡，在我们好奇追问下的讲述仿佛依然是云淡风轻。

低调而随和，面前的杨小奇并不会滔滔不绝地谈论过往，甚至在我们偶尔的赞叹中面露羞涩，言语不多，亦没有太多表情，却句句诚恳；谦逊而友善，没有老板架子，没有故作姿态，平和的气场和没有距离感的交谈，临走时在电梯口向我们挥手，也像是在与那些激情燃烧着的岁月告别。

**采访人：**

上海交通大学　电子信息与电气工程学院 2015 级硕士研究生　许昀璐

上海交通大学　电子信息与电气工程学院 2014 级本科生　金之光

# 做中国制造的欧洲桥头堡

## ——访舒展国际创始人 张红兵

“大众创业、万众创新”，“创业”越来越成为社会热词。何为创业？有人觉得干别人没干过的事儿叫创业，有的人觉得下海经商就是创业，也有的人觉得创业就是独立地赚很多钱。古语中对创业的解释是开创基业；而在现代社会中，是指发现某种信息、资源、机会或掌握某种技术，利用或借用相应的平台或载体，将其发现的信息、资源、机会或掌握的技术，以一定的方式转化，创造更多的财富、价值，并实现某种追求或目标的过程。创业是一种劳动方式，是一种无中生有的财富现象，是一种需要创业者组织、运用服务、技术、器物作业的思考、推理、判断的行为。

改革开放初期，个人创业许多时候是混不上正式工作岗位或下岗职工谋生的手段。后来，社会也慢慢出现了先富起来的一波人。不知何时起，当身边的友人说出准备创业的想法，我们不会认为他异想天开，或者是走投无路、大脑发热，甚至不会有过多的惊讶，只是报以肯定和鼓励的微笑，心中默默为他们对理想的执着而“点赞”，然后给他附上一个略带赞许的标签：创业者。提到创业者，蠢蠢欲动而又稍有羞涩胆怯的青年们心中可能会出现很多种形象：坐在桌子上激情洋溢侃侃而谈的演说者，或是黑夜中闪烁的荧幕前疲惫又狂热的不眠者，抑或者围成一圈吞咽着盒饭畅谈未来的梦想者。而我们今天给大家介绍的是这样一位创业者，“学霸”张红兵博士。

“能看到吗？”画面闪动，网络连接上了上海凌晨的我们和巴黎傍晚的张红兵博士。米色细格衬衫，贴服的淡黄色无袖针织衫，黑色细边眼镜，优雅温和的微笑。背景是风格朴实而实用的办公桌和装满各种书籍的书柜。脑海中浮现的第一个印象便是：平和，儒雅，自信，让人情不自禁地也报以满含善意的微笑。与我们预想着会见到的野心勃勃、利落精干的中年创业者形象不同，张红兵博士更像是一位午后阳光下，端着温茶，娓娓道来的和蔼长者，给我们讲起了他步履扎实的欧洲创业史。

## 学霸的养成

张红兵，生于中国的院士之乡——宁波，20 世纪 80 年代以优异的成绩毕业于上海交通大学自动化专业，随后由国家选拔公派留法深造。在法国完成自动化博士学位后，被法国 IT 公司看中，成为公司唯一一位中国籍员工，后辞职创业，20 年前在法国创立舒展国际有限公司（SUZA International），面向全欧洲生产销售电子类产品。如今的舒展国际是一家集设计、生产、销售于一体的国际化科技公司，公司通过对生产和销售环节资源的优化整合，建立了线上线下多种渠道销售的模式，销售诸如台式电脑、笔记本电脑、电脑配件、专业化外设、电子监控设备等种类丰富的 IT 类产品。在法国扎稳根脚后，舒展国际以法国为中心将业务辐射到周围的其他国家，包括英国、荷兰、比利时、瑞士、意大利以及北非的一些国家地区，成为华人企业在欧洲乃至世界范围内的先锋楷模之一。

和多数创业者的经历一样，张红兵博士的奋斗历程并非适逢大运、一马平川，故事要从他的中学时代说起。

**根底扎实的学霸，从中学做起。**

中学时期，就读于宁波效实中学的张红兵就是一名标准的好学生：成绩优秀，各方面均衡发展。当时的效实中学还叫做“宁波市第五中学”，是浙江省重点中学之一。这座历史悠久的学校，秉承着“忠信笃敬”的校训，求适务实的精神为国家培养着一批又一批多层次、多方面的人才，如著名药学家、诺贝尔奖获得者屠呦呦，中国金融学的开拓者和奠基人、同时也是交大校友

的洪葭管等。

20 世纪 70 年代末期，张红兵如同其他效实中学的学生一样，将主要精力都放在学业上，与老师的关系也十分融洽，效实的老师是很注意教学相长的，不喜摆师长的架子，愿意同学生平等地交流。对于学生们来说，他们的老师既是良师，更是可以促膝长谈的知心朋友，张红兵的班主任更是其中之一，他在教学工作中求真求实、勤于钻研，具有扎实的教学理论基础和丰富的教育教学经验，其高超的课堂驾驭能力，先进独特的教学方法在省内外享有较高知名度。为了表彰他多年如一日在教学上的贡献，教育部特授予他全国优秀教师称号。他德才兼备、温柔而富有耐心，在学习期间从不压迫学生学习，而是教会学生们根据自己的情况合理安排时间，鼓励学生勤于思考、善于学习、侧重培养同学们的好奇心，不断摸索总结合适自身的学习方法，并且通过各种活动提高同学们的求知欲和好学心，鼓励他们跳出思维定式，独立思考，探索创新。在学习之余，他也会鼓励学生们全面发展，参与各种文体活动，对同学们的心理问题也非常关心。这是张红兵对往日班主任的评价。而在他升至高年级后所遇到的其他老师，也都是具有丰富教学经验的优秀教师，正是这些老师，为他以后以优异的成绩顺利进入上海交通大学，出国深造奠定了扎实的基础。

张红兵的中学生活也并不仅是一味地学习，除了课余时间跟同学打球玩耍之外，偶尔也会调皮一把。相信“食堂抢饭”是每个学生都不能忘却的经历，每当中午最后一节课的下课铃响起，早已按捺不住的同学们犹如脱缰的野马纷纷冲向食堂，为的是抢夺那为数不多的荤菜。然而在这时，总有几个不识趣的老师，不顾底下学生们期盼的目光，以没讲完课为由拖堂。为此，张红兵和他的同学们商量了一个办法：轮流敲饭盆催促老师下课，一旦老师生气询问，所有人就统一口径假装不知道，然后换一个人继续敲，直到老师哭笑不得地宣布下课，大家欢快地奔向食堂。

高中时期，“文革”刚刚结束、高考制度恢复没多久，效实中学在李庆坤校长的带领下，响应党的号召，以教学为中心、恢复教学秩序、提高教育质量。这位情操高尚、品德优良的教育家，毕其一生致力于中学教育事业，为效实中学的建设和发展呕心沥血，为学校的进步作出了重大贡献。成绩优异的张红兵正是在这大好局面刚刚打开的时候，思索着自己未来的方向。适逢上海交通大学招生委员会的老师来到宁波招生，经过和校方领导及班主任老师仔细研究商讨后，交大老师最终向张红兵伸出了橄榄枝，邀请他和几位优秀学生报考交大，在对地域、职业规划、师资力量等方面的综合考虑后，1980 年的秋天，张红兵进入了上海交通大学自动化专业。

**自强好学，正统的交大工科男**。

20 世纪 80 年代初期，上海交通大学主校区位于繁华的市中心徐汇区，而现在我们所熟悉的闵行校区还没有开始建设。当时人民普遍生活水平不高，那时的大学校园，百废待兴，开始吸收着新鲜血液，学术研究也才刚恢复，许多一线教师也并非某一领域的专家，有的教师也在边教课边学习，努力提高自己的教学水平。当时的交大课余生活也远不像现在有着各式各样丰富多彩的社团组织和活动，学生的生活更是简单，教室，宿舍，学习、做实验、课余时候与室友同学打打球、聊聊天。但只要想学习，交大永远不缺乏资源。当时的交大有些老师可能学术上算不上高深，但无一例外都有着充沛的教学热情，只要有学生求教，他们就毫不吝啬地把所有的知识都传输给学生。当然也会出现学生们提出连老师都犯难的问题，但这也促使老师同学间查阅更多资料，不耻下问以找寻答案。也正是这样的学术气氛培养了当时的交大师生谦虚谨慎、自强好学的品质。

由于历史的原因，当时的学生群体主要为刚恢复高考后的第一批考入大学的学生，他们许多人为了等待这个机会，奋斗多年，即使因上山下乡进入农村，条件艰苦，白天在田间务农，晚上也不放弃学业，借着昏暗的煤油灯偷偷学习。他们万分珍惜在大学里读书的机会，个个学习都十分用功。图书馆，自习室常常都是座无虚席。同学们你追我赶，争当第一，这也使得张红兵不敢有半点松懈。努力，努力，再努力。为了取得理想的成绩，除了天资聪慧以外，还要付出比其他人更多的辛苦。常常能看到他为了解决科研学术上的问题整日泡在图书馆查阅资料。

虽然当时的大学生活就是这样简单甚至有些枯燥，但是在交大的时光对于张红兵依然是难以忘却的：他进入大学后的第一堂实验课，交大严谨的

科学态度和认真的研究作风就令他印象深刻，更是对他今后的求学之路产生了深远影响。

那是一节电工实验课，学生们要做的内容并不算复杂，只需调试设备、采集数据、绘制曲线而已，然而当他们画好曲线之后，却发现有几个数据好像有些偏差，导致整条曲线歪歪扭扭，丑得很，又来不及重新测量一遍数据，干脆偷偷修改一下数据好了，老师又不会发现：他们这样想到。没想到，老师在看过大家完美的曲线图后，说道：大家画的曲线都很漂亮啊，可惜都是错的，想必是有几个数据不太准确吧。说罢，展示出了正确的图线，正是一开始大家觉得不对的曲线。好一节别开生面的实验课，无需太多言语便让所有学生清晰地认识到：科学不是美丑，也不是善恶道德，科学是一个求是求真的过程。科学研究最重要的是要尊重事实，不能随意预设或是想当然；更不能凭借自己的猜测修改数据，影响结论。只有端正对待科学的态度，严格遵守科研程序，严肃对待研究结果，才能在科学的道路上更进一步。

不过，科学研究除了严肃认真之外，一颗好奇心也是不可少的，好奇心是我们探索世界的钥匙，旺盛的求知欲也是推动科技发展，创新求变的一大助力，大学时代的张红兵，就对外界事物有着强烈的好奇心。在那个年代，去电影院看一场电影，已经是一个难得的消遣活动了，更别提画展。那时，上海要举办一场法国印象派画家的画展，这个消息一出，无论懂不懂艺术的人，都想去凑个热闹，看看新鲜，张红兵和他的几个同学也不例外，大晚上跑去展馆排队，可惜冻了一夜也没有买到票，不死心的他们一咬牙从黄牛手里花了好几天的饭钱买了几张票，好不容易进了馆，一圈看下来，哎，啥也看不懂。只能自我安慰道也算长了些见识、没白来，便又回学校了。在今天看来，可能正是他这种对世界强烈好奇心的存在，才造就了他后来出国求学和海外创业都比别人走得更快，看得更远。

除了通过这些活动接触国外新鲜事物，交大的老师也不忘利用学校的国际学术交流活动，学校海外校友资源，时刻学习和引进国外新的科学知识和理念，许多老师讲课时经常会给学生们讲述一些本专业的名人和他们的理念，让学生们可以更多地了解专业前沿知识，与时俱进。与此同时，学校在教学设备上，也不断更新，为学生们奠定扎实的专业基础。交大著名建筑包兆龙图书馆也是在那个时期建成的。

这便是张红兵的大学生活，虽略有些单调，却十分充实，不仅培养了他扎实的学术基础，严谨的学术态度，而且培养了他积极的人生观和价值观。在他在交大学习的日子里，他结识了很多良师益友，一起谈论中外古今，一起学习研究。在他看来，在交大学习生活的日子，是他积累知识和学习能力最重要的一段时期，对他的一生有着深远的影响。

## 从留学法国到法国创业

当时，中法关系较为亲和，法国总理弗朗索瓦・密特朗来华访问，同邓小平等国家领导就双边关系等问题举行了会谈，希望与中国建立工业上的合作，并加强文化科技上的交流和合作，中法双方关系得到进一步发展。上海交通大学自动化专业获得两名由国家提供的留法名额，整个自动化专业的老师和领导都对这次派遣出国留学的机会非常重视，学院订立了严格的选拔标准进行甄选，名列前茅的张红兵以优异的成绩获得了这次宝贵的出国机会。读万卷书行万里路，他的家人也对他的出国决定表示绝对的支持，都希望他能够去外面的世界多长见识，多学习先进经验。经过了6个月极其紧张的法语集训后，张红兵和他的同伴们来到了梦想中的法兰西共和国。在陌生国家的生活无疑是辛苦的，除了语言障碍之外，法国区别于中国的教育理念和理科思维方式也给张红兵的学习带来很多困难。在巴黎十二大(Universite Paris 12)这所优秀的大学之中，层出不穷的各式天才也给曾是天之骄子的留学生们很大压力。但是，全新的思维理念，前沿的科学技术，无一不吸引着张红兵，他无暇欣赏异国的风光，感受欧洲国家的繁华，一头扎进了学业之中。当法国学生学习完休息玩耍的时候，张红兵往往还待在图书馆，一遍又一遍地钻研着书本，在法国友人的帮助下，更多的是在他自身坚持不懈的努力下，他成功地适应了法国生活，研究生、博士生、助教、工作，就这样一步一步在法国生活了下来。

其实直到他开始工作，张红兵并没有产生过创业的想法，甚至于对于未来并没有过多的设想，有的只是活在当下，踏踏实实走好每一步，努力做到最好。真正拥有创业这一想法是他在法企工作了几年后，逐渐生成的。

**一帆风顺的失落**。

有着辉煌屈辱并存的厚重历史，以及先锋开放的艺术底蕴，法国终究是高傲的国度。如果说校园里的法国学生还算热情友好，对留学生平等相待的话，走入社会的张红兵博士开始看到的则是另一番光景了。不同于如今飞速发展实力超群的中国，20 世纪末的中国在欧美人眼中，还是文化物质贫瘠、发展落后、观念陈腐的次等世界。这种看法加诸一个留学异国的大学毕业生身上，即便是没有排挤的敌意，也很难说的上有被平等看待，尊敬和热情更不必提。在社会生活中，许多法国人对待外来者更多的是采取无视甚至排斥的态度，思维和表达方式的差距也拉大了张红兵与同事、上司的距离，工作内容单调而又局限，空有一腔热血与才情却没有施展平台的失落，无法表达自己思想的苦闷，使得张红兵开始思考这样的生活是不是自己想要的，要如何才能够改变，在其他同在异国打拼的同学的启迪和鼓励下，张红兵逐渐萌生出了自行创业的想法。

毕业进入企业的张红兵博士开始感受到切实切身的文化冲击。不同的生活习惯，迥异的工作风格，还有因身为异国人而受到的淡漠态度，张红兵博士毕业之初的工作可谓困难重重。但或许正是在这样一种并不算绝望的逆境中，反而促进了他的成长。随着时间的推移，工作的推进，他逐渐开始适应了这种独自在异乡打拼的生活节奏。工作上对业务流程、工作内容的日益熟稔，处事中对法国职场风土人情的浸泡式融入，让张红兵博士在摸爬滚打中开始站了起来，应对自如。在社会阅历增长、工作能力飞升的同时，头脑灵活的他开始在许多问题和任务的处理上形成了自己独到的想法。年轻的他仿佛刚刚叩开了新世界的大门，得以一窥其中奥秘。他迫不及待地在工作中向上司和同事阐释着、反馈着自己的认识，但是这份热情却并没有收获应得的赞誉和升迁。法国企业森严的等级，以及面对华人终究无法彻底疏解的隔阂，让张红兵博士新生的拳脚始终难以施展开来。产生想法，积极谏言，石沉大海，这个循环日复一日地发生在他的身上。无从破解的他，终于开始沉默。对一个踌躇满志、志向远大的青年人来说，自己的见解得不到共鸣，日复一日机械地执行命令，就像被束缚着禁闭起来一样百爪挠心的压抑。同一时期，与他一起来到法国的同学们，毕业后或选择回国，或任职工程师或教师，和他交集并不多。在远离家乡的另一片大陆，鲜有志同者可以纾解心愁，张红兵博士陷入了一段虽然平稳无恙，却倍感低落迷茫的时期。如果说迷雾中影影绰绰还有一盏明灯的话，“没有考虑回国，我要留在这里。”透过屏幕，我们依稀仍能见到张红兵博士眉眼间，跨越30年仍矍铄的坚定。

**要做中国制造的欧洲桥头堡**。

转机的萌芽终于在长时间的困惑后钻破土壤。在一次与同在欧洲打拼的朋友喝酒畅谈时，张红兵博士端着红酒，紧皱着眉头，向他们讲述了自己这段时间的茫然无措。两位朋友稍有吃惊，似乎没有想到他看起来安稳鲜亮的，令人羡慕的工作生活背后，还隐藏着这番苦闷与无奈。同为壮志满怀的留学青年，两位朋友对张红兵博士的纠结很是理解。或许终究是命运的必然，这两位朋友恰好分别在德国和荷兰为自己的创业项目拼搏着。于是，在酒桌对面勉励而热切的两双眼睛的注视下，“要不，创业吧。”张红兵博士第一次，郑重地对自己说出了这句话。之后，三人的联络中多了对欧洲格局见解的讨论，以及创业理念与心得的交流。在多次想法的切磋磨合，以及友人大力的鼓励支持下，他终于正式决定，离开了原先任职的公司，在法国这片陌生却又似乎已与自己息息温存的土地上，开辟属于自己的职业天地。“不能想太多，年轻就要勇于尝试，有想法就要努力去实践。”张红兵博士这样总结道。

然而纵然有了友人的经验借鉴，自己工作经历的积累，以及社会经验的支撑，从做出决定，到真正把自己想法变成一份切实的事业，依然有很长的路要走。

既然决定了要创业，那么做一份什么事业好呢？如果一切从零开始，想要靠着一个天马行空的新奇想法，组建团队打拼出自己的天地，不是没有可能，但是着实艰难，尤其是在这鲜有亲友的异国他乡，可以说是举步维艰。

其实当时也有不少在法国及周边国家生活的华人华侨，他们大多从浙江、广东等沿海城市而来，有些文化程度不高，从事的多是餐饮类服务行业，少有创业的人也是开餐馆一类。张红兵作为一名有着丰富知识的博士，自然是不愿意浪费一身才华于此，他思路一转：不管身处何地，我是中国人啊。中国当时经济落后，信息不流通，贸易也相对单调闭塞，如果能把国内企业生产的电子类产品销售到欧洲来，不仅对自己的事业来说是一个很好的选择，如果做得成功的话，甚至可能在国内起到表率作用，在欧洲站稳先锋岗，对整个中国的发展都可以说是有所贡献的。张红兵博士为自己这个想法激动万分，骄傲不已。然而想法到位了，具体怎么实施起来呢？

在创业前把所有可能的情况都考虑周全，还是在实践中不断发现问题再进行调整优化。张红兵博士的回答是："两种要结合起来，前期准备得再充分，也很难做到周全，还是要做好不断调整、不断改善的心理准备。"国内方面的进货渠道通过国内的亲朋好友关系总可以联系个八九不离十，重点就在于如何把这些产品真正地在法国的市场卖出去。关于这片市场本身的属性，张红兵博士结合自己留学及工作阶段对法国社会的认识，进行了大量的调研和分析。在敏锐地挖掘市场的需求之外，张红兵博士还要一方面根据法国相关行业的商业规则以及法律约束，规划自己企业的业务流程；另一方面充分了解当地的风土人情、社会习惯，以便与企业员工以及合作伙伴打交道。在市场方面，可谓是做足了功课。可是还有一个很重要的问题，就是产品本身。Made in China 的名号，在 20 世纪八九十年代的世界市场中绝对算不上好。说起外国人对中国产品的不认可，甚至是嫌恶，张红兵博士微皱起眉头："我要改变他们的这种观念。"可是公司初期显然并不具备这种强大的影响力。于是，价格优势就成为了公司初期打实基础，打造品牌的核心要素。

**奋斗永远是刚刚开始**。

就这样，舒展国际（SUZA International）在法国落地，开始了困难的适应期。张红兵与合作伙伴间的交流障碍其实并不算大，尽管由于文化差异、生活习惯不同，会有些交流沟通上的误解，以及时间观念差异导致的小摩擦，"法国人说三点钟开会，那两点四十到三点二十之间都叫三点钟"。张红兵博士笑着向我们解释着:“适应了就好,无伤大雅。”真正感觉到困难和不解恐怕是在对员工的日常管理上。“中国员工和法国员工对任务和要求的理解很不一样,这是我在工作中才发现的。”张红兵博士举了个例子:有一次他发现一个法国员工没有完成当月的销售指标,而且与指标相差甚远,于是责备了这位员工几句,要求他好好努力。“这在中国员工看来是再普通不过的事情了,你没完成指标,老板批评你,你虚心接受,天经地义的,对不对?”可是这位法国员工却对这种指责难以接受。一脸愤懑,却缄默不言,直到张红兵博士温和下来反复询问原因时,这位委屈的法国员工才如实相告,“他觉得事情都是有原因的,他觉得我也不问他为什么没完成指标,上来就批评他,他接受不了”。张红兵博士又好气又好笑地摇了摇头,有一点无奈。从那以后,他更加注重和员工之间的沟通,和每个员工针对他自己的业务情况,具体情况具体分析,小心呵护着整个团队稳定运作。很累,但是也很有成就感。这是张红兵博士的切身感受。或许异国的这种并不熟悉的文化反而促进了这个创业团队的健康发展,相较于结果至上的企业文化,这种融洽的团队氛围看似效率不高、不够严肃理性,实际上更具有强大的凝聚力,也许正是舒展国际(SUZA International)成功的关键之一。

时至今日,搜寻欧洲各大知名电商的相关产品页面,舒展的产品都是出现在前面,舒展国际(SUZA International)在法国电子产业已经是名列前茅的知名企业,不断有分销商慕名前来要求合作,舒展正以结实的步伐,以法国为中心将业务辐射到周围的其他国家,包括英国、荷兰、比利时、瑞士、意大利以及北非的一些国家地区,成为华人企业在欧洲创业的先锋楷模。不可否认的是,张红兵创业的时期适逢 IT 行业刚刚起步的时间,机缘巧合也好,看准时机也罢,创业的成功与时代背景确实息息相关。然而事实上同一时期有如雨后春笋般生出了一大批 IT 类创业公司,而如今尚存的寥寥无几。说到能够一路坚持走到如今的原因,张红兵博士反复强调的就是“要有前瞻性,时刻把握市场的动向”。如果说 SUZA 创业之初,IT 行业的情况是一个产品 10 个客户来买的话,5 年后情况就变成了 10 个产品争着卖给一个客户。IT 业的迅猛发展催生了大批类型相似的企业,分抢这块大蛋糕。“当越来越多的人进入 IT 行业的时候,可供选择的产品越来越多的时候,你就

会发现有的产品在销售上就不那么容易了，因为客户的选择会更大，以前没有选择，现在可以选择了，那时候你就要意识到你的产品质量、设计以及性能上来讲就要跟别人有所不同。那直观上来讲我们碰到的最大挑战实际上就是供求关系的改变。”SUZA 的成长和发展时期，实际上也正是中国制造业快速发展的时期。在张红兵博士带着自己的团队打下良好人脉基础，逐步扩展业务领域的同时，国内的制造业也在飞速进步着。由深圳厂商供给 SUZA 的产品质量越来越高，SUZA 也就逐渐得以在竞争极其激烈的 IT 丛林中逐渐脱颖而出。SUZA 的销量逐年攀升，在法国乃至整个欧洲，开始受到广泛的认可。实际上这绝不仅仅是市场对这套经营理念的认同，也不仅仅是人们对一个品牌的认可，更是西方世界对中国制造产品的认可。张红兵博士每天同各路外国人打交道，对他们看待中国货的观念的改变感受尤其深刻。回首一路走来，张红兵博士感慨不已。“最大的感触就是，为中国制造自豪。”而 SUZA 在业界地位的提升，同时带动着供货厂商进一步升级技术、设备、人员，以便供给质量更加优良的产品，良性循环逐步形成。“看到祖国的产品越来越好，外国人越来越认可，我发自心底地高兴。那种感觉真的是，为了改变外国人对我们的观念而奋斗。”实际上也正因张红兵博士对中国制造始终无二的坚定信心，以及对改变中国产品国际形象的不懈奋斗，才得以借力中国制造的迅猛发展，取得如今的成就。

**成就斐然的舒展**。

现在的法国舒展国际股份有限公司（SUZA International）是一家集设计、生产、销售于一体的欧洲 IT 科技企业，总部位于巴黎近郊菲力普伊市，生产工厂设置在深圳。除了自我设计，自我制造外，公司每年还向全球其他优秀代工厂家进行采购。目前公司主要的业务分为两块，B2B（business to business，企业对企业）方面，依托中国制造业的强大优势，通过地处深圳的工厂直接面对客户，使得生产方与销售方能够无缝对接，减少沟通成本，增加效率；B2C（business to customer，企业对客户）方面，通过公司线上线下多渠道的互相配合（线上主要通过亚马逊，Cdiscount 等大型在线销售平台，线下主要通过 Fnac，Leclerc 等大型实体电器超市）向全世界客户销售产品。目前公司业务点以法国为中心辐射到周围的英国、荷兰、比利时、瑞士、意大利等国家，而且远销到了北非的一些国家。

舒展公司目前的发展设置有四条面向不同客户群体的产品线。第一条是传统的IT行业产品，做PC及配件、键盘、鼠标、摄像头、整机及内部元器件。第二条是移动系列，生产诸如笔记本电脑、手提电脑、智能手机以及相关的一些配件。第三条产品线生产属于游戏类产品，因为随着网络的发展，电子竞技产业的蓬勃发展，在线游戏玩家越来越多，SUZA敏锐地发现了这一个新兴市场，并针对这个独特的客户群体专门开发专业的电子竞技配套外设产品。第四条产品线是监控系统类。随着物质生活快速发展，网络日益发达，人们对家庭的安全需求越来越高，因此SUZA发展了一套专门的监控系统，通过随身携带的智能手机或者平板电脑，实时监控家里或公司电子设备及安保系统的情况。走过二十载，SUZA依旧屹立的原因很大程度上在于张红兵博士通过客户需求的精准分析，对市场发展的灵敏嗅觉，坚持着“人无我有，人有我通，人通我变”这一定律，始终站在时代的最前沿，敏锐把脉互联网时代一点一滴的进步，带领着自己的公司稳步前行。

谈到对未来的展望，张红兵博士说舒展国际(SUZA International)目前仍处在发展阶段。未来舒展SUZA会力图在现在的连锁店销售、线上销售、代理销售外，尝试开拓崭新的销售渠道，并逐步将业务进一步拓展至欧洲剩余国家，以及一些中非、南非国家。

## “师夷长技以制夷”

近些年，创业无疑是无数年轻人心之所向的大热门。但是其中很少人看得清这到底是一条怎样的路。权威数据显示：大学毕业生创办的企业5年内存活率仅有30%，大多数创业公司都很快破产甚至从未成功。位于上海的一家为支持年轻人创业而设立的创业孵化器负责人表示：近些年，互联网创业成为热潮，随着“互联网+”的新商业模式的崛起，互联网与传统行业的融合创新不断展现，创业、创新的形式呈现高度的互联网化。互联网产业已经迅速成为中国经济最大的新增长极和创业空间。由此而导致关于网络

游戏、手机APP开发、大数据等方向的创业团队层出不穷，其中不乏交大、复旦等名校学生，然而这些创业项目往往大同小异，缺乏市场竞争性，又或者由于没有对于市场和经济形势的深入了解，缺少公司发展的长期规划等因素，无法完美地将互联网与传统行业相融合，导致昙花一现，淹没在创业浪潮之中。反而是一些较为传统的实业类创业，如化工、机械等方向的创业公司发展得更加稳健，这些行业的发展，有着更为悠久的历史，无数前辈的经验都可以为年轻的创业者们提供帮助，使他们走得更稳。“互联网+”对于传统行业也有着很大的冲击，大批创业者在传统行业的基础上，增加更多与互联网的联系，使传统行业更加技术化、智能化和高效化，由此催生出大批新产业和新业态，产生新的消费点。据统计，2015年5月中国信息传输、软件和信息技术服务业新登记注册公司2万户，同比增长48.0%。中国互联网经济正以每年30%的速度递增，互联网创业已经进入新时代。

形势似乎一片大好，但是是否应该学习乔布斯、比尔·盖茨中途休学创业？留学对创业来说到底有没有必要？在国内创业好，还是在国外创业好？毕业后是回国发展好，还是在国外发展好？或者是应该在国外多待几年积累经验，抑或是直接回国适应新的环境？不少人陷入了迷茫，揣着走一步看一步的心态跌跌撞撞、懵懵懂懂，感觉自己似乎离梦想越来越远，心灰意冷，辗转盘桓，迷失了方向，痛苦而艰辛地寻找着自己的方向。很多时候到头来都感觉自己在浪费时光，度过的不过是一段艰难的蹉跎岁月罢了。张红兵对此也是深有体会。

作为创业前辈，张红兵博士对留学很是鼓励。多年在外留学打拼的经历让他深刻认识到欧洲、美国在科技、教育方面仍旧保持着领先优势，通过留学接受更优质的教育、掌握更尖端的技术，对后期无论工作还是创业都会有很大帮助。另外在经济全球化日益加深的当下，国际化的学习能力、交流能力也是必不可少的，留学恰好提供了绝佳的锻炼场景，让我们更好地为未来的事业做好准备。同时留学也是对个人能力的一次考验，离开家乡，来到陌生的异国，融入、沟通以及包容都显得格外重要。离开家人，独自生活，自己洗衣、做饭、买菜，这些在家里基本不会做的事，出来就都必须靠自己。对自己的独立生活能力是一次很好的提升。俗话说当家才知柴米贵，养儿方知父母恩。只有自己独立生活了才会知道支撑一个家的辛苦，在周围没有人关心你的身体、你的情绪，没有人在乎你快乐与否，没有人在意你的想法，甚至连沟通都不是那么畅快，文化都有差异，你想说什么总觉得不能表达得那么透彻的情况下，对于父母的付出，朋友的问候，甚至来自陌生人简短的善意，都会生出一种近似与感恩的情绪，而这种情绪对于社会是非常可贵的。我们有些人总是把别人的付出当成理所当然，并且坦然接受。在这个异国他乡，当我们如实地感受到人情的冷漠时，或许就不会像以前那么自大，并且对别人的付出会报以感激。白岩松说："只有离家越远，才真正知道家在什么地方。"张红兵提及他的一个朋友，可能是家里独身女的缘故，从小父母就对她特别宠爱，出国后，再也没有娇生惯养的环境，有一次生病发烧，独自一个人在房间里抱着被子喊妈妈。直到哭喊累了，才迷迷糊糊地睡去。第二天还不敢打电话告诉家人自己生病的事。对于现在生活富足，没怎么吃过苦的孩子来说，张红兵觉得出国磨炼一下是非常必要的。"出国就是来吃苦的。"张红兵说。

而对于欧洲留学和北美留学的对比与优劣势，张红兵博士认为，相比较来说，留学欧洲能接触到更多传统的西方文化和人文主义精神，有着更厚重坚实的历史感。而美国则是年轻的国家，更加自由开放，接触到的知识和人脉也相对更加多元。两者各有各的好处，"适合自己的就是好的"。

对于意欲创业的同学，张红兵博士特别强调了工作经验的重要性。从他本人的亲身经历来看，几年的法国企业工作经历无论对他接触社会，感悟地域文化，还是理解行业，掌握工作经验，熟悉企业运营，都有极大帮助。仅凭着一个架空的想法和一腔热血，就想在现在这个信息爆炸、新奇理念层出不穷的时代闯出一片自己的天地，着实不是易事。而对于创业想法，张红兵博士始终强调"要深思熟虑，要有前瞻性"。某些行业当下很热门，好像只要投身进去就可以光鲜亮丽地闯出一片天地，实际上并非如此。要仔细考量，不仅仅从这个行业本身的发展考虑，还要兼顾考虑这个行业相关的其他行业会有怎样的发展，试着预测所选择的这个行业在三年后、五年后、十年后到底会是什么样的情况。比如更新换代飞速的 IT 行业，台式电脑刚刚出现

的时候，大家就一股脑地投入进去，殊不知很快被笔记本电脑抢占了风头，紧接而来的又是智能手机、平板电脑……在这样的行业里就算一个产品坚持做得再好，也很难不被淘汰。不同行业有不同的特点，务必要在创业开始前把这个特点搞懂，让它为己所用。潮流要顺应，这点没有错，但更重要的是紧密把握时代的脉搏，估计时代的发展，这是创业企业想要获得成功最重要的一点。至于创业后企业运营，以及和合作伙伴的关系相处问题，“在实践中学习吧，哈哈。”张红兵博士笑着说。

如今的创业大热的中国，很显然已经进入了一个创业蓬勃的时代。有业界人士称：“中国创业者在成功的速度上已经接近美国。而且在模仿中创新突破的能力正越来越突出。”目前各种创业公司如雨后春笋，虽然是失败者居多，但从另一面看，也是经济活力的体现。

近些年，在新的网络时代下，在中国经济发展处于调整期的大环境下，在中国创业的确成为时代潮流：因国际金融危机而大量回国的“海归”，不再满足于替他人打工的大型企业的管理和技术精英，大量有着城市打拼经历的返乡农民工，都是这个创业潮流的中坚力量。随着“大众创业，万众创新”的提出，商事制度改革不断深化，支持微小企业的多项政策陆续出台，经济形势的变化和政府的大力支持，再加上针对近几年大学生就业难的严峻局面，国务院办公厅印发了《关于深化高等学校创新创业教育改革的实施意见》，提出实施弹性学制，允许保留学籍休学创业创新，再一次展现了国家对于大学生创业的支持。无论是传统产业还是新兴产业，又或者是两者相结合，对于想要尝试创业的大学生们，首先要做的应该是理性分析当前的市场状态，行业发展前景，了解相应的法律法规，行业行规等，学习和思考前辈们的经验教训，在对自己所面临的局面有着充分的了解和认识之后，为自己的团队做一份稳妥的发展规划，权衡利弊，最终迈入创业之路。当然了，不要盲目地跟从创业热潮，要学会选择合适的创业方向。一个成功的创业例子并不意味着我们创业时有着很大的成功率，而且意味着其他无数创业者的失败，需谨慎抉择。

现今的欧洲或许并不具备最佳的创业环境，但其在技术和理论基础上仍保有一定的领先优势。“出去多看看，学先进的科技和思想，然后回国创业。师夷长技以制夷。”张红兵博士这样总结道。

**采访人：**

上海交通大学　巴黎高科卓越工程师学院2013级本科生　陈晓芙

上海交通大学　巴黎高科卓越工程师学院2013级本科生　鲍　雨

张红兵

# Life Is a Journey

## ——访连续创业者 陈浩波(Larry Chen)

近年来,随着计算机科学与技术在人们生活中的应用不断深入,特别是随着云计算、物联网、移动互联网、大数据等技术的兴起,上海交通大学计算机系不断调整学科方向,形成了高可靠软件与理论、并行与分布式系统、计算机网络、智能人机交互、密码学与信息安全等研究方向。遵循国际学术标准,上海交通大学计算机系正致力于在计算机学科领域力争成为世界一流的院系。从上海交通大学计算机系走出的人才万千,陈浩波(Larry Chen)就是其中一员,一位具有技术背景的企业领导者、创新者。

初次听闻时,他在美国商场叱咤风云,融资近亿元;初次相见时,他在中国的新形势下顺势而为,勇攀高峰;初次采访时,他侃侃而谈,带着中国人的儒雅谦逊与平和。从美国到中国,陈浩波(Larry Chen)走过了自己近半的人生轨迹;从一个公司到另一个公司,他用自己的双手取得了一个又一个的成功,打造了一个又一个的里程碑,然而这样一位成功的连续创业者,这样一位经验丰富的技术商业管理领导者、创新者,2015 年 10 月,在上海又开始了自己新的征程。从 Larry 1988 年来到美国的加州到 2015 年回国发展,他在美国已经生活了 27 年,将近 1/3 的人生都在美国度过,Larry 早已习惯了美国的处事和思维方式,也十分熟悉美国的商业环境,显而易见,继续留在美国发展会十分轻松,但是他选择了回国发展创立东方金融公司,这不仅仅因为他看到了中国新时期新媒体背后隐藏的商机,更重要的是,Larry 拥有自己的人生哲理，用Larry自己的话来讲："其实我觉得生活是一场旅行，而我的每一次创业都只是自己漫漫旅程中的一站，是为了让我的整场旅行都更加生动精彩。"

## 交大的一张票与一副三脚架——Connecting the Dots

雪莱说过："人生，这伟大的奇迹，我们叹为观止，只因你如此奇妙无比……"确实如此，若干年后的Larry回想起自己整场旅程的开始都会忍不住感叹人生的奇妙，因为又有谁能想得到，一张演出票和一副三脚架竟然转动了Larry命运的齿轮。

Larry中学就读于上海市大同中学，该中学创办于1912年，具有悠久的历史。在中学时期，Larry就担任了学生会主席，常常在台上面对全校同学讲话，这给他带来的一大受用终身的技能——公开演讲。Larry中学时期英语和理科成绩突出，曾经获得上海英语听写比赛第一名，这也为他日后进入上海交通大学的学习做了铺垫。在中学时期的Larry似乎就形成了保持卓越的形象。但他本人谈起中学时代，觉得尚有遗憾，其一是当时对文科不很重视，只求成绩好，但是人的情商很大一部分是通过学习文科内容培养起来的；其二，就是遗憾没有在中学时学习一样乐器。

得益于中学时代的优秀，1984年Larry进入了自己梦寐以求的大学，他和许许多多的大学新生一样，一开始就被大学的学生活动所吸引，希望从中得到不错的锻炼，成为梦想中优秀的大学生。然而那时，任何人都没有想到，正是这些繁琐的学生活动成为将来改变他一生命运的重要因素之一。

凭借优秀的学习成绩和杰出的工作能力，Larry顺利地成为了当时一年级学生会主席，负责组织一些学生活动。当时的学生活动一般都是学生内部的文娱活动，比如学生排球比赛、演讲比赛之类的，十分拘谨并没有太多的创新点。在这样的现状中，身为学生会主席的Larry希望能在自己的职位上对文娱活动有所创新突破，让同学们享受更有意思的课外生活，于是他决心找专业人士开一场高大上的文艺演出，这个大胆的决定得到了伙伴们的大力支持，学校漂亮的礼堂也为其提供了合适的场所，但是却面临缺乏经费的难题，当时的学生社团活动还没有学校、企业的赞助，所有费用都需要由组织者自己解决，当时 Larry 每月的生活费只有 20 元，是完全无法承担这场高规格的演出的。没有经费就预示着无法启动这项活动，这可如何是好，经过商议，他们最终决定卖票，用卖票的钱来支付演员的出场费应该没有什么问题的，于是他们积极地联系了一些小有名气的演员，用心地安排会场，希望带给同学们最好的享受。然而好事总是多磨，晚上的演出就要开始了，可是门票还没有卖出去几张，Larry 和伙伴们都感到万分焦急，也为可能无法支付演员的出场费而忧心忡忡。然而成功的人总是有勇气去面对一切可能发生或者正在发生的难题，正如青年时期的 Larry 和他的伙伴们。在经过短暂的讨论后，Larry 和同学们决定去推销门票！同学们花招百出，有人在路边挂牌子卖票；有人鼓动着自己的同学和朋友来卖票；还有人跑到周围的招待所一间间地敲门推销票，直到演出都已经开始了，他们还在卖票，作为亲自安排这场演出的同学们并没有机会亲眼看到这场演出，而作为学生会主席、活动领导者的 Larry 也错过了上台发言的机会。但是他并没有感到遗憾，反而感到无比的满足和有成就感，并且笑称自己当时在后台一遍遍数着卖票得来的钱，生怕不够支付这场演出。

其实组织一场演出，在四年精彩的大学生活里可能只是一件小事，但是 Larry 对其印象很深，那时拿着卖票得来的钱无比骄傲地付账的画面至今历历在目。在他看来，卖票并不是一件小事，而是影响他未来的一件大事，大学里第一次亲自筹划的活动，他从中积累了丰富的经验，并且学到了对于困难的正确处理态度，也见证了团队合作的力量，这与他在后来的创业瓶颈期内始终保持着自己的一份独特的乐观有着密不可分的联系。用 Larry 的话说："在工作时不管怎么困难，发动大家，用尽各种办法，问题总会解决的。创业的时候也是这样，有的时候碰到发不出工资的情况，但是想到这个经历就觉得总是可以解决的。"

大学的生活不仅让 Larry 获得了丰富的经验，而且为他未来的发展提供了难得的出国深造的机会。在 20 世纪 80 年代，出国留学的费用，不是一般家庭所能承担得起的，而 Larry 的家庭并不宽裕，他留学生涯的开始也是机缘巧合，这个故事还要从一副三脚架说起。

那时正值Larry大学四年级的时候，他想和女朋友出去拍照，就问同学借了一副三脚架和一台相机，却因为一时的粗心弄丢了同学的三脚架，这让Larry感到很不安，想买一副新的架子还给同学。但当时的三脚架是比较贵的，需要四五十块，这对Larry来讲无疑是个难题。他并不想向家里要钱，让父母来为自己的粗心买单，他只能到处找兼职，那段日子过得很是辛苦。但是Larry无疑是十分幸运的，这也源于他有一双善于发现的眼睛和一个敢于挑战的心。Larry在交大学了两年的日语选修课，偶然间发现管理学院请了一个日本教授，而正好日语系老师工作繁忙，需请人做翻译，薪资还算不错，这正好可以解他的燃眉之急。因此即使只有日语二级的水准，他仍然抱着试试看的心态去应聘了这项兼职工作，还买了一本日语常用语的书籍来作为辅助。此外，Larry的英语水准很高，这也让他稍感自信，想着日本人应该也会英语，实在不行可以用英语来沟通，总是有办法的。到了翻译现场Larry才发现日本老教授并不会说英文，但这并没有让他感到惶恐，他镇定地斡旋在两位中日交大教授的交谈中，遇到自己不懂的日语时，就会基于自己的理解进行推测和翻译，他无疑是胆大的，但也是聪明的，双方教授都对自己听到的结果感到十分的满意，这次的会谈就在Larry妥当机智的处理中取得了圆满的成功。而Larry也获得了几百元的工资，买了一副新的三脚架还给了同学。

Larry的那次翻译给中方教授留下了深刻的印象，后来那个交大教授想要召开一次学术会议，便再一次找到Larry，希望他帮忙联系一些国外的专家，并且充当会场的招待和翻译。英语交流一直是Larry的强项，他便欣然应允了。可真正操作起来，才发现事实并不是英语好就可以的。首先要联系专家，但是当时并没有什么人脉资源的Larry并不知道应该邀请哪些人，只能去图书馆，查找类似名人录的册子，从中进行筛选。经过反复推敲最终确定了一批人的名单和联系方式。此外，那时候国际长途电话是十分贵的，只能晚上去外贸公司打国际长途，一番波折后就真的找了一帮人来开会。

在参会的人员中其中有一对夫妇来自加州，Larry接待了他们。一起聊天的时候，那对夫妇对这个充满热情、待人接物十分有礼的小伙子十分喜爱，就询问他毕业有什么计划，是否想去美国，是否需要帮助，如果需要，他们可以为他提供一个在美国暑期工作的机会。这个建议让 Larry 仿佛打开了另一扇窗户，他一直都希望可以走出国门，去看看外面的世界，去接受更多的教育，积累更多的经验，可是家境并不优越的他只能将这个愿望藏在心里，就像潜伏的狮子等待着最好的机会，好机会终于如愿以偿的到来了，Larry 鼓起勇气努力地抓住了它，拿着申请到的奖学金，他踏上了美国的国土，开始了在美国的暑期工作。仅仅如此是不够的，为了获得更加长远的发展，Larry 后来又去申请了学校——加州大学戴维斯分校。加利福尼亚大学戴维斯分校（也称为 UCD、UC Davis 或 Davis），是设在加利福尼亚州的戴维斯（Davis），位于萨克拉门托（Sacramento）西部的公立研究型大学。加州大学戴维斯分校于 1905 年创立，与加州大学伯克利分校（UC Berkeley）齐名，被誉为公立常春藤之一。

加州大学戴维斯分校提供的奖学金加暑期打工的工资为 Larry 凑够了学费，他开始了在美国求学的征程，并且最终取得了加州学戴维斯分校计算机科学硕士的学位。愚者错失机遇，智者善于抓住机遇，而成功者往往创造机遇，Larry 用他的经历说明机遇只留给那些准备好的人，一切的偶然中存在着它的必然性，聪明的人和成功的人都会努力把握好它。

Larry 自己说，就像乔布斯在斯坦福大学的演讲中提到的“Connect the Dots”，去多参与，可能自己当时也不知道是因为什么，但当回过头来看可能就是这些零碎的事情拼凑出了人生的轨迹，至于结果是好还是不好，没有人能知道，我们能做的是把握机会，砥砺前行。有时 Larry 也会想如果当初自己留在国内现在又该有怎样的境遇和发展，但是尽管如此，他从来都没有后悔做出当初的选择，甚至心中充满了感激。基于自己的经验，他对现在的大学生也提出了一些自己的建议，大学是个积累知识和经验的地方，是开放的和充满挑战与机遇的，大学生应该努力珍惜和把握，并且发掘更多的机会，来为自己以后的人生铺路。还有就是胆子要大一点，有些人碰到问题，会找一堆理由来说明这事不行，而不是反过去想，我只要克服了这些，我就能把它做好，所谓“positive thinking”，这是一种积极的能够创造快乐与成功的态度，这给我们带来更加善于发现机会的眼睛，更加充沛的能量。正如《积极思考》一书中描述的：根据美国劳动统计局的统计，美国的企业每年因消极因素带来的损失大约有30亿美元。这些损失主要来自闲谈、苦恼、抱怨、暗地里打击别人的积极性等所导致的生产力下降。消极思想造成消极成本的例子数不胜数，但这种消极成本却常常被人们容忍，被人们忽视，被人们不屑一顾地当做生产成本看待。其实大可不必，我们不需要忍受消极，我们完全有办法改变这种现象，克服消极思想。乐观、热情、信念、正直、勇气、信心、决心、镇定、耐心、专心是治愈消极思想的良药，它将积极思考的阳光照进充满阴霾的心灵，唤醒人们与生俱来的积极思考的品质，产生令人叹为观止的力量，将一个脱胎换骨的自己和崭新的事业展现在世人面前，那时候，自己将对生命所能达到的境界发出由衷的礼赞。这种态度不仅是创业者所需要的，作为一个好的工作者也不能一味地单纯执行命令，也需要保持积极主动的态度。所以这更可以说这是一个生活的态度，不仅仅是在工作上如此，在生活里更是如此，例如对孩子的教育，可以给孩子更多的关心、鼓励与支持。

## 三次重要的创业旅程——Why Not?

Larry 拿到加州戴维斯分校的计算机科学硕士学位后顺利地进入了甲骨文(Oracle)公司工作，负责新技术的开发，包括 Web 开发、数据库管理和软件工程等。甲骨文股份有限公司(甲骨文软件系统有限公司)，是全球最大的企业软件公司，向遍及世界145个国家的用户提供数据库、工具和应用软件以及相关的咨询、培训和支持服务，总部位于美国加利福尼亚州的红木滩，全球员工超过40 000名，2003财年收入达到95亿美元，是财富全球500强企业。自1977年在全球率先推出关系型数据库以来，甲骨文公司已经在利用技术革命来改变现代商业模式中发挥关键作用。甲骨文公司同时还是世界上唯一能够对客户关系管理—操作应用—平台设施进行全球电子商务解决方案实施的公司，具有良好的企业环境。

在甲骨文的这段时间里，Larry 不仅积累了丰富的人力资源和管理经验，而且在大环境的熏陶下更加具有独到的眼光和开阔的胸怀。不得不说，这段时期的工作经历对 Larry 此后朝互联网、软件的创业方向有很大的影响。1996 年，Larry 决定离开甲骨文公司，自己进行创业。从高年薪到零起点的创业，在很多人看来或许是一次冒险，但是 Larry 认为："成长就是需要一次又一次地挑战，安逸的环境更加容易消磨人的斗志，而创业从零开始，不断探索，遇到问题，解决问题，锻炼自己是一件非常有意思的事情，这和去一个体制完备的公司工作是完全不一样的。"或许正是由于对人生源源不断的追求和正直青年的满腔斗志，Larry 开始了自己的创业旅程。正如他所说的创业是会上瘾的，一旦开始就很难自拔，坎坎坷坷，风风雨雨中，不知不觉间 Larry 已经经历了三次重要的创业旅程。

**《孙子兵法》云："知可以战与不可以战者，胜。"**

Larry 于 1996 年在美国开始了他人生的第一次创业旅程，创建了美国 Citadon 公司(原 Bidcom 公司)。当时世界互联网处于开始腾飞的蓄力阶段，作为一种革新人类生活方式的新兴媒体逐渐为更为广泛的人们所熟知，拥有巨大的市场潜力。在中国，1994 年至 1996 年是互联网起步阶段，1994 年 5 月 15 日，中国科学院高能物理研究所设立了国内第一个 Web 服务器，推出中国第一套网页。1996 年 1 月，中国公用计算机互联网(Chinanet)全国骨干网建成并正式开通，全国范围的公用计算机互联网络开始提供服务。中国开始被国际上正式承认为有互联网的国家。但在大洋的彼岸，美国互联网发展飞速，网景公司在两年前成立，各类虚拟货币、线上线下购物网站处于萌芽阶段，浏览器还是当时互联网行业的焦点。对于影响力巨大的全新事物，人们总是抱有两种极端的态度，一种是对互联网经济泡沫忧心忡忡；另一种是看好互联网未来发展的极大潜力，并投身于此。历史告诉我们后一种的观点是正确的。

对于一个充满激情与好奇心的年轻人来说，这样的时代机遇怎容错过，尽管当时 Larry 还在美国甲骨文工作，但是那时的工作环境已经无法满足其发展需要和向上的热情，加之心中对于互联网创业的渴望，他早已按捺不住内心跃跃欲试的悸动，只是始终都缺少那一股东风。令人万万没有想到的是这股东风竟然在一个晴朗的周五悄然而至。那是发工资的一个周五，

Larry在银行前的长长的队伍里百无聊赖，偶然间听到身后的两个人在热情地聊着互联网，言谈之间十分有想法，Larry对其也十分地感兴趣，联想到现在似乎处于瓶颈期的发展现状，就产生了主动创业的想法。Larry一直都是一个敢想敢做的人，他迅速地加入到了他们的交谈中，就这样认识了自己以后的创业伙伴。创业伙伴把重点放在建筑行业的软件服务上，针对现在建筑行业跨地域，远距离的现状，沟通显得非常重要，但多以通过电话、传真等方式，在数据传输等方面都十分不方便，于是他们便开始致力于实现建筑行业的软件服务，建立一个"云"的多对多的平台。这个想法在当时是十分超前的，直到近几年这类云服务才在中国兴盛起来，由此可见Larry的远见性和创造力。工作室成立的初期，Larry一边在美国甲骨文公司上班，一边进行创业，那段日子虽然辛苦却很快乐。在不懈努力下，这家公司从只有一个客户开始，发展成美国Citadon公司(原Bidcom公司)，公司总部位于美国，是计算机行业私人控股公司。而Larry担任其首席信息官和副总裁，负责建立一个高度可扩展的全球技术软件商业平台，为Citadon的全球客户提供关键业务服务。在Citadon公司(原Bidcom公司)，融资近亿美元，并且创立了全球领先的SaaS商业服务平台，被收入美国华盛顿Smithsonia博物馆永久技术创新存档。伴随着Bidcom公司的发展过度饱和，缺乏再次升值的空间，第一次创业投资人被GE收购后，Larry果断地开始了第二次创业的旅程。这次创业开始得意想不到，发展得如火如荼，而结束得也恰如其分，从总体上来讲，是一次可以从中获得许多经验的创业案例。或许很多人埋怨自己没有Larry的运气，可以在银行门口结识自己的合作伙伴，但是相较于虚无缥缈的运气一说，一直支撑着Larry前进的是他敢想敢做的勇气，无论是他主动地与陌生人解释交谈，还是他毅然放弃高薪工作投入到创业中来，或者是在创业中遇到种种难题时，乃至是到最后公司的发展难以突破瓶颈时，他都表现出惊人的果敢与勇气，而这也成为他创下完美的业绩，取得成功的关键。约翰逊说："我们可能把幻想作为伴侣，但必须以理智作为我们指引。"创业开始可能来源于激情，冲动，甚至是某一时刻脑中的一个幻想，但是在真正付诸行动的过程中起主导作用的应该是知其何时为，为何事，何时不能为，何事不可为的理智与冷静。因为Larry拥有那思考的羽翼，所以飞出了自己的天空。

**《孙子兵法》云："投之亡地然后存，陷之死地然后生。"**

Larry 的第二次创业 $SRS^2$ 公司是与几个中学同学，以及以前公司的伙伴合作共同完成的。当时 Larry 看到印度软件外包做得很好，就想为什么中国不行呢，中国软件行业需求很大，各行各业都有信息化的需求，中国高校在软件研发以及人才培养方面也日益跟进。中国应该也是具备软件外包的市场潜力的。于是就在利用美国和国内资源的基础上，开拓国内软件外包市场，服务全球客户。遗憾的是可能与印度英语语言优势、在国外公司高管数量多且乐意互相帮助等方面有差距，中国的外包事业一直都不似印度的那般理想，不仅缺乏良好的发展环境，而且面临着巨大的竞争压力。因此虽然后来公司也是做起来了，但没有做大。这也可能与中国软件企业服务范围遍地开花，客户需求不确定以及软件盗版严重等问题相关。正如印度 IT 之王、Infosys 首席执行官 S. D. Shibulal 所说："软件外包行业正迎来全球大洗牌——要么专业化转型，要么规模制胜，要么被并购，要么死。"雨果说过："当命运递给我一个酸的柠檬时，让我们设法把它制造成甜的柠檬汁。"秉持着这样乐观豁达的心态，Larry 做出了将现在的公司与上市公司江苏润和软件股份有限公司合并的决定。这样的做法使得公司成为润和软件股份有限公司体系的一部分，使得润和软件公司拥有从咨询、规划、设计、开发、测试、运维的软件全生命周期服务能力，更好地实现了自身的价值，也依靠润和获得了更为长远的发展，这不失为明智之举。Larry 认为这也算是一次有益的经验，虽然有一个想法就要努力去做，但任何观点都是有两面性的，努力去做并不代表草率与冒失，还是需要考虑有关条件是否充足、时间点是否正确。有自信多多少少都能做出点东西，但想要做大就要多看看宏观的条件了，在慎重考虑了具体情况的前提下才能做出最为理智的选择。著名的管理学家卡斯特说："管理者要能容忍不测，需具备竞争性格，他们要不断地审时度势，不断地找准问题，抓住机会。"Larry 在第二次创业中固然因为没有对国外市场进行正确评估而导致了失误，但是他能在后期正确地找准问题，并且果断地抓住了润和这样一个机会，使得公司在将近绝境时以另外一种方式开拓了生存空间，这种置之死地而后生的举动正是一位杰出管理者的魄力所在。

在这之后 Larry 还涉足过对外汉语 APP 行业的探索与发展，他认为现在学习英语的软件做得很好，有声翻译情景对话等花样百出，但是学习汉语的软件缺乏创新，形式老旧，然而随着中国的发展，汉语的普遍需求不断地提高，学习汉语的软件水平并不能很好地适应市场需求，这也就为企业的发展带来商机。如何来做出成功的汉语 APP，Larry 提出了模拟真人版的情景对话等十分新鲜的主意，希望通过自己和团队的努力为外国人学汉语提供便利。从这方面讲，Larry 总是能够在社会生活中捕捉到商机，进而提出十分具有前瞻性的新鲜点子，虽然未必所有的点子都取得了很好的结果，但这份敏锐的洞察力和敏捷的思维都是十分值得称赞的。例如他还在交大时，面对一堆书籍和繁琐的查阅方式，就曾想过建立一个信息搜索软件，方便同学们的借阅、分享。而这样的搜索正是日后谷歌、百度所做的业务。但是因为当时条件有限，他没有付诸实质性的行动，现在想来也是十分遗憾的。除此之外 Larry 还有过其他非常多的超前的创意想法，一闪而过的灵光，也许可以改变自己甚至改变世界。Larry 用自己的经验告诉我们，如果有什么可贵的想法，就要努力去实现它，生活学习和创业都十分需要一往无前的勇气。另外还要善于捕捉机会，放远眼光，这样才能获得长远的发展。毕竟，领袖和跟风者的区别就在于创新。

**《孙子兵法》云："知己知彼者百战不殆。"**

相较于第一次创业始料未及的开始，Larry 第三次的创业是在做足了评估调查精心准备后开始的。Larry 敏锐地洞察到，从 2000 年到 2015 年的 15 年间，电视屏技术的发展相对于手机屏技术处于相对平稳的阶段，手机屏技术在这 15 年间从传统的数字机转变为智能机，并不断更新且迭代了大量的应用，而电视到现在依然只是视频收看的工具，其功能和群众的认知度都有待发展。要知道当 PC 造就智能化，手机和平板也在大面积智能化的情况下，TV 这一块屏幕自然不会逃过 IT 巨头的法眼，一定也会走向智能化。三网合一、三屏合一是当下的热点，电视媒体与网络媒体、移动多媒体的互动越来越多，结合互动也越来越多，它们之间的界限渐渐模糊，但电视以其以往在用户心目中的公信力以及其大屏的特征，在互联网的潮流中被推向风口浪尖。依靠机顶盒，网络电视在国内已经成为主流，网络视频公司、电视制造公司、传统电视服务提供公司都在争抢这块巨大的蛋糕。

以此为突破口，Larry 开始了当下的创业旅程。新建立的东方金融公司通过线上线下的 O2O 模式，借助东方有线新一轮创新发展所带来的机遇，充分发挥信投和东方有线的公信力与用户资源优势，以不动产金融与财富管理为核心业务，专注服务东方有线 700 余万家庭用户，为用户提供准确的房源信息以及财富管理信息，整体服务包括产品服务、大数据、用户管理以及支付四大类。用 Larry 的话来讲，他希望可以尽最大可能地挖掘电视的媒体优势，虚拟化大屏幕，手机遥控器，智能机顶盒等都是可以充分发展的地方。当人们在电视购物时，不再需要打电话订购，可以绑定支付宝，直接订购；而当人们进行理财时，可以在电视上与理财师进行面对面的交谈、规划和信息的推送；并且一些广告的展示在电视大屏上更具有优势，诸如此类都是 Larry 想要做到的。Larry 始终相信将来会是三网合一、三屏合一的时代。从国际案例来看，无论是 Comcast 还是 Apple 都相继推出了 Xfinity 以及海量 APP 服务，相继取得了不错的反响，也预示着这样的一种发展趋势。当然目前的智能电视还处于发展期，并没有成熟，还存在着种种问题，用户体验不佳，很多用户把智能电视当成传统电视来使用，并没有意识到它所具有的智能化功能，消费者对智能电视的认知度不高；国家政策上的条条框框也一定程度上压制了企业的发展等。对于这些难题和更多未知的风险，Larry 总是很乐观豁达地说："这也许会是一个巨大的机遇，为什么不去尝试一下呢？"马云说："得屌丝者得天下。"Larry 笑说有时候得钱包者也能得天下。况且，Larry 对于未来将遇到的问题有着自己的预测和准备。《孙子兵法》云："无恃其不来，恃吾有以待也。"企业经营中总会遇到风险，不要期望风险与敌人不会来到，而应该做到宁可备而不战，不可战而不备，拥有一套完整的预案机制，风险来时自动开启。他的这种直面困难，积极迎战，乐观豁达，游刃有余的心态使他一直坚定不移地走在成功的道路上。

回顾 Larry 的创业历程，我们可以发现 Larry 的事业总是和高科技手段相关，其实他对于科技有着一套自己的认知系统。从企业电子化管理系统、APP、到当下非常流行的云、大数据，Larry 可以说一直用他的思想和行动走在时代的前列，积极地回应着互联网和大数据的时代浪潮。在他的心中高科技只是一种新技术的运用，对待已有的新技术，还是应该首先想出一个好的商业模式，再来用数据技术支撑，而不是被数据技术所牵引。可以说信息技术的发明与进步改变了世界，但对于信息技术的运用还是需要可靠的商业模式。他认为下一个能改变世界的技术可能是人工智能，但现在还没有发展到这一步，所以还是应该回到商业模式的思考，而不是跟风。正是这种对于科技的清醒理智的认识，使得 Larry 在自己的商业王国里挥斥自如。

## 关于创业伙伴的建议——Know What You Need

如果说创业是一场没有硝烟的战争，那么只有主帅是远远不够的，还需要谋臣、武将，士卒、骑兵，他们都是创业伙伴，是打赢这场战争的助力。那么如何选择自己的创业伙伴，又该如何对待自己的创业伙伴，Larry 提出了十分有益的建议。

Larry 的创业伙伴大部分是自己中学和大学时期的同学朋友，所以他用自身的经验建议我们要珍视校园时期的朋友。他说："大学里的伙伴是十分珍贵的，因为那时候的友情很单纯，既然能够成为朋友，必然彼此之间有着相投的趣味或者可以相互补足的地方，如果志同道合，可以一起做许多有兴趣的事情，互相分享交流，而如果相互裨益，那更能够学到许多经验，这些都是难能可贵的，而这些人以后在社会上是很难遇到的。"现在，很多的大学都为同学们提供了创新创业的实践机会和试验基地，其中的目的之一就是希望同学们在积极参与的过程中发现与自己志同道合的伙伴，来充实自己的人脉资源，在将来能够更好地开展自己的创业。Larry 对这些大学的做法是十分鼓励和支持的，他的许多创新点子也来源于大学时期的经验积累，而为他提供创业机会，改变其一生命运的也是校园。孟子曾说："人之相识，贵在相知，人之相知，贵在知心。"周汉辉也说过："最理想的朋友，是气质上互相倾慕，心灵上互相沟通，世界观上互相合拍，事业上目标一致的人。"在社会上闯荡许多年，见过形形色色的人后，回过头来会发现一直予以交心的还是大学时候身边的朋友，一直留在脑海里的应该还是大学时候的青葱时光。

在创业中会遇见许许多多的人，有的打下深刻的烙痕，有的只是轻描淡写地走过，如何从中选择出哪些是无关紧要的人，而哪些是自己的良师益友就显得至关重要。明末清初思想家王夫之在《张子正蒙注・有德篇》中说："君子择交莫恶于易与，莫善于胜己。"意思是说有才能的人择友，最坏的是结交那些庸碌无为而又易于对付的人，最好的是结交那些才识卓越、超过自己的人。Larry 的建议也是如此，只是更为直接明了，他说："伙伴应该找可以互补的，敏感的，有想法的，或者技术性比较强的。"仅此一句，就囊括了创新型，技术型，思维型三种人才，各有所长，然后互相补足。反而言之，对于那些无法敏锐地捕捉到商机的，总是人云亦云而没有建设性意见的，以及缺乏真材实料满口空话的伙伴是不值得结交的。另外 Larry 还特意叮嘱道："有些人在处理事情时，但凡找到一个不可以做的理由就想要放弃，而不是遇到困难迎难而上，这样总是会失去很多的可能性与机会，因为没有任何事情是一帆风顺的，总会有让你觉得不可能实现的地方，这样的伙伴也是不值得结交的，因为这不仅是一种工作态度，更是一种生活态度。"这就是一名出色的企业家对自我的要求和对伙伴的选择，这无疑是谨慎的，也是妥帖的。

不仅仅是在选择伙伴上，在如何处理伙伴关系上 Larry 也有自己的妙招。莎士比亚说："凡是经过考验的朋友，就应该把他们紧紧地团结在你的周围。"那么如何来使自己的伙伴团结起来正是一个企业家应该思考的问题。Larry 说："为员工们提供一个相互交流的平台是有必要的。"在一个公司里有决策者，有执行者，有谋臣，也有武将，虽然每个人都各有所长，各司其职，但是只有当大家取长补短，团结凝聚时才能创造最大的效益，因此作为伙伴，沟通就显得尤为重要，并不能被一个个写字间所格挡的。巴纳德说："管理者的最基本功能是发展与维系一个畅通的沟通管道。"一个好的管理者要能够和伙伴们沟通，交流意见，而且要智慧地促进伙伴之间的沟通，来调动大家的活力，这也正是企业文化源源不断的原因。

因为创业的过程中会遇到许多的难题，伙伴的建议就显得尤为重要，如何来正确地对待伙伴们提出的意见，Larry 告诉我们要始终明白自己心中所想要的，也就是说要始终清楚地知道自己最终想要达成的目的，想要到达的高度。美国的布兰德说过："成功就是一个人事先树立有价值的目标，然后循序渐进地变为现实的过程。"在这个过程中会有伙伴的陪伴，但是对于伙伴的建议不可以盲从，丢失方向，也不可以不听，错失良言，而应该要冷静地结合形势进行评估，找出最适合的方法路径来解决问题。而这也是对于伙伴最大的尊重。要知道只有明确自己的方向与目标，始终朝前努力才能取得创业的成功。

乔布斯作为一名出色的企业家，也曾在处理团队问题上屡屡失策，就连比尔·盖茨也忍不住批评道："乔布斯使苹果雇员失去团队意识，对于苹果这样规模的企业，团队意识必不可少。"由此可见伙伴在一个企业运营中的重要地位。而Larry用自己的言行向我们提出了诚恳的建议，帮助我们更好地理解了"伙伴"这个称谓。

## 创业关键词——Stay Hungry，Stay Foolish

现今中国的创业热潮风起云涌，大学生中选择创业的比例远高于从前，而国家、学校对这样的现状也是持鼓励的态度。当我们问及Larry对于当下创业潮的看法时，Larry自己作为一个连续创业者，为我们提出了以下4点创业应该具备的基本素养。

**首先，创业要有感性的冲动**。

兴趣是最好的老师。莎士比亚说："学问必须合乎自己的兴趣，方才得益。"创业就如同做学问一样，我们未必要做出十分伟大高尚的事业或者教化万人的学问，而应该多做一些与自己兴趣有关的实际的事情，最好在创业前找到自己的兴趣点，或许这个兴趣点并不伟大，但是可以让我们全神贯注地花时间在此。创业都是由浅入深，一步一步挖掘探索来的。一开始业务范围并不是很广也没有关系，可以从小处做起，就像Facebook，刚开始做的时候可能是为了接触女生，互相了解，后来就不断探索出了新的内容，成为了一个应用广泛的信息交流平台，越变越大，这样的结果或许也是扎克伯格始料未及的，但是经过努力，取得了意想不到的结果。所以只要你对这项工作感兴趣，即使再琐碎的事情你也不会感到厌烦，即使再细微的地方你也能发现其中隐含的乐趣和宝藏。就像《Rapt》一书中写的，愿意为了自己所做的事情忘了时间、忘了起居，沉浸其中。那么这个点才是值得去坚持做的。即使以后失败了，那也可以从这个过程中学习到许多。

**其次，需要考虑创业项目的可行性，不能盲目和冲动。**

孔子说三思而后行是有其真谛的。作为学生虽然有创业所需的激情，以及一些新的想法与灵感，但缺乏足够的社会经验，此时应当和家长、前辈等具有工作经验的人一起交谈，利用自己新的观念、技术以及敢想敢做的激情，来完成一个创业项目，而不是固执己见地四处碰壁，应该要学会聆听和询问。倾听就像海绵一样，汲取别人的经验与教训，使你在人生道路上少走曲折的弯路。当然如果有经验的人认为这个项目不可行或者没有什么意义，我们也不要过分气馁，还要认真地进行考证，确实如此的话就应该果断地放弃。我们要知道真正能做出 Facebook 这样的人会非常少，更可行创业的方案是去解决市场上已经存在的问题。就像投资公司一样进行理性分析，判断项目的可行性以及可能存在的风险，然后尽可能地去规避风险，完成项目。Larry 用自己第二次创业作为例子，讲述正是由于自己当时一味地热情投入，缺少对中国在国外的软件外包市场前景的实际有效的评估考证，而使得公司的发展并不如预期般理想。同时也告诫我们在感性冲动的基础上更应该理性地分析项目的可行性。

**再者，合作伙伴也是创业中非常重要的一个部分。**

一开始的创业伙伴需要找对于该项事业共同热爱，但技能上互补的人，有些人可能对一个行业非常了解，具有商业敏感度；有些人可能技术上比较强；而有些人可能擅长营销，将这些各有所长的人召集在一起，实现优势互补，就能够取得 1＋1＞2 的效果。当然找到好的合作伙伴不是一件容易的事情，Larry 特别强调了大学时候的室友，社团的好友，甚至是自己的老师等。大学的时候也是自己人力资源的积累时期，各种各样的活动很容易就让人找到和自己志同道合的朋友，同样是有理想有志气的大学生，在创业上就更加能够心心相通，互帮互助了。Larry 还提到了上海交通大学的校友会，以它为例告诉了我们大学同学互助的力量。高尔基说过："真正的朋友，在你获得成功的时候，为你高兴，而不捧场。在你遇到不幸或悲伤的时候，会给你及时的支持和鼓励。在你有缺点可能犯错误的时候，会给你正确的批评和帮助。”倘若拥有这样的朋友作为合作伙伴，相互扶持，那么创业的路上将会减少许多阻力。

**最后，Larry说到对于当下的年轻人来说，年轻就是最好的资本。**

哈菲兹说：“在年轻人的颈项上，没有什么东西能比事业心这颗灿烂的宝珠更迷人的了。”年轻人有足够的时间去尝试、去探索，去开创自己的事业。但是在探索的过程中需要做到如下关键点：好的主意、做出选择、有所舍弃、有远见、不断地挑战。一个好的主意也就是上述自己所热爱的、新的、能实现的商业运营模式，这是创业的根本；而人生处处都是选择，很难去判断哪个选择是对，哪个是错，正如Larry所述：可能那时留在国内工作也挺好，可能留在甲骨文公司继续工作会更好，但谁又知道呢？不过一旦做出了选择就不要后悔，只管一往无前地走下去，踌躇犹豫的话很容易错失机会；当然选择的同时也意味着舍弃，选择了一条路同时就放弃了另一条，什么都想要，可能什么都得不到，做多不如做精，我们很容易遇到纷繁的事物，这时候选择和舍弃就变得尤为重要，舍得舍得，有舍方才有得，不舍怎能得；远见是在选择和舍弃中的控制性因素，依据远见来决断选择，不要被眼前一时的利益所蒙蔽，需要明白什么才是自己真正想要的，不能够雾里看花，因小失大；最后人之所以进步就在于不断地挑战，在挑战中不断地进步，失败了可以积累经验，成功了就可以离梦想更进一步，但是不挑战就只能意味着停滞不前，我们还年轻，时间就是挑战的资本，挑战自己、挑战外界、挑战曾经以及挑战未来。

## 人生的智慧与潇洒——Wisdom and Degage

得以与Larry进行面对面的访谈，是十分幸运的一件事情，或许是长期待在美国的原因，Larry的举手投足之间总是带着一股自信与潇洒，其实不仅仅是他的个人魅力，还有他的生活态度，都使我们在这次的访谈中收益颇多。

我们相见时正是 Larry 的新公司举办啤酒派对的时候，我感到很诧异，现在的老板都希望自己的员工将每一分钟都用在工作上，而 Larry 愿意花将近一个下午的时间来举办一个啤酒派对，而且这并非什么节假日，但他是这样解释的："其实只是一个派对，并没有什么，只是希望给员工们提供一个相互交流的放松的空间。"这种美式的潇洒也是一种高超的智慧，相较于逼迫与压榨自己的员工来创造价值，他更懂得将自己的员工视为共同奋斗的伙伴，在良好的企业氛围里获得长足的发展。古希腊有句谚语说："从智慧的土壤中生出三片绿芽：好的思想，好的语言，好的行动。"显然这三者在 Larry 身上体现得淋漓尽致，一个派对纵然代表不了什么，但是其中所包含的平等待人的思想，开朗豁达的言谈，潇洒从容的行为真正地像苍翠欲滴的绿叶，映衬着那多智慧之花。

我们交谈的时候 Larry 总是更多地倾听我们的想法，他经常会问："你觉得怎么样呢?"虽然只是一句很简单的话，但让人产生被重视和尊重的感觉。叔本华说过："要尊重每一个人，不论他是何等的卑微与可笑。要记住活在每个人身上的是和你我相同的性灵。"性灵一词或许过于空泛，但是 Larry 始终不以高者自居，只是作为一个创业者来和我们探讨关于创业的问题，从这点上来讲，我们互相尊重与认可的是每个人身上你我相通的志趣。现在社会有很多人以老人的身份自居，对新时期的青年人的创业指指点点，冠上莽撞，不知好歹等大帽子，这种倨傲的优越感实际上打击了许多满怀壮志的青年，然而 Larry 始终将我们放在同样的位置上来倾听我们的见解，诉说自己的经验，这种平等的互动与交流才是一位成功人士的自信与风度的体现。沟通是双向的，平等与互动正是当下互联网时代的核心理念。Larry 的做法从另一个方面也是响应现在时代的号召，也是将自己企业的经营理念渗透到日常生活当中，成为一种人生的智慧。

我们的交流涉及许多方面，谈到工作时，Larry 讲道："一个企业不仅要有独到的眼光和前瞻性，还应该有社会责任感。"企业社会责任在企业战略中具有重要的位置，追求利润的最大化已经不是企业的唯一目标，企业在创造利润、对股东承担法律责任的同时，还要承担对员工、消费者、社区和环境的责任，一个企业应当以一种有利于社会的方式进行经营和管理。秉持责任理念的企业，才是对社会做出贡献的理念。正如上海交通大学在迎接新生时候的标语："选择了交大，就选择了责任。"毕业于上海交通大学的 Larry 时时不忘母校的教导，将个人与社会相结合，在自己的创业历程中尽每一分力量来承担相应的社会责任。邹韬奋说："自己无论怎样进步，不能使周围的人们随着进步，这个人对社会的贡献是极其有限的，绝不以'孤独''进步'为满足，必须负担责任，使大家都进步，至少使周围的人都进步。"这在 Larry 自身的实践中显现的尤为突出。无论是第一次创业中创立了全球领先的 SaaS 商业服务平台，还是为了做出中国的软件外包进行的第二次创业，乃至现在所做的惠民利民的智能电视，甚至那些未成形的图书馆搜索软件，汉语 APP 等都显示出了一位杰出的企业家在自己的工作岗位上用自己的智慧和汗水为国家、社会、他人做出贡献。

谈到学习时，Larry 向我们推荐了《Execution》(《执行力》)、《Business Model Generation》(《商业模式新生代》)、《How Google Works》(《谷歌是如何运营的》)等许多关于企业运营与创业的书籍，并表示自己也经常看一些管理类书籍和名人传记，并且嘱咐我们："要把握住每一次学习的机会，因为这些都会成为以后工作与生活的经验。"如乔布斯所说。佛教中有一个词：初学者的心态，永远保持初学者的心态是件了不起的事情。我们可以把人的知识面比作一个圆，拥有的知识越多，圆的面积越大，圆的周长——与未知事物的接触也越多，保持一颗学习的心，至关重要。《礼记》中说："学然后知不足。"Larry 的学习不仅仅是每一次切身实践中的摸索，更多的是来源于其他成功人士的借鉴。正是在这样的学习中，Larry 不断地补足自己的缺点，同时也为自己的生活和工作提供源源不断的动力。

而谈到生活的时候，Larry 讲道："现在的智能手机发展很快，许多人都成了'低头族'，但是在生活中还是要多看些书，做些运动之类的。我平时喜欢和朋友一起打打高尔夫来缓解压力或者和朋友喝杯茶聊聊天，其实许多工作上的好点子也是这时候想出来的。"这不仅仅体现了一个人的生活态度，而且从中可以看出一位优秀的企业家对于社会对于人生的关注和理解。种种类似这样的话都让我们受益匪浅。交谈的最后，Larry 浅抿了一口茶说:"其实本来是没有什么可说的,但是和你们愉快地聊了这么多,实际上我觉得生活就像是一场旅行,而我们所经历的都是旅行中的每一站,这场旅行是枯燥是精彩就在这每一站上了。所以,你们还年轻,要加油。"人生短暂,他的话朴实而且谦逊,但让我们感到深刻而又激昂。

有的人将人生视为赌局,拼尽全力也要赢得一分筹码,而有的人将人生视为一场旅行,从容洒脱也能收获一路美景,显然,Larry 是后者,一位听从自己的心声与直觉,走在连续创业道路上的潇洒行者。

**采访人:**

上海交通大学 人文学院 2014 级本科生 王 琳

上海交通大学 媒体与设计学院 2014 级硕士生 徐 维

陈浩波

# 用努力铺就幸运路，以踏实成就事业途

——访 Stellar Services 总裁 **陈亮洁**

陈亮洁先生出生在上海的一个普通知识分子家庭。他的父亲是上海一大学教师。在他的成长过程中，父亲用言传身教，赋予他踏实努力的性格，并带给他求知的好榜样。在父亲的教导和熏陶下，陈亮洁先生从小就对学习保持着浓厚的兴趣。或许正是如此，他回忆起自己童年时光时，印象最多的就是独自在家中津津有味地阅读经典书籍。从小到大以书为伴的他在1981 年考入了上海交通大学材料科学系。陈亮洁先生在上海交通大学本科毕业以后，就赴美留学，在 1987 年取得美国西密歇根大学运筹学硕士学位后，他先期就职于帮助客户解决复杂基础设施建设和发展问题的全球专业服务公司——华杰公司（Louis Berger International, Inc.），从事的工作是利用项目管理工具帮助客户进行项目的进度控制和项目预算；后来到美国大型国防和政府项目服务供应商——雷神公司（Ebasco Division of Raytheon Engineering and Constructors, Inc.）工作。带着 6 年的工作经历和对创业的思索，1993 年，陈亮洁先生决定自行创业，在纽约创办了 Stellar Services 公司，并在二十多年发展中，逐步致力于提供项目和项目组合管理（project & portfolio management）、企业级内容管理（enterprise content management）、企业级资产管理（enterprise asset management）、门户应用和基于 Hadoop 大数据平台等领域的业务咨询、实施以及运行维护的信息技术服务。经历了各种磨难，如周期性经济形势动荡，不断克服各种困难，Stellar Services 公司

稳健前行。

良好的生活教育环境、后天的辛勤努力，异国他乡创业虽然艰辛，但陈亮洁先生的人生轨迹渐行渐稳，他对追求和成功形成了自己独特的理解：以努力铺就幸运路，以踏实成就事业途。

## 求知若渴的好学青年

陈亮洁先生是幸运的。出生在一个知识分子的家庭，他从小到大都在父亲的熏陶下接受着良好的教育。他从小就表现出了强烈的求知欲，他的大部分童年时光都是沉浸在浩瀚书本的“黄金屋”中。他出国前的世界很简单：做一名好学生，好好学习，天天向上。除此之外的任何事情他都不会烦心。

20世纪六七十年代的中国正处于大变革的前夜。一方面，国民经济发展缓慢，教育体制僵化，许多有识之士纷纷寻求变革，社会安定、经济发展、生活改善成了党内有识之士和广大人民群众普遍的迫切要求；另一方面，从当时的外部环境来看，世界范围内蓬勃兴起的新科技革命正推动着世界经济以更快的速度向前发展，中国与世界上其他国家的差距在逐渐扩大，这也让改革开放初期的国人感觉到了前所未有的压力和挑战，中国迫切需要把工作重心放到经济建设上来。伴随着真理标准讨论的不断深入，伴随着思想“坚冰”不断被打破，一场改变中国当代历史走向的变革正在慢慢酝酿，而这场变革的直接受益者正是那些苦苦等待的饱学之士们。

陈亮洁先生上小学的时候，中国正处在“文化大革命”阶段。教育水平比较有限，全国大部分地方的学校都处于停课的状态，没有人把心思放在学业上面。然而，幸运的是，上海的各个小学还在正常地运转，陈亮洁先生也在如同龄人一般地接受着小学教育。尽管学校里组织的各种考试在陈亮洁先生看来非常简单，但他并没有因此而怠慢或骄傲自满，因为在小小年纪的他看来，任何学习的过程都是一种知识和能力的累积，教育的完整性和连续性也会帮助他更好地学习课内及课外的知识。在学校，陈亮洁先生跟着老师的进度学习课本知识；在家里，求知若渴的他在父亲的指导下，学习丰富的课外知识，拓宽自己学习的广度和深度。在改革前的那段蹉跎岁月里，陈亮洁凭着无比专注的学习态度和坚持不懈的努力，成为了那个时代的小知识分子。

1977 年，国家为了培养各个行业建设的人才，也为了进一步提高科技水平和综合实力，缩小与其他发达国家的差距，在邓小平同志的努力下，因“文化大革命”冲击而中断了十年的中国高考制度得以恢复，中国由此迎来了尊重知识、尊重人才的春天。高考制度的恢复，使得中国的人才培养重新步入了健康发展的轨道。在当时，全国都在重视教育和科技，这些变革激励着成千上万的社会青年重新拿起书本回到课堂，加入到求学大军当中。此时的陈亮洁先生也即将步入中学时代，当时的求学浪潮深深地感染着他，他更加用功、更加勤奋。

高考制度刚刚恢复，人们都对自己的将来满怀憧憬，大家都想要好好把握住这改变命运的机会。此时的陈亮洁先生刚刚进入 1978 年列为上海市静安区重点中学的——七一中学。创建于 1905 年的七一中学(最初是私立崇德女中，1958 年改名为七一中学)素以“有赤诚之心报国之志的中国人，有高雅气质高尚道德的文明人，有创新精神自强不息的现代人”为培养目标，培养出了无数“勤奋、上进、朴素、求真”的“七一”人。尽管当时的中国恢复了高考，但是大学录取率非常低，那时候上海的录取比例大概是 6%，即 25 万上海学生中只有 1.5 万人可以读大学。全国每年招生人数加起来也只有 30 万左右。异常激烈的竞争环境和学校良好的学习氛围，激励着陈亮洁先生，他只能加倍努力，打起百分之二百的精神用功读书，努力让自己成为学校里最优秀的学生。为了能在高考大军中脱颖而出，刻苦学习成了陈亮洁先生对中学生活最深的记忆。他从小在父亲的影响下养成了良好学习习惯，因此他对如此高强度的学习并没有任何不适应。

在刚刚渡过十年“文革”文化沙漠和教育匮乏之后，人们对新知识(特别是理工科知识)的学习和钻研热情空前高涨。国内科技的落后和陈景润证明“哥德巴赫猜想”的事迹，使“学好数理化，走遍天下都不怕”成为当年的时尚。当时市面上有一套数学物理化学的自学丛书，为了购买这套书籍，书店里排起了长龙，真可谓是好书难求。对于知识如饥似渴的陈亮洁先生自然也加入了这排队大军中，通宵排队买下了全套共 17 本的自学丛书。买到自学从书后，他如获珍宝，迫不及待、如饥似渴地钻研、消化书中所有的知识。在初中就利用课余时间，自学了全套书籍，掌握了中学所需的基本数理化知识。

在那个时代，学校的教育水平还是有限的，但是他始终保持着高涨的学习热情，利用各种机会和途径学习和钻研，功夫不负有心人，在他坚持不懈的努力下，陈亮洁先生从1981年的高考大军中脱颖而出，顺利被上海交通大学材料系录取。回顾当年，他笑谈到，最后能够考取上海交通大学是非常幸运的。虽然他用到了“幸运”二字，但是当年上海交通大学才招收400名本地本科生，倘若没有他自始至终的努力和付出，又哪里能恰逢这一丝幸运呢。

## 忙碌充实的大学生生活

出生于知识分子家庭（陈亮洁先生的叔叔也是从交大毕业的工程师）。正是受到家庭深厚的文化氛围的影响，他打算选择一所理工为主的大学，并且把老师和工程师当成自己的理想职业。在结合父母和物理老师的意见之后，陈亮洁选择了上海交通大学材料科学系作为他的高考志愿，最终幸运地被材料科学系直接录取。

在进入上海交通大学的第一年，陈亮洁先生并不在上海交通大学徐家汇本部，而是在法华镇校区上课和住宿。这个校区人很少，只有两栋学生宿舍。但是这里的学风却丝毫也不比本部差。尽管大学里已没有了中学时代硬性的早自习要求，但是住在6楼的他依旧每天坚持早起，洗漱之后就下楼去锻炼身体和晨读。当时的校园里经常能看到和他一般拿着书本边走边读的学生。与徐家汇本部不同，法华镇校区规定每晚十点半之后所有的教室和寝室都要熄灯。当大学二年级的时候搬到徐家汇本部生活和学习时，陈亮洁先生惊喜地发现，竟然有一部分的教室在晚上十点半以后还对学生开放。这对于求知欲极强的他来说，无异于一个天大的喜讯。于是，每到晚上十点半时，他便出去寻找那些依然开放的教室继续学习。毕竟“僧多粥少”，经常是找到了这些教室却发现早已人满为患，根本没有多余的座位。在临近考试的时候这种情况更为严重。很多时候，陈亮洁先生不得不回寝室边学边等。慢慢地，陈亮洁先生也掌握了利用时间的诀窍。他平时在白天开放的教室自习，到了晚上十点半这些教室关闭的时候就回寝室开始洗漱，洗漱完毕，那些“通宵教室”里的同学有的应该离开了，陈亮洁先生再背着书包来到“不夜教室”继续学习，一直到完成了当天自定的学习任务或者疲惫不堪的时候才收拾东西回寝室睡觉。大学生活对于陈亮洁先生来说，虽然十分忙碌，但是却异常充实有意义。

对于陈亮洁先生这样的好学青年来说，如此高强度的学习并没有让他有任何不适应，反而更加激励了他求知若渴的欲望。陈亮洁先生在主修材料科学系课程的同时，还辅修了船舶工程系的课程。在那个年代，修读第二专业并不是一件常事，因为一个专业的学习任务都已异常繁重，辅修一个专业更是难于登天。陈亮洁先生凭着坚韧的毅力，认真地学完了每一门主修和辅修课程，也保持了自己积极吸取课外知识的习惯。同时这也练就了他的抗压能力，并且为他日后创新创业打下了坚实的基础。

20 世纪 80 年代初期，计算机在中国还是稀有的舶来品，相关学科正处于发展中。对新知识和新技术充满好奇的陈亮洁先生，学业再繁重也要挤出时间旁听计算机相关课程，学习一些编程的知识。初学之时，了解和掌握这些计算机知识对他而言还是相当不易的。经过坚持不懈的努力，他的学习渐入佳境。这段学习经历让陈亮洁先生不仅学到了计算机相关知识，其经历也成为他未来学习、工作和事业的奠基石。

尽管在大学的学习压力很大，但是与班级同学建立的深厚友谊却成为了陈亮洁先生珍贵的青春回忆。当时以理工为主的大学校园，学生社团不多，课余活动也很有限。大学一年级，班级同学为陈亮洁和另外两名同学，办了一次生日宴。虽然这次简单的生日宴已经过去多年，但是陈亮洁先生对这件事依然记忆犹新。毕业后同学们天各一方，各自有了自己的发展，有了自己的事业，但是大家始终保持着联系，同学之情历久弥新。

在充实繁忙的学习生活之外，他还利用自己部分的课余时间投入到社会实践中，走出校园，深入到工厂去学习实践。有一次，他和材料科学系同学一起去北苏州河旁边的一家铸造工厂实习，学习铸造技术。铸造有一类是翻砂铸造，这项工作必须蹲着进行，而且一蹲就是好几个小时，整个工作

环境弥漫着灰尘油污。谈到这段难忘的经历，陈亮洁先生回忆道：由于在异常艰辛的环境下长时间工作，晚上回学校洗澡时鼻子中沾满了黑色的灰尘，洗了很久才最终洗干净。之后他和造船工程系同学又一起去了江南造船厂实习。夏天的烈日把钢铁船身烤得滚烫无比，就连汗水滴上去也会立刻蒸发。这样的高温作业给陈亮洁先生留下了深刻的印象。几次社会实践活动，让他明白了工作的辛苦与不易。

在上海交通大学刻苦学习的经历让陈亮洁先生收获颇丰，上海交通大学老师一丝不苟的教学态度更是令陈亮洁先生受益匪浅。陈亮洁先生回忆道："记得刚上大一的时候，有一门课是机械制图。第一节课的时候，老师并没有教什么东西，而只是让我们自己先画图。由于我小时候在父亲的指导下学习过一些画图的基本知识，所以觉得这个作业并不能难住自己。尽管如此，我还是一丝不苟地一笔一画地画好图，完成了这个课堂作业。但是，最终老师给的成绩并不高，这令我非常不解。后来老师讲解道，画图本身就是一件大学问，万不可觉得自己水平有多高；其次，图形里面不同粗细的线条也代表着不同的含义，不能用同一支笔画成，需要好几支铅笔，而且每支都削成不同的粗细；在标尺寸的时候，箭头长和宽的比例也是很有讲究的，等等。听完这些，我恍然大悟，一下子觉得自己的认识又上了一个大台阶。对机械制图这门课的认识也更深了，自己的学习态度也端正了起来。大学三年级做课程设计时，要自己设计机械零件，并且出具相应的设计图纸。每一次制图，我都非常认真地对待。每次都至少要花费一个礼拜的时间，而且每天都要画到深夜才结束。即使图中出现一丝一毫的偏差，我也会用橡皮小心翼翼地擦干净再不断完善。这都是老师教会了我严谨工作的态度。"

整个大学生涯，陈亮洁先生对知识的渴望、对学习的热情，以及他努力刻苦的学习态度始终如一，彰显了严谨踏实的行事风格。

## 外面的世界很精彩

20 世纪 80 年代大学毕业生都由国家政府负责分配工作，重点大学毕业的学生理所当然地成了“抢手货”，基本上每个同学都会有一个好去处。不甘安于现状的陈亮洁先生并不想就此结束自己的学术生涯，在长时间的知识积累下，他萌发了这样的念头：我要出国留学，去世界科技、经济最发达的美国看一看，到外面的世界闯一闯。

一次偶然的经历让陈亮洁先生萌生了出国的想法。一天，他在学校图书馆开放阅览室寻找一本想自学的专业书时，无意中发现了一本介绍美国的书。更加巧合的是，这是当时整个图书馆唯一一本与美国相关的书籍。不过，单就这一本册子已经让他兴奋不已。通过仔细翻阅这本书内容，他对美国这个国家充满了好奇和向往之情。书中介绍：美国在第二次世界大战之后国力倍增，是一个高度发达的资本主义超级大国；其政治、经济、军事、文化和创新等实力领衔全球；美国的高等教育水平和科研技术水平也是当之无愧的世界第一；其科研经费投入之大、研究型高校企业之多、科研成果之丰富更是无与伦比；除此之外，美国更是以其健全的法律制度、健康的生活环境、顶尖的教育资源等，吸引着各种各样的人才聚集在美国。在了解这些信息的同时，去美国留学的念头也从心底油然而生。

在高中读书期间，陈亮洁的父亲不幸因病去世。这对他而言，是一个巨大的打击。在他的父亲临终前，一位跟他从未谋面的叔叔从香港赶回上海看望陈亮洁先生的父亲。这位叔叔主要在海外做生意，而那个特殊的年代，复杂的海外关系经常被刻意掩盖。直到这个时候，陈亮洁先生才知道原来自己还有这么一个叔叔。正是这个叔叔，让陈亮洁先生有机会进一步了解了更多的国外见闻，同时也更加坚定了他出国留学的念头。

现在已经是中国工程院院士的丁文江老师是改革开放后上海交通大学招进来的第一批硕士研究生之一，当时他是陈亮洁所在班级的班主任。陈亮洁先生刚进上海交通大学读书时，恰逢丁文江老师刚刚毕业留校。丁文江老师作为班主任，非常尽职尽责，关心学生的生活、学习和思想动态，经常去学生的寝室跟大家交谈。那时的学生都还很年轻，除了读书，根本没有考虑过今后的人生。丁文江老师就鼓励同学们要多思考，特别是独立思考；他还鼓励同学们多读一些哲学方面的书籍，遇事要考虑各个方面的关系。丁文江老师得知陈亮洁先生有出国留学打算后，表示全力支持他。

因为对更多知识的追求和更高学业的向往，他开始着手准备出国。同时学习两个专业又对自己要求严苛的陈亮洁先生，承受着很重的学习压力。大学生活的前两年，他倒还能应对自如。可到了大三的时候，他的身体出了不适，着实感到心有余而力不足，大三的假期也只能在家休养。可陈亮洁先生并不是个安于现状的人，休养期间还是没有“安分守己”，为了出国读书，他已经开始准备托福考试。暑假期间在家休养的他，在英语学习上下了狠功夫，背下了三千多个托福单词。

美国大学的申请费很贵，每次申请大概需要 100 元人民币(相当于当时大学毕业生两个月的工资)，所以广泛撒网对于他而言是不现实的。他选校视野仅仅限于南加州大学、西密歇根大学等有限的美国大学。在申请美国学校的时候，得益于他优异的大学成绩和英语能力，西密歇根大学很快就给陈亮洁先生发来了录取函。不过，他并没有立即做决定，继续等待着南加州大学的消息，毕竟这所大学才是他的首选。可是等了一个月，还是没有等到南加州大学的录取消息。留给陈亮洁先生的时间已经不多了，因为签证材料需要赶紧准备起来。当时的赴美签证很难，每天大约有三四十人去美国大使馆办公室排队办签证，但是一般只有两三个人被批准，其余基本被拒签。而且如果被拒签，需要等三个月以后才能再申请签证。由于已经拿到了西密歇根大学的录取函，陈亮洁先生便计划着 4 月 1 日去申请签证。当时陈亮洁先生想着自己也许会被拒签一次，就算第一次签证没过，还可以 7 月 1 日再去申请一次，这样应该不会耽误九月份的正常入学报到。

签证申请一次便通过了。“第一次签证就过了，运气好，看来上海交通大学的牌子还是不错的。”陈亮洁这样回忆时笑着说道。尽管后来陈亮洁也接到了南加州大学的录取函，但是鉴于签证如此之难，陈亮洁先生也不敢冒险去换签证。由于已有签证要求，陈亮洁在 7 月 1 日之前进入美国，否则就要重新办理，所以陈亮洁需要立即着手准备出国的事宜。但是又一难题摆在他面前。他大四的最后一个学期预计要到 7 月底才结束，这可愁坏了陈亮洁先生，因为这预示着他可能在 7 月 1 日之前拿不到自己的毕业证。这时他的班主任丁文江老师给他提供了很大的帮助。丁文江老师告诉他，如果陈亮洁能够提前完成自己的毕业设计和毕业论文，系里面可以考虑安排他提前答辩。这样陈亮洁在6月中旬顺利进行了自己的毕业答辩，当时班级同学还特意为了他提前拍了一张毕业合影照。上海交通大学的这种人性化管理使得他在内心深处一直满怀着对母校的感激之情，这也是他后来一直致力于交大北美校友会的动力之一。班主任丁文江老师对他的帮助还不止这些，当初为了鼓励陈亮洁先生出国留学，丁文江老师更是积极奔走。由于那个年代的学生毕业之后如果选择直接就业，工作是可以由学校分配的，这样陈亮洁如果申请不到美国的大学或者因为其他各种原因不能出国留学的话，他将错过工作分配，而且他也没有参加国内的研究生考试，会错过在国内读研的机会。丁文江老师帮助他解除了后顾之忧：如果拿不到出国签证不能出国留学，丁文江老师可以帮助他留在系里的实验室工作。这一点令陈亮洁先生感激至今。

毕业答辩完的第二天，陈亮洁就坐上了去广州的火车，经深圳到香港，在香港的叔叔家待了一个礼拜后。1985年6月23日，毕业前的一个月，陈亮洁登上了飞往美利坚的飞机，开始了新的启程。在飞机上，透过舷窗望见逐渐远去的那片熟悉的土地，他的内心久久不能平静，回想着过去发生的种种，自己的艰苦付出终于有了回报。他要全力以赴去迎接未来新的挑战，一个更加广阔的天地等着他去纵横驰骋！

## 远渡重洋继续深造

初到美国时，周遭的一切对陈亮洁先生而言都是新鲜的，他对周围的一切都充满着好奇。他最初想法是在经济最发达、科技水平最高的美国学得一技之长，然后回国报效国家。也是基于这一点考虑，他选择来到西密歇根大学，因为这里是美国制造业最发达的地区。当时的密歇根州以发达的制造业闻名全球，汽车、钢铁等大型制造工厂在此应有尽有。陈亮洁先生最开始主修的是工业管理课程，不过他很快便发现美国的制造业并不像表面看起来的那么发达，尽管技术很先进，但是大部分制造业都外包出去了，这一

发现一度让陈亮洁心灰意冷。但是他很快便振作了起来，毕竟这个不行，还有其他的行业可以选择呢。就这样，来美国将近一年以后，陈亮洁先生便换了专业，转去攻读运筹学。

谈到课程学习方面，陈亮洁认为美国的教育有不少值得肯定的地方，特别是在课程设计上更加注重动手能力的培养。课程要求学生要找一个企业去做品质管理的实习。不过对于这位初来乍到的中国留学生来说，一个当地企业都不认识。于是陈亮洁先生拿着一个电话本，守在电话旁逐个联系企业，询问是否有实习的机会。一开始陈亮洁先生接连吃了几次闭门羹。虽然有些气馁，但是他并没有轻言放弃。苦心人、天不负，在打通了十几个企业电话以后，终于有一个造纸企业的负责人答应提供机会。陈亮洁前往这个企业与该企业的工程师交谈了一个小时，他告诉这个工程师他想做一个质量管理的系统，希望能得到这家企业的帮助。这位工程师不仅愿意提供帮助，还带着陈亮洁参观了造纸的整个过程，并交给陈亮洁先生大量的实际数据。依靠这些宝贵的资料，结合自己的所学所想，陈亮洁先生最终完成了一份高质量的论文。“跟国内毕业设计一般由导师安排不一样，在美国都是学生自己去找课题并进行研究。”这是陈亮洁先生第一次深入接触美国社会的体会。“感觉这个社会很有意思，不会拒绝年轻人，社会很包容年轻人。”这些经历给了陈亮洁先生想在美国进一步发展的想法。

## 顺利踏入职场　两度裁员危机

陈亮洁先生顺利拿到硕士学位之后，选择留在美国，他希望能够在美国这块土地上大显身手。在 20 世纪 80 年代末期和 90 年代初期的美国，制造业每况愈下的境地让陈亮洁觉得密歇根州并不是一个值得留下来的地方，他要去更好的地方发展。于是，他便选择来到纽约。

在纽约，他很快找到了第一份工作，在一家小型医疗仪器公司里面做品质管理。不过这家公司的规模比较有限，加上所做的工作跟所学的东西没有太多联系，陈亮洁觉得工作起来没有多少用武之地，很快便换了一份更对口的工作——在华杰公司(Louis Berger International, Inc.)做项目经理。这次,他终于有机会运用在研究生学习中学过的知识了,学以致用的感觉让他觉得可以大展拳脚,这也是他第一次在实践中做项目管理。

以前的项目管理都是手工管理,陈亮洁先生觉察到用计算机去自动化处理将大有前途。那个年代,程序设计还不是广泛地被运用,所以程序要一边自学一边自己编。二十多岁的陈亮洁是当时办公室里最年轻的员工,利用在上海交通大学学习过的一些编程知识和旁听纽约大学工程部课程时学得的内容,他主动承担起编程的任务,着手自学如何运用计算机进行项目管理。有了目标,也就有了动力,这份工作虽然繁冗,但是陈亮洁先生做起来异常兴奋。看着几千份工程图纸中很多要采集的数据能够通过计算机文档里的标题检索出来,陈亮洁心中有着说不出的成就感。他说,这是一个很有趣的学习过程。

尽管初入职场,但是因为在读书时就参加了大量的实习实践活动,使得陈亮洁先生在新公司面对诸多压力和挑战时,应对起来都得心应手。他在工作之余,又申请去攻读哥伦比亚大学的系统工程博士学位。但是,好景不长,美国在1991年爆发了严重的经济危机。随着苏联解体,美国便着手大力削减军工企业,从而引起了整个工程领域的动荡,陈亮洁先生所在的公司也未能幸免。

在经济危机爆发的几年前,陈亮洁先生正在负责一个纽约港务区的项目,这是一个价值18亿美元的大型工程。面对当时严峻的经济形势这个大型项目被迫叫停,陈亮洁先生所在的公司作为工程承包商,不得不通过裁员应对危机,致使三十多名员工被裁撤,这其中就包括了陈亮洁先生。就在为下一个工作发愁的时候,幸运女神眷顾了他。陈亮洁先生说,"我依然清楚地记得被裁员的那一天"。那天,他正编写的一个程序快要完工了,要挨个与承包商和客户交接报表的问题。在给一个客户打电话的时候,对方说:"听说你们都要被裁员了呀,那你不是要找工作了吗,我们正好有一个工作岗位,你明天来面试吧。"就这样,陈亮洁先生在被裁员的当天就找到了新的工作。这个新的工作单位是一家规模很大且业内很有名的以国防工业为背景的公司。第二天的面试很顺利,三个礼拜后他就成为其正式的员工。相比其他被裁掉的同事，可以日后不用四处去寻找工作，他深感幸运。

此时的陈亮洁先生还在哥伦比亚大学修读博士学位，由于新工作需要经常出差，他不得不为了这份工作而终止了哥伦比亚大学博士学位的学习。提到这件事情，他至今还是颇感遗憾。虽然没有拿到博士学位，他却获得了在大公司正规地学习项目管理的机会。他所做的一个项目规模相当的大，价值 30 亿美元。即使在二十多年后的今天，这也是一个很庞大的数字。在工作的过程中，陈亮洁先生学到了用大型计算机进行项目管理的技术。然而好景不长，伴随着苏联的解体，这个项目虽然几近完成，却最终被叫停。接下来，陈亮洁先生被派去亚特兰大进行另一个 10 亿美元工程的项目管理。

随着冷战结束，这家有着国防工业背景的大公司收益大幅减少，最终被雷神收购。于是，他又一次面临裁员的危机。不过依靠陈亮洁先生的年轻干练，再加上工作时积累起来的广泛人脉，很多人主动为他提供工作岗位。但面对大家提供的清闲工作，他觉得挑战性不够，所以都拒绝了。就在这个时候，幸运女神再次眷顾，曾经的一位客户——纽约港务局的总负责人来询问他的近况。陈先生无奈地坦言道，“等着裁员呢”。没想到，这次谈话后不久，这位老总就给陈亮洁提供了一个号码，并说：“你给这个人打电话，他非常需要你。”就这样，第二次裁员危机又平安地度过了。

尽管陈亮洁先生谈及这段往事总是用“幸运”来评价他顺利度过的这两次裁员危机，但若不是他多年对新兴科技的“精进学习”，工作上面对困难的“果毅力行”，哪里会有关键时刻的众多“幸运”？

## 创业征程筚路蓝缕，披荆斩棘

陈亮洁先生拨通那个号码后，简单面试了一下就被聘用了。他希望这一次自己可以安安稳稳地做几十年然后退休，不愿再提心吊胆、颠沛流离。可是他又如何能保证自己不被裁员呢？很多事情的确是说不准的。正因为这个，他萌生了创业的念头，与其被裁员不如自己创立一家公司。

陈亮洁先生从第一份工作开始，便逐渐学习如何将计算机引入到工程管理领域。当时的美国，互联网正处于一个刚刚起步的阶段。大部分搞计算机的人都是在电脑公司或者金融公司的，很少会有人把计算机用于工程项目管理当中。陈亮洁先生作为一个学工程出身，又学习过计算机课程的人，很快便发现这个交叉领域将会是一个巨大的商机。所以，他对这家聘用他的公司说，我可以帮你们做咨询，利用我的计算机技术帮你们做工程管理。

1993年底，陈亮洁决定辞职，自行创业成立4U Services, Inc.（也就是后来的Stellar Services, Inc.）。在他辞职的时候，原公司却意外给了他第一份合同，希望他能继续对原先负责的几个系统进行支持和维护。这是陈亮洁先生获得的第一笔订单。虽然仅是一个为期6个月的短期合同，但是这个订单意义非凡，这是他在创业道路上的“第一桶金”。

在美国，超过九千万的政府或国防外包项目必须要运用相关软件进行项目管理。在当时的环境下，涉及这一行业的公司还不是很多，具备敏锐商业嗅觉的陈亮洁先生的公司专注在项目管理软件的业务咨询、软件定制和技术支持，订单一个接着一个。在业务繁忙的时候，陈亮洁的公司会同时为数个超过十亿工程项目提供项目管理的计算机应用。良好的服务使客户对陈亮洁的公司相当认可，而围绕项目的全生命周期管理，陈亮洁也兼做一名系统架构师，带领着自己的公司职员致力于项目管理PPM的衍生服务，典型的有内容管理ECM和资产管理EAM等方面之解决方案，与美国众多的企业、政府公共管理部门和著名高校都有着紧密的合作，并在公司发展中获得了数项美国政府颁发的项目管理技术专利。

在陈亮洁先生的公司正处于一个蓬勃发展阶段的时候，一件意想不到的灾难发生了。2001年9月11日，纽约发生了令世界震惊的“9·11”恐怖袭击事件。陈亮洁先生的办公室在世贸中心南楼18层，也在此次恐怖袭击中变成了废墟。万幸的是，陈亮洁先生平安地躲过了这次劫难。陈亮洁先生公司的上班时间是早上九点，平时每天都会早早去办公室上班的他，那天却因为帮母亲办理赴欧洲的签证并未像往常一样出现在办公室。第二天，当他胆战心惊地坐在家里看电视滚动播放着这场袭击的恐怖画面时，仍心有余悸。在“9·11”当天，第一架飞机于上午8时46分撞上北楼的时候，陈

亮洁先生的公司已经有几名员工来到了办公室，所幸大楼发布了紧急疏散通知，员工们及时下楼避难，虽然警报很快解除，但是他的员工们并没有很快回到公司，很幸运地躲过了9时03分第二架飞机对于南楼的袭击。这样的恐怖袭击十分可怕，但是陈亮洁先生和他的员工都毫发无伤，平安撤离了。

公司办公室在这次恐怖袭击中毁于一旦，为了尽快恢复营业，陈亮洁先生没有过多耽搁，于袭击后两天后就找到了新的办公室。由于曼哈顿电信基础设施在这次袭击中受到严重破坏，这个新办公室虽然已经租下，但是却不能安装电话线，他们只能临时从其他租户那里借来两条电话线。袭击后第三天，陈亮洁先生就在新的办公室开始上班了。公司恢复正常运转之后，首要工作就是帮助客户进行灾后重建，其中最大的客户就是纽约与新泽西港口管理局，也是世贸中心的业主。

“那个时候我感觉自己很孤独。还好我的夫人在我身后支持我的事业，一直默默陪伴着我。”最艰难的时刻，是与他相濡以沫的夫人用温情给了他无穷的精神动力。常言道：成功的男人背后总有一个默默无闻的女人。创业道路上并不是只有一个人在奋斗，能得到身边亲人大力支持的人将更能从容面对大风大浪的考验。

尽管遭受了巨大的灾难，但是陈亮洁先生并没有沮丧沉沦，而是第一时间想尽办法恢复公司的正常营业，积极为自己的客户提供援助，这也持续赢得了客户的认可与信任。

在“9·11”恐怖袭击之后，美国的航空业面临着大衰退，陈亮洁先生又把眼光瞄准到了美国道路轨道建设上来，参与了例如大都会运输署主导的第二大道地铁站项目等，随着工作重点的逐步转变，公司业务不降反升，公司规模不断壮大。作为致力于项目和项目组合管理(project & portfolio management)、企业级内容管理(enterprise content management)、企业级资产管理(enterprise asset management)和门户应用等领域业务咨询、实施以及运行维护的信息技术服务的专业公司，Stellar Services从创立之初，历经艰险磨难却又一步步壮大，公司规模逐年扩大，并在亚特兰大、华盛顿等地建立分公司和代表处。经过多年的不懈努力，公司与众多美国政府部门、美国大陆航空公司、辉瑞制药、强生制药等公司建立了良好的长期合作关系。2006年陈亮洁先生在上海成立了宏优信息技术(上海)有限公司(Star Target IT Services),正逐步将Stellar在项目管理方面所积累的知识、技术和经验通过国内的业务发展转移到宏优。

## 自成理念,客户为上

Stellar在英语里面是"杰出的,出色的"的意思,公司的宗旨也是永远为客户服务。从公司名称就能看到陈亮洁先生的公司致力于打造出色服务的做事态度以及他身上那种追求卓越的踏实品质。他的公司也是秉承着这种以客户为主、为客户提供完美的项目管理方案的理念,成为了这一领域的翘楚。一旦客户选择了他们,他们就要全心全意为客户服务。一个企业的长久发展,离不开客户的信赖和支持,所以只有那些切实为客户服务、把客户放在第一位的公司才能不断地发展,永远保持着竞争力。

由于企业信息化服务内容的特殊性,Stellar Services的目标客户大都为大型的企业或者政府公共管理部门,为他们实施的大型工程或研发项目提供项目管理服务。陈亮洁先生举例说:"做一个大型的项目,往往会牵涉到上万个工作流,还要包括人员安排,资金调度等等,异常的繁杂琐碎。这个时候,我们的公司就会帮助这些企业建立一套系统的项目管理方案,这一方案可以帮助雇主有效地掌握他们项目的进度,合理调度人员和资源,提高项目的效率。与此同时,一个好的项目管理系统还会针对项目里可能存在的问题和风险进行评估,并给出风险评估报告,有助于雇主及时采取预防措施来避免不必要的麻烦和损失。比如:在一个巨大的工程项目里,我们可以随时告诉你,任何环节的风险是多少等等。"

因此,Stellar Services的服务对象大多集中在关注精细化管理的跨国企业和美国政府机构。Stellar Services的使命就是用信息技术为客户提高生产力。要想客户所想,目标就是要比客户提前一两步,不能多,也不能少。太多了的话就实现不了客户的需求,客户也跟不上;太少了的话又满足不了

客户的需要，令客户失望。通过引领客户在信息技术领域稳步前进，Stellar Services 也在稳步发展。

在谈到创业理念时，陈亮洁先生对当前一些年轻人近乎急功近利的做法表示忧虑，他道出了许多肺腑之言。他说道：“有的年轻人认为创业是为了赚钱，但是我的感觉是，创业是为了做事。你可以去问一个优秀的企业家，他是为了赚钱还是为了做事。企业家的行为应当是做事，融资也是为了做事，公司上市是为了做更大的事。”这个信念深深地根植于陈亮洁先生的心中，在他看来只有锤炼服务，然后创造客户，挣钱的目的是为了创建更多的客户。在 Stellar Service 事业上升期间，不少投资者开始对它虎视眈眈起来，收购计划从未间断。然而，陈亮洁先生却不为所动，依然专注于埋头做事，完善服务质量。当身边的人问起他为什么不把公司卖掉的时候，陈亮洁只是微微一笑：“卖了公司和事业，我干什么去呢？”人生就是这样，有的人着眼于对金钱的追求，从此疲于奔命而失去生活的精彩；有的人却仅仅是乐此不疲于做自己喜欢的事，却一点也没让生活失去该有的精彩。

在谈到如何对待企业员工时，他说：“假如说是纯粹为了公司的买卖，那你去找风投好了，那也是公司的业绩。但假如你是一个负责任的企业家，你永远要为顾客和员工负责，最后才是为投资人负责。”他说这是他在聘请员工的时候，慢慢得到的体会。他又补充道：“今天，我对每个人的任何承诺、对客户的任何承诺，都是永远的。这才是一个企业家应该做的事情。你去问任何一个非常成功的企业家，都应当是这个样子。”

陈亮洁先生认为企业的宗旨只有一个：服务于顾客。他的任务就是去寻找新的客户，或者在现有的客户里面去寻找新的机会。他的这一看法与管理学创始人皮特・德鲁克的看法不谋而合，皮特・德鲁克曾说：“企业的唯一目的就是创造顾客。”陈亮洁又提到：“企业的生存之道是不断创建有质量的顾客。”这是他在当前时代下的观念。他补充说：“我们的时代总是飞速的发展，我们的观念也会随着时代而不断改变。”

对于金钱，陈亮洁先生说：“钱是公司的生命线，但挣钱不是公司的目的。如果把钱与公司的关系比喻成血液与人的关系，一个企业没有钱就像是一个人没有血液，但是没有人活着是为了血而活，没有人活着的目的是为了造血。”

对公司的未来前景，陈亮洁先生表示非常乐观。他认为，一个企业的成长，在飞速发展业务、迅速扩张的时候，是看不到管理层面的弱点的；只有当发展比较稳定的时候，才会重视效率。在美国，每一次经济萧条的时候，各企业都会反思自己的管理，部门合并和裁员就是对整个管理架构的检讨和调整。而恰恰在这些时候，他的公司往往就可以介入，就有业务可以做。陈亮洁先生的公司已经慢慢地从项目管理发展过渡到内容管理和企业资产管理，也为企业、政府公共管理部门和大学引入了最新的大数据技术，这些都有利于公司的发展。

每一个公司都需要不断地接受新的管理理念，逐渐改变传统的管理办法。而且由于劳动力成本相比以前提高了很多，更多的公司也在考虑不断提高公司的用人效率。针对现有公司的这些需求，陈亮洁先生的公司运用最先进的计算机技术帮助企业进行信息管理，能够满足他们提高效率、预估潜在风险和节约成本的需求，因此他们的公司发展前景很大。

## 饮水思源，回馈母校

回忆起自己在上海交通大学求学时的校园生活以及给予过他无私帮助的同学和老师，陈亮洁总是感慨万千。他说：“我能取得现在的这番成就，离不开当时对我有过巨大影响的同学和老师，更离不开那些曾经无私帮助我完成目标的人。”

吃水不忘挖井人，陈亮洁先生一直在关心着母校的发展，也一直用自己的绵薄之力为母校做贡献。他非常热心美洲校友工作，经常组织这些已经毕业的校友聚在一起，他曾任交大美洲校友会纽约分会会长，并长期担任校友总会理事。为了支持上海交通大学和佐治亚理工学院创办双学位硕士教育合作项目，陈亮洁先生慷慨解囊捐资设立了Stellar奖学金，支持和鼓励交大学子走出校门，走出国门，到美国去接受更好的教育，去开阔自己的视野。除此之外，陈亮洁还积极推动设立以交通大学美洲校友总会创始人夫妇命

名的“赵曾钰和秦昭华奖学金”，为交大学子打开了一扇扇通向美洲的大门。凭借他在校友工作中的杰出贡献和持续关心母校发展的行动，2009 年，陈亮洁获得上海交通大学美洲基金会思源奖。

陈亮洁先生是在 1993 年筹办交大百年校庆时加入的交大美洲校友会的。从那以后他便在校友的圈子里积极活跃起来。由于他精通电脑，加入校友会的第一个贡献就是协助当时的赵锡成会长编纂了全美交大校友通讯录。当时由各地的校友分会提供校友信息，再由陈亮洁先生汇总起来。这些数据有的是电子版的，有的不是，陈亮洁先生就将这些联系方式一一输入到电脑里，最终于 1995 年做成了第一本美洲交大校友通讯录，其中记录了一千七百余名校友的信息。之后在 1996 年 6 月，美洲校友会根据这个通讯录向各地的校友分会和各位校友发出邀请，组织校友们回五所交大参加校庆活动。第一站是新竹，第二站是上海，……，基本上每个学校待三天左右，最后一站是北京交大。当时江泽民主席还亲切接见了美洲校友团的各位校友。那时候尽管陈亮洁先生工作非常忙，但还是抽出时间回国参加了上海等地的大陆四所交大的团圆活动。

在 2010 年休斯敦第十届美洲校友会大团圆活动上，鉴于陈亮洁先生在校友会的杰出贡献，他当选为美洲校友会副理事长及基金会总裁。后在 2015 年洛杉矶第十一届美洲校友会大团圆上当选为美洲校友会的理事长。

美洲校友会是由 1924 届的赵曾钰校友组织发起成立的，美洲校友会的活动虽由于时间地点的限制断断续续地开展，但是一直很活跃，活动内容也很丰富。抗战期间，在美国的各个校友也是积极奔走，组织活动，为祖国的抗战事业贡献了一份力量。美洲校友会于 1953 年在纽约恢复，于 1964 年举行了第一次全美交大校友的大聚会，并决定以后每五年举行一次大团聚。目前，美洲校友会共有 10 个主要的分会，各个校友分会主要都是利用业余时间搞活动。交大培养的大批人才，在各个领域，为中国和美国等国家默默做着贡献。他们凝聚在一起，致力于提升交大的国际地位和国际影响力。

在担任美洲校友总会会长期间，陈亮洁先生更是不遗余力地支持和推动美洲交大校友的团结，举办并参加了交大校友会海外大聚会、联谊等各种活动，促进了海外各地校友之间的情谊和联系。

陈亮洁先生说:“我很庆幸自己曾经选择了上海交通大学作为我的母校,我在大学四年得到了宝贵的财富,这段求学经历对我的人生产生着积极的影响,并使我终身受益。无论身处何方,上海交通大学都是我的母校,交大人的事迹也将激励着我不断学习,不断进步!”

**采访人:**

上海交通大学　电子信息与电气工程学院2011级博士研究生　唐　伟

上海交通大学　外国语学院2015级本科生　刘瑾纯

陈亮洁

# 编后访谈记

1896 年创办的交通大学，其前身南洋学堂是继天津北洋学堂之后中国的第二所大学。在 20 世纪二三十年代，交通大学通过全面引进美国麻省理工学院 MIT 的教学课程和实验课的实验内容，建立了相应的制度化大学管理体系，逐步实现了向现代大学的转变，“东方 MIT”的声誉在当时已赢得社会各界的广泛认同，“起点高、基础厚、要求严、重实践”的教学特色和经验此时也趋于定型。

时逢上海交通大学建校 120 周年，上海交通大学几位校友依然传承“敢为人先”的校风，借鉴 MIT 150 周年校庆的一些做法，结合西方流行的服务学习理念，在校庆系列活动中，用一种独特的方式庆祝建校 120 周年，并希望此种方式可以延续和传承。

服务学习是体验性学习的一种形式，从基于反思和互惠的建构活动中促进学生的学习与发展。在大众创业、万众创新的新常态条件下，通过服务学习方式在于将大学和社区有机联系，通过一个心灵交融的实践好机会，为在校生提供可以获益一生的学习机会。服务学习的特点在于：一是让参与者学习记录在实践中所观察的东西，即使这些所观察的东西仅仅是尝试性的和不完整的（因为参与者有限的时间投入、知识积累和阅历等缘由）；二是探索实践对象的动机和个人因素，可以帮助实践者认识和反思主观意识的能动性。

本编后访谈记，是通过与相关策划人和参与者的交流，对本次服务学习实践项目的一次记录和小结。

**问："IT人在路上"的创意缘何而来？**

**策划人邓煜坤：**在2015年初，我们创建了一个交大IT校友联盟以及相关的微信群，很快交大许多在互联网和IT领域创业及从业的校友都加入了进来。为了增进校友之间的交流、传承交大人一代帮一代的精神，从2015年春天开始，我们开始做线下的"创业创新"公益讲座，请校友王珏、黄晓凌、胡晓东和曹洪涛等人来做行业和创业之分享。参加活动的多数是毕业不久的校友。学长们把职业发展、创业经验以及人生体会，在一种大家庭似的气氛里毫无保留地与听众分享，反响非常好。后来，母校开始筹备120周年校庆，我们都考虑为校庆做一点实事。根据我们在交大IT校友联盟线下活动的积累，王珏学长提出将一些校友们的创业体验通过在校生的访谈，记录下来，分享给在校的学弟学妹们和在社会正在打拼的毕业生，希望能对他们的职业发展或创业有所帮助，这个提议迅速得到了多方的积极响应。

**问：对策划人来说，这个项目最大的挑战是什么？策划团队是如何克服的？**

**策划人陈国湧：**这个项目的初衷之一，是想让在校生通过社会实践，有机会接触到资深的创业者，通过访谈充分观察和了解前辈们的创业历程，梳理和提炼创业者的经验和理念。但在校生在阅历、写作功底等方面有些许限制，为此，我们一方面通过讲座形式让参加本次项目的在校生对访谈有初步的理论熏陶；另一方面，访谈文章由策划人进行相关指导。有的访谈经过二次采访还是达不到要求，最后策划人邓煜坤亲自陪着学弟学妹们一起去再做一次访谈。被采访的创业校友都很配合，百忙之中多次抽出时间满足访谈需求。这个过程很辛苦，也很有意义，因为在校生在这个反复过程里真正地学到了许多东西。交大求实精神在这个过程里得到传承。

**问：本书针对的读者群是哪一些？此外，为了吸引读者，还在哪方面有所改进？**

**策划人高博：**本书的读者群不仅仅针对打算创业和正在创业的人群，也针对正在考虑未来职业发展的在校生（即学弟学妹们）以及任何对未来职业重新进行思考的人。本访谈录力图记录的是创业者的心路历程和奋斗感悟，更是对人生和对职业的不断思考和审视。访谈中创业者们碰到的困难，有过的疑惑，我们每个人都可能会碰到，那么他们如何克服的，他们的体验是怎样的，都值得去读一读，去体会他们的处理方式和生存哲学。

本书中的访谈主题是关于创业者的，但话题却不限于创业，希望为读者展现了一幅完整的创业者人生画卷。创业者的创业经历，或许深深地植根于创业者少儿时代的所思所为，也与其家庭和社会生活有着不可分割的联系。为什么本书会在书名中强调“在路上”，在于创业以及创业所取得的成就更重要的是体现在过程中，而不是一个简单的事实结果而已。我们希望成功，但我们不要成功学。我们希望传播的理念是——创业的过程和逻辑，才是创业的核心和魅力所在。创业是人生的一部分，通过创业，享受人生的酸甜苦辣。即使今天还不够成功，亦可以期冀明天的辉煌。即使今天已在人生巅峰，亦能够坦然接受明天的平淡。重要的是能够认真地对待每天的生活和事业，并能够在遇到现实的问题时，努力去思考和解决。本书中的访谈主角无一不展现出对于事业和人生的深度思考，这一点，是最难得和可贵的。

本书的另一个与众不同之处，在于访谈录的最后有一幅图片，通过下载“读脉”应用程序并扫描该图片，就能够增强现实效果看到完整的对创业者的访谈视频(所有的视频摄制和后期剪辑是由专业的摄影师制作完成)。在图书中插入增强现实元素，也是目前在市面上不多见的全新产品，代表着未来出版业的趋势。希望本书的出版，能够对中国的创业创新的大事业尽一份绵薄之力。同时，能够对所有即将创业、正在创业，或是想要拓展自己的人生和事业视界的朋友有所助益。

**问：你们为何主动选择访谈上海别样红信息技术有限公司的CEO黄晓凌学长?**

**徐心怡：**在2015年11月初的“IT人在路上”活动启动仪式中，黄晓凌学长温文儒雅的气质和颇具启发性的主题演讲给我们留下了深刻的印象。此外，他在事业稳定期时毅然辞去高薪的工作转而投身于艰苦的创业，让我们既佩服又好奇。我和李雯文的经历一直都是按部就班的——上大学、保研，在面临人生抉择时，我们总是倾向于稳妥的选择。而黄晓凌学长为我们展示了一种不一样的人生，他认为人生重要的是要多出去看看，即使是看似有挑战、有风险的事情也可以先尝试着做，在边看、边做和边试中确定自己的人生究竟能做些什么，这个世界还有什么东西值得自己去做。相比于盲目的跟风或一味地选择稳定的生活，在探索和尝试中创造的价值会多得多。此番见解开阔了我们的视野，抱着了解和学习的愿望，我们抓住了和他进一步交流的机会；对黄晓凌学长的由衷佩服和认可，也让我们在访谈和撰写过程中更加地投入和认真。希望我们的访谈录能让大家感觉到他是一个很普通的人，但是他又因为做了很独特的选择得到了很好的人生体验，人生也变得不一样了。

**问：据我了解，创业者均很忙，你们在有限的时间进行访谈，之后又是如何处理采访素材的？**

**李雯文：**黄晓凌是一个非常冷静的人。他不会描述他当时是什么心情，或者细节如何如何。但是听了他的讲述后，开始我们就回去揣摩他的心情，按照我们自己的经历去模拟，如果我们是他，会有怎样的心情，就会想突出故事性，把跌宕起伏的感觉和转折点写出来。第一稿我们有点像写小说一样，刻画他情绪的变化，比较的感性。第二次修改时，在王珏学长的建议下，加入了专业的背景，分析创业者叙事背后的时势，如相关的互联网技术在国外发展是怎样的、国内接受度如何等。

当问道你们是抱着怎样的期待参加这个项目时，在校生金之光和许昀璐第一反应是，可以近距离接触校友的创业经历，并通过与同时参加此项目同学之交流，了解不少校友在社会上的打拼经历，这些一直都是我们内心的期待；此外，在逐渐走近创业者的过程中，也有很多在校园里体会不到的乐趣。

**问：那么你们发现了什么样的差异呢？什么令你们感到意外？**

**许昀璐：**比较巧的一点是，杨小奇和我父亲年龄相近，而且是相隔2年进的交大，但是之后的路完全不一样。或许是他们的性格差异让他们的选择非常不同。对于创业者来说，创业并不一定包含我们想象中的风险——大风大浪，而是一种生活态度。对于杨小奇而言，创业刚开始只是一个维持生活的方式，随后才有所转变，一步一步抓住了机遇。创业者也是被生活推着，边走边选，然后走到了现在。

**问：通过采写杨小奇，你们对创业有了什么新的认识和看法？**

**金之光：**之前我就对创业这方面的活动很感兴趣。后来当我通过这个项目真正接触了这些人，使我更加受到触动，创业对他们而言和对我们而言是不一样的。对于当代充满激情的年轻人，想象中的创业就是几个人聚在一起成立一个团队实现一个创意，然而不同的是，对杨小奇等学长来说，创业就是一个顺其自然的选择，而不是为了创业而去创业。

**许昀璐：**我可能不会选择创业，而是做相对来说比较中规中矩的事情。参加这个项目的经历对我影响在于，当我在面对人生中很多选择或面临纠结之处的时候，我可以想想小奇学长云淡风和、举重若轻的人生态度。这让我意识到，这社会上真的存在一类人，他们在做选择的时候，即使有顾虑，不会为明天担忧更不会为昨天后悔。这种对生活认真但是又不过分拘束于它的态度，对我以后的生活和就业选择是非常有帮助的。

**问：参与这次项目最大的收获和感悟是什么？**

**张悦：**采访过后，我成为王建硕博客的忠实读者。记得建硕学长在一篇文章中写道，“有人写文章就是为了促进思考，每次写作就像是一次探险，我把写东西完全当作自己的一个旅程。”本次活动不是我第一次采访创业者。而每一次接触，对我而言，也像是一次探险，一路皆是惊喜，一路遍是收获；而一字一句记录下创业者的经历和感悟，于我更是一段珍贵的旅程。有时候会觉得，作为一个采访者，自己是如此的幸运，当你对面的创业者，毫无保留与你分享创业经历、人生经验的时候，他也许并不仅仅是个受访者而已，他已然成为一位人生的导师。以前总觉得创业离自己很远，但也没想到机缘巧合之下，在今年上半年也加入了一个创业团队，所以这份经历，更显得特别且弥足珍贵。当一群志同道合的朋友聚在一起，想要实现一个想法的时候，你会知道梦想是什么。正如王建硕在采访中谈到的那样，找到属于自己的路坚持下去。创业之路，道阻且长，坚持不易，且行且珍惜。

**问：在采访中，学长说过什么令你们最为印象深刻？**

**张悦：**我想分享一个正文中没有出现的“彩蛋”，这也是王建硕学长对在校学子们的寄语。“一定要抓住机会。十几年前，刚刚离开学校不久，经常回学校演讲，但后来觉得自己离开学校太久，自己的建议和现实脱了节，为了不误人子弟，我很少再做那些演讲。但记得那时候和大家聊天，问他们是否迷茫，所有人都说非常迷茫。我却告诉他们，以后最美的回忆可能就在这段迷茫的时光。多年之后反观，正是这段迷茫的时光带来无限的可能。有想法和热情的年轻人应该放手尝试，不必在乎成败。”

**赵子歆：**我觉得是其中的一个小标题：“果子成熟了，摘下来却没有想象这么疼”，可能和抓住机会有些相似，但更多的是一种对于人生不同阶段切换的淡然，就像建硕学长所举的例子，母校再美好，四年之后还是要按时离开的，纵然千般不舍万般留恋。我觉得像他这样在成熟的时机去做一件自己决定好的、但是可能不为大多数人看好的事情，非常需要勇气和内心的力量。可能另一方面也是再次说明了“机会只留给有准备的人”，毕竟要自己足够成熟了才能继续上路，才有能力去追逐理想吧。

**问：对于陈德基的创业过程，你们印象最深刻的是什么？**

**徐婕：**在采访中，德基学长强调最多的是“家文化”的企业理念。他表示，企业发展最重要的是负责人能够和员工彼此尊重信任，而这则需要靠一种人文情怀文化和激励模式。在工作中，大家的关系如果像一家人一样，没有那么多的条条框框，打造出“家文化”，老板与员工的人际关系和谐，正如建设和谐社会一样，上下级之间也可以很好地沟通问题，那么公司会更好地向良性方向发展。后来，德基学长还进一步补充道：“‘德’和‘爱’是他看重的核心。”这些企业理念让我看到了一个企业的文化氛围和软文化力量，与一贯强调技术忽略人文的企业管理相比，德基所遵循的理念让我们深受启发。

**问：通过采访陈德基，你们有什么收获？**

**严文君：**在和德基先生的交流过程中，我非常直接地感受到了经历了岁月沉淀后的睿智和豁达。对于自己的学生时代、工作时期、包括正在经历的创业生涯，德基学长表达更多的是平和的心态和感恩。他觉得自己是十分幸运的，但是在梳理他的资料的时候，我们很容易地就能发现他的勤奋和积累。在现代社会里，每个人都渴望成功，甚至希望以最快的途径去收获果实，但是经过和这些创业人的交流，我明白了只有一步一步脚踏实地地去实践，垒好基石，打好基础，然后在机会出现的时候抓住机会，不浸于幻想，不急于去索取，我们终是能够有所收获有所得。对于这些创业人，创业并不只是花团锦簇、喧哗热闹的舞台，也曾有许多时候是艰苦孤独的打拼，在这过程中我更了解创业的真面貌，对此有了更多的尊重和认识，对自己未来的道路选择也有了更清晰的认识。

当提及是怎么知道这个项目的，在校生张璐提到，由于当时正在准备参加创业比赛，对于创业充满激情，听说通过这个项目可以接触到创业校友，可以了解他们的创业经历，就特别希望能够参与进来，也特别想通过面对面的交流来了解创业者背后的故事。自己在做创业项目的时候也遇到不少困难，也特别想知道他们真正创业之后会面临哪些困难，而他们又是如何克服这些困难的，希望能获得一些指引。

**问：通过和创业校友的聊天你有什么收获么？**

**张璐：**由于当时只是参与学校的创业项目，只是停留在商业计划书的层面，总是想当然地觉得创业是很简单的事情，只要有好的想法就可以。和张俊学长聊完之后才知道，其实市场上并不缺乏有想法的人，真正缺乏的是有执行力的人，一个想法能不能真的实现出来，关键还是看团队和执行力。

**问：你觉得面对面采访后，创业者和你想象的有什么不同呢？**

**张璐：**在真正接触创业者之前，我总是特别羡慕创业者，认为他们可以做自己想做的事情，有激情，自己带领团队去实现自己的梦想，也特别自由，总觉得这样的人生才是最完美的。但是通过和他们聊天才知道，有很多东西是不能两全的，他们经常会因为工作不得不减少了对家庭的照顾，也面临很多压力。很多创业者可能都不是一次就创业成功，会经历失败，但是在失败中不断吸取经验与教训继续前进，只有这样才能真正成功。

当被问起当初为什么选择参加这个活动的时候，在校生徐维和王琳的第一反应是很亲切。她们解释说："最开始是在机缘巧合的情况下知道这个活动的，当时正值交大的120周年校庆，很想尽一些自己的微薄之力做点事。恰巧知道了这个可以近距离采访那些杰出校友的机会，就觉得一定不能够错过。他们有着丰厚的人生阅历，有着独到的创业观点，有着坚韧的精神品格，我们希望可以与这些学长的接触中学到一些可帮助我们实现梦想的东西,激励我们像他们一样去追求”。

**问:那你们觉得在与学长交流的过程中收益最深的是哪一点呢?**

**王琳:**陈浩波学长谈吐不凡,给我们讲了许多有趣且包含独到见解和思考的故事,这些都让我们获益颇多。如果要说收获最深的话,于我而言,应该是善于发现和把握机会。我是一个经常犹豫不决,畏首畏尾的人,为此不少错过许多机会。但是浩波学长果断选择出国,勇敢决定创业,乃至后来选择回国重新开始的事情都深深地震撼了我,不仅仅让我领略了属于企业家的那份魄力,而且让我明白生活中肯定会有风险会有困难,但是这些不能够阻止我们去发现和把握那些来之不易的机会,生活在于把握机会,创造奇迹。

**问:我们都知道陈浩波先生是连续创业者,肯定对于创业有着一番独到的见解,通过对他的采访,你们对于创业有了什么新的认识和想法么?**

**徐维:**其实我本人也有创业的打算,并且有了初步的想法,但是和陈浩波学长聊过之后,发现创业并不是我想象的那样简单,而我的那些想法也显得有些幼稚空洞。陈浩波学长建议我们要耳听六路,眼观八方,及时地捕捉和更新信息,更好地了解客户的需求,做出反馈。尤其是在互联网创业上,学长提醒我们要多多关注那些新的互联网动向,例如大数据、多平台应用开发等。这些新的动向、新的技术会带来新的需求、新的机会。而我们需要的是克服困难的毅力以及捕捉新需求的眼光。

**问:你们为什么参加这次《IT人在路上》撰写活动?**

**鲍雨:**因为从小热爱写作,一直有志向能写点东西出版,这次的活动恰巧给了我一个很好的机会,同时也可以施展自己的才华,这次活动的题材是当下大学生最感兴趣的创业,我们也非常荣幸能够向成功创业的前辈们请教学习,在未来作出更明智的选择,收获更光辉的前程。

**陈晓芙:**大学四年、时光飞逝,我们很快也将面临择业、就业或创业等选择。近年来,创业成为许多毕业生的一种选择,然而创业并非只凭着一腔热血和激情就能成功,借着这次与交大成功创业人交谈的机会,我们可以知道他们的创业经历,了解创业相关的资讯,倾听他们对于大学生创业的建议和想法,无论自己以后想要做什么,这些信息都有助于我们对未来发展的思考，是一次不可多得的好机会。现在去欧美留学发展的年轻人越来越多，张红兵学长的创业经历或许无法复制，但创业中敢于拼搏的精神，判断市场需求的敏锐目光，稳扎稳打发展的态度都是在未来海外发展中所需要的优秀品质。

**问：在经历这次活动后，你们是否有毕业后创业的想法？**

**鲍雨：**现在还不确定，如果毕业时有很好的创业想法，又有合适的同伴和资源，会考虑直接创业。不过更稳妥的途径还是先去企业工作学习，了解先进的工作方式和管理经验，并对相关行业有更深刻的认识，然后再找机会创业，实现自己的想法。

**问：采访胡晓东学长的过程中还有什么其他的收获吗？**

**项目召集人、在校生王钰楠：**我们去采访晓东学长的那天，刚好遇到堵车，所以我们比约定的到达时间晚到了将近15分钟。本想在采访前能给对方一个好印象，故刚见面时我们都非常紧张(毕竟初次采访就迟到还是挺不礼貌的)。内向的晓东学长一见到我们就非常绅士地说，“公司附近在这个时间段会经常堵车，你们要采访我是否就很紧张”等。我觉得这是体贴的一种表现。我以为，运营一个大公司，更多的时候还是和人打交道，他们作为创业者，他们与人的相处之道也是值得我们学习和品味的地方。

**郑红超：**在采访胡晓东学长之前，我的内心一直是很忐忑的，因为这是我第一次跟一个创业者面对面接触，我不知道他是否好相处，也担心采访过程中会出现什么纰漏。不过在采访的过程中，我慢慢发现晓东学长非常的平易近人，没有一点架子，对我们的各种问题也都是一一做了详细的回答。整个采访过程进行得很顺利，仿佛就是熟人之间的一次聊天。我觉得，无论处在什么样的情况下，只要我们能保持这种平和的心态、理智的头脑，那么，任何问题都不是问题了。

对于参加本次活动的在校生刘瑾纯和唐伟，问起为何主动选择访谈陈亮洁学长时，唐伟回忆道：由于自己是即将毕业的工科博士生，马上就要面临毕业的职业规划，在联系出国做博士后、迈入职场开始第一份工作以及自主创业三者之间难以抉择。一筹莫展之际，我恰好赶上了这个难得的服务学习实践项目，立马就充满了期待。更何况，陈亮洁学长有留学和海外创业经历，我很期待从对他本人的采访中发掘一些宝贵的经验和箴言，做到“他山之石，可以攻玉”，让更多像我一样迷茫的学子从中汲取营养。他的搭档刘瑾纯回忆道：自己已经有志于以后去海外继续求学深造，所以想更多地了解海外的一些情况，情感上讲自然倾向于陈亮洁先生。

**问：采访前你们有没有遇到什么困难？**

**唐伟：**一开始接到项目时我们还是很紧张的，毕竟没有采访经验，也没有相关写作经历。好在本次项目策划人为我们提供相关培训讲座和辅导。学长邓煜坤很贴心，及时让我们有了一些理论准备，增添了自信。

**刘瑾纯：**还是有一些困难的。作为一个文科生，陈亮洁学长公司的很多内容对我来说非常陌生。并且在采访前，我们对于创业的概念还很模糊；此外，陈亮洁学长是一个资深的企业家，我们还是心生敬畏的，对此次采访过程能否顺利完成也颇有担心。但是采访过程中发现陈学长非常平易近人，毫无架子，让我们的采访过程进行得十分顺利，这一点十分感谢陈学长。

**问：此次采访，你们有哪些收获？**

**唐伟：**在整个采访中，陈亮洁学长，对我们晚辈非常耐心。他回答问题很认真细致，态度也很谦卑，很和蔼可亲，一点也没让我们感受到哪怕一丝丝的紧张。另外，我们还学到了创业的艰辛与守业的执着。陈亮洁学长艰难的创业经历让我们有所感悟，更难得的是面对资本市场的诱惑时，他能对自己的事业保持清醒的认识，让人钦佩。

**刘瑾纯：**陈亮洁学长的经历让我感慨良多，无论是学业上兢兢业业的态度，还是面对创业中的艰难困苦都能坚守初心、持之以恒的精神，都让我十分感动、颇有收获。除此以外，由于我们这个组合属于文理搭档，在采访中，能提出一些搭档未曾想到的问题，对一些问题的补充也很到位，这让我们的采访显得更为翔实。我们能在见解、认识等方面互相学习，取长补短。

**问：对创业有何新的理解？**

**姜敬辞：**之前认为创业是近几年才流行起来，通过采访朱凯申学长，得知其实交大的创业传统已久，不同的时代都不乏活跃的创业者。朱凯申学长分享了优质创业团队必须具备的两点素质：第一，创业的动机要对，要真正有想法、有动力，而不是为了捞一票，融点钱，或是为了赶潮流；第二，学习的心态很重要，面对未知事物要有足够的自信和积极的态度。水能载舟，亦能覆舟。但需要应对变幻莫测的市场影响时，必须坚定自我，保持初心，带领团队平稳度过逆流。成功不可复制，但可借鉴，每一个走在创业之路上的年轻人都能认识自己，认准道路，认清方向，坚持不懈地走下去。多元社会下，社会分工更加细化，我们的选择更加宽阔，在自己的领域将一小点做出垂直纵深抑或是提供专业平台都将是新的方向。新的工种、新的模式都必将在创业的大环境下锤炼出精华。

**袁文君：**和优秀学长交流访谈是很宝贵的经历，作为成功人士的他们一定有许多不为人知的经历和收获，所以希望借此机会了解优秀创业学长的心路历程，给马上要步入社会的自己一些提示。与朱凯申先生面对面交流后最大的感受就是他是一个很谦虚、包容心很强的人，他的生长经历特殊，几近漂泊的人生经历养成了他敢闯敢拼但同时又脚踏实地认真做事的性格，是非常令人敬佩的学长。

回忆起和学长们的接触，在校生宋静波和徐兆弘笑着说，最初选择了华讯网络这组，他们心里是很忐忑的，尤其是在做访谈前的准备时，了解的资料越多越觉得两位学长非常厉害，总体来说是抱着一种仰视、敬仰的心态。但是在接触过程中，就发现自己多虑了。两位学长为人和善，访谈氛围很好，进展得也很顺利。徐兆弘回忆道：最开始我们访谈的是宋世民学长，一开始我和宋静波还没进入状态，问了华讯网络具体是做些什么的，问完后，又有点担心会不会问题太不专业。但是宋世民学长人非常好，很耐心地和我们解释，也帮助我们放松下来。

**问：你们这组采访了华讯网络公司宋世民和张为民两位校友，和我们分享下两位校友各自的特点？**

**宋静波：**我觉得两位学长各有各的特点吧。宋世民学长给我的感觉是比较低调，但又不失锐气。通过对他的访谈，我们知道他从小受家人的影响，非常努力，从农村到城里再到交大，进入华东电子技术服务公司后因为形势所迫下海经商，通过过硬的技术从管理一个团队到领导一家公司。这中间的辛苦可想而知，但是学长他总是谦虚地说是因为自己幸运。学长拼搏进取的魄力让我钦佩，收获成功后低调谦虚的为人亦值得我们学习。张为民学长比宋学长来到华东电子技术服务公司更早些时间，当时下海的时候他已经是这个部门的经理了，他的故事和宋学长还是有挺大不同的。

**徐兆弘补充道：**可能是比宋学长年长，张学长给我的感觉是比较沉稳的。按张学长自己的话来说呢，今日的发展与往日的巧合有关。当初他从北京来到上海交通大学读研究生，感受到了很大的环境变化，当时大部分同学们读研是为出国做准备的，而张为民因为做课题缘由，有了和华东计算技术研究所的合作机会，毕业后顺其自然也就进了下属的华东电子技术服务公司工作，然后创业和运营企业至今。

**问：在整个项目活动中，让你们感触最深的事情是什么呢？**

**宋静波：**现在"大众创业、万众创新"的号召下，身边有很多同学都有创业的想法，我自己也不例外，但又担心自己过于浮躁。通过了解两位学长的经历，明白基础扎实的重要性。此外，一个好的合作团队也非常重要，映射到本次项目，不论是共同完成访谈任务的徐兆弘搭档、后期修改稿子时耐心指导我们的王珏学长，还是其他的项目成员以及校友总会老师，我们在一起相互交流和协作，促成这次项目事半功倍地完成。

**问：从最初创意到正式出书，本书的框架和概念想达到的目的？想传播的信息是什么？**

**策划人王珏：**应该是长期不断观察、思索和交流的产物吧，即继续学习以 MIT 为代表的西方之先进思想和方法。如果以时间来划分，第一次可以追溯到 1980 年我从报纸上读到华中工学院（现在的华中科技大学）时任党委书记的远期设想，即华工用二三十年时间超越 MIT，这是第一次让我知道 MIT 是中国高校的学习榜样和努力的方向。而当年进大学的第一天，在新生欢迎大会上，才知道自己跨进了"东方 MIT"；通过参观当时最新的机房，学习到上海交通大学国际知名校友之一的王安博士当时是全球第五大电脑公司创始人。第二次是我在 2000—2005 年服务于微软时，比尔·盖茨在不同的场合常常提到其偶像是王安和毕业于 MIT 的 Ken Olsen，而我在微软工作前，恰恰在 Ken Oslen 创立的 DEC（20 世纪 90 年代前的全球第二大计算机公司，1998 年被 Compaq 收购）就职过，这现象引起我的好奇和探究——为什么如日中天的比尔·盖茨会视最终失败的王安和 Ken Olsen 为偶像?! 到2011年Ken Olsen过世时,我上网搜索相关纪念文章,发现2011年也是MIT建校150周年,MIT通过名为“MIT150”项目,低调务实、多方位、系列化地举办校庆活动,在校庆项目的九条规划准则中,其中第二条强调利用服务学习方式聚焦在“多干少说”(对于国内外的重大问题,可针对一个关键领域从事主要系统研究),当时对此概念和框架还认识浅显,再一次让我震撼的是MIT150列出建校150周年最杰出的150名校友(表现在发明、创新和思想三方面)里,是什么传奇和特质让成功过但最终失败的Ken Olsen高居排名第6位(而引领硅谷传奇的HP创始人之一的William Hewlett,仅排名第26位)?! 第三次是2014年国庆节期间,与几个校友在西班牙朝圣之路(Camino de Santiago)徒步旅行时,阅读了同行者参与翻译的《服务学习——先驱们读起源、实践与未来的反思》一书;加上2015年开始帮助邓煜坤学弟举办“创业创新”公益讲座的过程中,不断在思考如何也利用服务学习模式去做一点有益的事情。

我们的初衷,采用服务学习模式的访谈行动,当事人(访谈者和创业者)之间有滋有味、有血有肉的交流和叙述,不仅要做到比案例研究中旁观、理性、冷静地分析模式更有趣,更重要的是让内容更有生命力和感染力;访谈的目的,不是要把创业写进案例或历史,也非纵情怀旧,而是试图在不经意之中可以激励读者(在校生、打算创业者和正在创业者)学习或传承了先行者的优良特质、新颖思想和宝贵经验。

基于我们的初衷和目的,本服务学习项目就是通过在校生对创业者访谈的项目形式,加上公开研讨和个别辅导,去引导服务学习践行者从更悠久的历史传承(让年轻人也了解王安这样杰出的历史性校友)、更广阔的社会背景以及更深刻的变革视角,通过访谈行动体验和分享创业群体的经历和故事,由创业“在路上”的先行者与年轻一代在传递接力棒时达成心灵感应或时代共鸣。

最后,在结束本访谈之际,代表所有策划人由衷感谢上海交通大学张安胜副校长为本书写序,以及感谢校友总会冒巍巍、胡艳丽和邢博等老师对本次项目的大力支持;感谢凯原法学院2014级硕士研究生王人杰同学和材料学院2014级硕士研究生董明明同学积极参加了本次项目的部分工作;感谢媒体与设计学院2015级硕士研究生何川、国际与公共事务学院2014级硕士研究生黄超芸、安泰经济与管理学院2014级本科生牛悦旻、媒体与设计学院传播专业2013级本科生张锡璐、国际与公共事务学院2013级硕士研究生奚俞勰、经济学试点班2012级本科生郝羚伊和年轻校友朱鋐瑛、陈玥舟、黄妍在视频采访中所做的工作。

编后访谈记由采访人廖方舟、陈玥舟整理